U0721277

"十三五"国家重点图书出版规划项目

Translation Series on the International
Law of the Sea

世界海洋法译丛

海上边界国家实践发展现状
IV

张海文　张桂红　赵旖旎

·主编·

青岛出版社

《世界海洋法译丛》编译委员会

主　　任　张海文

副 主 任　李红云　张桂红　黄　影

委　　员　王居乔　王　娟　王莘子　宁　佳　白　雪

祁冬梅　刘煜洲　李　杨　张凯月　杨　涛

李晓宁　张　逸　林益涵　岳　霄　赵　沄

赵晓静　郝咏梅　敖　梦　梁凤奎　谢　慧

赵旖旎　蔡璧岭

（按照姓氏笔画排列）

本卷主编　张海文　张桂红　赵旖旎

本卷翻译　宁　佳

本卷校对　赵旖旎　张海文

《世界海洋法译丛》出版委员会

主　　任　孟鸣飞

副 主 任　张化新　高继民

委　　员　李忠东　刘永贵　李明泽　张性阳　黄　锐

宋来鹏　周静静　宋　磊　张文健　朱凤霞

张　晓　王春霖

声　　明

　　本书引用的名称和材料并不代表联合国秘书处关于任何国家、领土、城市或地区或其当局的法律地位或对其边界或界限的划分的任何观点。

前 言
PREFACE

从 1609 年荷兰法学家格劳秀斯发表著名的《海洋自由论》到 1994 年
11 月 16 日《联合国海洋法公约》(以下简称《公约》)生效,海洋法经历了
一个漫长而坎坷的发展过程。如今,海洋法已发展成为国际法中内容最
新、最完备的一个分支。截至 2017 年 11 月,《公约》已成为一个拥有 168
个缔约方的国际条约。根据《公约》,沿海国家可以拥有自己的领海、毗
连区、专属经济区、大陆架;群岛国还可拥有群岛水域。国家在不同的海
域中行使不同的主权、主权权利和管辖权。

联合国秘书处海洋事务与海洋法司已将各国政府根据《公约》的有
关规定向联合国秘书处交存的文件予以公布,这些文件主要有:(1)沿海
国家的有关海图或地理坐标表,注明直线基线、群岛基线;领海、专属经济
区和大陆架外部界限的大地基准点。(2)沿海国公布的所有有关无害通
过的法律和规章;海峡沿岸国公布的在用于国际航行的海峡中有关过境
通行的法律和规章;沿海国在其领海的特定区域内暂时停止外国船舶的
无害通过的情况。(3)沿海国家的立法实践。

考虑到我们在海洋法研究、实践以及立法工作上的需要,我们决定
将世界各国海洋立法、海洋边界实践以及国际海洋争端解决的经典案例
译成汉语,并列为国家海洋局海洋发展战略研究所关于海洋权益与法律
问题的系列研究项目之一,逐步编译成册出版,丛书名定为《世界海洋法

译丛》。我们的决定得到了联合国秘书处海洋事务与海洋法司的赞同和支持。

本丛书的内容包括世界沿海国家的海洋立法汇编8卷(非洲卷1卷、欧洲卷3卷、美洲卷2卷、亚洲卷1卷、大洋洲卷1卷)、海上边界协定1卷、海洋法争端解决国际案例汇编1卷和海上边界国家实践发展现状4卷,共计14卷。

《公约》生效后,《公约》中包含的原则和规则开始对各国的海洋实践产生重大影响,在各国海洋立法中尤为明显。国内立法是国际法研究的一个重要方面,不仅是一国履行国际义务的实践,还可以为国际习惯法的形成和发展提供证据。本丛书中的沿海国海洋立法系列将沿海国立法分为5个部分,分别是非洲国家、亚洲国家、大洋洲国家、欧洲国家和美洲国家。在每部分中将国家按英文字母先后顺序排列。此系列的翻译原文均为联合国网站公布的各国提交的该国立法英文文本。需说明的是,其中有些立法是从其他语种的官方文本译为英文的。我们在翻译过程中尽量做到忠实原文,对有明显错误的地方作了注释。译文尽量保持原立法的完整性,仅对个别立法中与海洋法无关的内容作了省略,并作出标明。

海洋划界是现代海洋法的重要部分。《公约》对国家主权和管辖海域的规定(增加领海宽度、设立专属经济区这一新制度,重新界定大陆架等)使得各沿海国之间出现了大量的重叠主张。各沿海国家相互之间签署了大量的边界协议,但仍有200多项海洋划界问题亟待解决。海洋划界的发展经历了3个阶段:第一个阶段自18世纪至二战爆发前,见证了沿海国普遍接受将陆地领土主权延伸至领海的历程,形成了一些划界的基本原则。第二个阶段始于第一项领海范围以外海洋划界协定(1942年《帕里亚湾条约》)的出台,进而杜鲁门1945年发布《大陆架公告》,直至1958年《大陆架公约》和1969年《北海大陆架案》,见证了海洋划界向外拓展并涵盖大陆架的过程。第三个阶段自专属经济区概念和大陆架新定义首次引入第三次《联合国海洋法公约》会议谈判案文并最终写进《公约》开始，海洋划界有了新的内涵。本丛书中的海上边界协定部分收录了1942—1991年相关国家之间签订的海洋划界协定。为方便查询，协定按地区分类汇总，如大西洋区域（北大西洋和南大西洋）、加勒比区域、地中海区域、印度洋区域和太平洋区域（东太平洋和西太平洋），每个区域依照国别和划界区域列出协议。

本丛书中的海洋法争端解决案例系列收录了自19世纪末至20世纪初的33个海洋法典型案例，内容编排为7章，涵盖了海洋法主要的案例类型：第一章为基线、海湾和领海类案例；第二章为国际航行海峡类案例；第三章为海洋划界类案例；第四章为渔业和海洋生物资源类案例；第五章为公海刑事管辖权和船旗国管辖权类案例；第六章为航行类案例；第七章为海洋环境类案例。这些案例包含了国际常设法院（Permanent Court of International Justice，2宗）、中美洲法院（Central American Court of Justice，1宗）、国际法院（12宗）和国际海洋法法庭（International Tribunal for the Law of the Sea，7宗）作出的判决及仲裁法庭（10宗）和特别委员会（1宗）作出的仲裁裁决。由于有些涉及海洋法的争议仍在审理当中，因此不排除以后会更新相关审理结果的可能性。

本丛书中的海上边界国家实践发展现状系列旨在广泛传播各国在实践中适用《公约》的现状，为《公约》的实施提供帮助，促进各国统一、一致地适用《公约》规定的复杂而全面的国际规则。此系列包括1982—1994年的双边和多边条约、国内立法及政府照会、宣告和声明，按照国家字母顺序逐一列出。内容涵盖以下事务：领海基线、领海宽度及归属、专属经济区的建立、大陆架的界定、海岸相向或相邻国家间海上边界的划定等。

本丛书的编译工作由张海文主持，北京大学法学院李红云教授及其部分研究生、北京师范大学法学院张桂红教授及其部分研究生以及原国家海洋局国际合作司梁凤奎、祁冬梅、宁佳、蔡璧岭等参与了翻译工作。天津外国语大学黄影讲师负责本丛书的审校工作。丛书的文字翻译是对联合国公开资料的客观展示，以利于国内读者作为资料参考，并不代表编者和出版者认可其观点和立场。在编译过程中由于水平所限，错误在所难免，在此欢迎读者批评指正。本丛书集合了国内立法和政策、边界协定和国际法案例，为我国了解国际海洋边界的最新进展、熟悉"海上丝绸之路"沿线国家的基本情况，以及国际司法和仲裁机构对各类涉海问题的解读和分析提供了权威参考资料，对于推动国际法治、实现海洋强国具有重要的现实意义。我们希望通过《世界海洋法译丛》的编译出版，能对我国研究海洋法的学者和学生、涉海的政府行政主管部门、海洋立法和执法机构提供一些帮助和参考，为我国海洋事业的发展尽绵薄之力。

编译者

2017 年 11 月 28 日

目　录
CONTENTS

近期各政府提交的国家法律

一些国家的反对意见与相应的解释

政府提交的声明

条约和其他法律文件

近期各政府提交的国家法律

阿尔及利亚

Algeria

确定渔业的一般规则

［1994 年 5 月 28 日（伊斯兰历 1414 年 12 月 17 日）
第 94－13 号法令］

国家总统基于以下内容,颁布本法令:

农业部部长的报告;

宪法,特别是第十二条、第一百一十五条和第一百一十七条的规定;

就过渡时期达成的全国共识的机制,尤其是第五条和第四十二条;

1966 年 6 月 8 日第 66－155 号命令制定的经修正和补充的《刑事诉讼
法》;

1973 年 4 月 3 日第 73－12 号命令设立的国家海岸警卫队;

1975 年 9 月 26 日第 75－58 号命令制定的经修正和补充的《民法典》;

1975 年 9 月 26 日第 75－59 号命令制定的经修正和补充的《商法典》;

1976 年 10 月 23 日第 76－80 号命令制定的经修正和补充的《海事法
典》;

1976 年 10 月 23 日第 76－84 号命令确定的渔业的一般规章;

1983 年 2 月 5 日关于环境保护的第 83 – 05 号法令；

1983 年 7 月 16 日第 83 – 17 号法令制定的《水域法典》。

第一部分　一 般 规 则

第一条

本法令的目的是在全国实施渔业政策,旨在:

(1)通过适当方式的合理开发来保护和养护海洋和淡水渔业资源;

(2)创立一个监管渔业影响的制度;

(3)通过建立一个渔业保留区将国家对资源的主权扩大到领水以外;

(4)促进和发展内陆渔业和特种渔业。

第一章　总　　则

第二条

对海洋和淡水渔业资源的评估、保护和养护要顾全大局。因此,要合理平衡地进行捕捞,推动渔业活动协调发展。

第三条

本法令定义了相关术语:

"海洋渔业"是指任何旨在养殖、捕捞或捕获其正常或绝大多数栖息地为海洋水域的动物或植物的活动。

"内陆渔业"是指任何旨在养殖、捕捞或捕获其正常或绝大多数栖息地为淡水或微咸水域的动物或植物的活动。

"商业捕捞"是指任何以营利为目的的捕捞行为。

"科学捕捞"是指任何以学习、研究或实验为目的的捕捞行为。

"探索性捕捞"是指在商业捕捞之前为了获得有关资源、区域、技术或某种类型的渔具的信息而进行的持续时间不超过 6 个月的捕捞行为。

"休闲捕捞"是指为了运动或休闲、不以营利为目的的捕捞行为。

"渔业主管部门"是指与渔业相关的政府机构。

"国家管辖水域"是指内水、领水和渔业保留区。

第二章　执 行 机 构

第四条

为了本法令的实施,负责渔业的部门应该设立专门的执行机构。

该机构应该协同其他相关部门,以便更全面地管理渔业活动。

第三章　海洋渔业区

第五条

海洋捕捞活动主要集中在以下 3 个区域:

(1)沿海捕捞区;

(2)远海捕捞区;

(3)公海捕捞区。

具有 120 吨以上排水量且使用拖曳式渔具的渔船,只有在现行法律规定的国家领海范围外的区域才可进行商业捕捞。

本条例适用范围由本法令决定。

第六条

根据本条在国家领海以外和相邻区域设立渔业保留区。

该渔业保留区的宽度,在西部海洋边界和提奈斯角之间为从基线量起的 32 海里,在提奈斯角和东部海洋边界之间为从基线量起的 52 海里。

第二部分　渔 业 活 动

第一章　渔业活动的条件

第七条

任何个人或企业法人购买、销售、进口或转让渔船所有权,都应获得渔业部门的许可。

第八条

任何对渔船结构的建造、改装或维修活动,都应按照现行法律获得相应部门的同意后才能实施。

第九条

在国家管辖海域的捕捞行为应该服从于渔业主管部门的管理。

第十条

本法令的所有条例适用于在国家管辖海域进行捕捞的所有人。

这些条例也适用于任何在国家管辖海域以外使用在阿尔及利亚注册的渔船进行捕捞的个人或企业法人。

第十一条

外国渔船不得在国家管辖海域进行捕捞。

但是,渔业部长可以临时授权外国船只在国家管辖海域从事科研捕捞活动。

渔业部长也可以在外国渔船支付捕捞费用之后,授权其在国家管辖海域对高度洄游性鱼类进行商业捕捞。

本条例负责解释在国家管辖海域获得对高度洄游性鱼类进行捕捞许可的条件、种类清单和最大捕获量。

第十二条

只要外国渔船遵守现行的法律和本法令的规定以及为实施本法令而通过的文件的规定,则上述第十一条的规定不影响外国渔船在国家管辖海域内所享有的航行自由或有正当理由的下锚自由。

这些船只尤其应清除甲板上所有的捕捞设备,或将这些设备收好使之处于不能使用的状态。

第十三条

无论何种方式的捕捞活动,都可以在特定的时间或特定区域内以任何程序被禁止或限制,只要这种禁止或限制被认为是鱼种的养护或繁育所必需的。

捕捞的形式和条件由法规加以规定。

第十四条

禁止进口、加工、拥有和销售的渔具的清单应由法规规定。而且,其使用应得到特别授权的渔具的清单也应由法规规定。

第二章　渔具和渔业设施

第十五条

只有当渔具的使用和指导其使用的规则符合本法令的规定及其适用范围时,渔具才可用于捕捞活动。

第十六条

所有的渔具,无论其名称、样式、用途和尺寸如何,都应被划分为以下5类:

(1)渔网;

(2)渔线和鱼钩;

(3)诱捕类渔具;

(4)致伤性渔具;

(5)收获、采集和收集类渔具。

第十七条

国家范围内所有被用于海水、淡水或微咸水,旨在捕捉、饲养、收获海洋或淡水动植物的装置应被视为渔业设施。

第十八条

目的在于建立第十七条所指的渔业设施的对淡水或海洋区域的使用,在任何情况下都应获得现行法律规定的许可。

第十九条

不同种类的渔业设施的建立条件和操作规程应由相关条例确定。

第三章　经授权从事渔业活动的个人

第二十条

只有在船员登记簿上在册的人员方可在商业渔船上从事航行工作,而商业渔船应该有能够证明这些人员有从事商业捕捞资格的船员名册。

第二十一条

科学捕捞活动仅限于拥有渔业部长经咨询科研主管部门的意见后颁布的特殊许可证的机构和研究部门。

从事科学捕捞活动的渔船除具有船舶证件之外,还应具备注明其有科学捕捞能力的船员名册。

科学捕捞许可证上可以附加条件。

关于颁布科学捕捞许可的条文应服从本条款。

第二十二条

有意进行休闲捕捞的人员只有获得主管部门颁发的捕捞许可证后才可进行休闲捕捞。

被许可人在任何情况下获得该许可证,均应缴纳一定费用。

第二十三条

定居于阿尔及利亚并拥有阿尔及利亚国籍的个人或企业法人可以拥有吨位不受限的渔船。

渔船所有人若要获得从事其职业的授权时,应在任何情况下缴纳费用,其数额根据船舶的有效吨位或船舶从事的捕捞种类确定。

第二十四条

所有与捕捞相关的专业、工业或商业活动的实施都应由相关规章确定。

第二十五条

与保存、贮藏、加工、处理、运输、转运、卸载、展销捕捞产品相关的健康和卫生措施由相关规章确定。

第三部分　渔 业 监 管

第一章　调查和确定违法行为

第二十六条

刑事调查部门的官员、军舰指挥官和国家海岸警卫队的工作人员有权调查和确认违反本法令的行为。

第二十七条

主管渔业的行政部门可以随时要求国家海岸警卫队的工作人员调查和确认渔业活动中的违法行为。

第二十八条

第二十六条提到的工作人员有权随时检查船舶、小艇、渔业设施、仓库和其他场所，以及水产品运输工具。

第二十九条

在现行法律的许可范围内，捕捞设备经销商和制造商的住所可以被搜查以确定其是否有违禁渔具。

第三十条

报告违规行为的工作人员有权要求警察跟踪和确认渔业违规行为，并没收违禁使用的渔网、渔具及其他捕捞设备和产品。

第三十一条

确认违规行为之前，工作人员需要提交一份准确描述其认定的事实、收到的有关说明以及没收的违禁渔具和渔业产品的情况的报告。

报告应该由工作人员和肇事者共同签名。除了有相反的证明，报告应被视为可信的，无须证明。

报告应被提交至有管辖权的机构，同时其副本应被提交至渔业行政部门。

第三十二条

在下列情况下，违禁的渔业产品和渔具可以被没收：

（1）在渔区，工作人员能够登临实施违法行为的船舶；

（2）该船舶驶入港口时，工作人员不需要登临有关船舶即可确定违法行为确实发生；

（3）有关产品和渔具的贮存地。

第三十三条

没收的渔业产品应当立即上交渔业主管部门，必要时，可在财政部门的配合和参与的工作人员在场的情况下，以当地市场价格将其出售。

在有关司法程序结束前，这类销售的收入应先存入财政部。

如果有关法院最后决定没收渔业产品，该收入应继续作为国家财产，否则应根据现行法律把它们归还给被没收产品的所有人。

上述渔业产品如果根据渔业行政部门确定的原因不可能进行销售，则应由渔业行政部门免费送往最近的医院、慈善机构或学校。

有关这类赠送的报告由渔业行政部门起草并提交至有管辖权的法院。

第三十四条

没收的渔具应该由参与的工作人员运输并保存在安全的地方。

如果工作人员无法这样做,他应该临时指派违规船舶的所有人作为没收工具的监管人,并尽快按照要求以最合适的方式运输被没收的工具。

应将上述运输所产生的任何费用的数额通知有管辖权的法院。

在命令没收违禁渔具时,该法院应把有关运输和销毁所产生的费用分配给违法者。

第三十五条

如果有管辖权的法院裁定被没收的违禁渔具应该被销毁,其销毁应该由渔业主管部门决定和监督,销毁所产生的费用由违法者支出。

渔业主管部门如果没有办法立即销毁违禁渔具,可以要求专业机构协助。

第三十六条

如果在一项违法行为得到确认后 30 日内,违法者能够当场缴纳罚款,那么公共检察官办公室可以不再提起诉讼程序。

当场罚款应存入财政部,其最低限额不得低于违法行为所造成的损失。

对罚款的缴纳意味着对违法行为的承认,并可作为判定累犯的初步证据。

第三十七条

在违法行为得到确认前两年内,若违法者至少有一项有关违反本法令行为的判决被确定,则该违法者被认为系累犯。

累犯可延伸至船舶的所有人、经营人和船长。

第三十八条

关于当场罚款的程序不适用于以下情况:

(1)已经开始司法调查;

(2)被认定违法的行为人应被判处入狱的刑罚;

(3)罚款的最大数额超过 50 000 第纳尔。

第三十九条

当场罚款数额应是规定的最大罚款数额和最小罚款数额之和的一半。

第四十条

对违法行为的诉讼应向违法行为发生地的法院或船舶委托港所在地的有管辖权的法院提起。

第四十一条

渔业主管行政部门在认为必要的情况下,可以提起刑事赔偿诉讼,并代表国家要求赔偿因违法行为而使当局遭受的损失。

第四十二条

本法令规定的处罚应实施于:

(1)发生违法行为的船舶的船长,但经营人应单独承担民事损害赔偿责任;

(2)负责管理涉及违法行为的渔业设施或经营的人员;

(3)销售、加工、运输渔业产品的人员;

(4)建立或操作渔业设施的人员;

(5)违反有关养殖、运输、加工和销售渔业产品的卫生措施的人员。

这些人员应单独承担民事损害赔偿责任。其他情况不影响违法者本身应承担的民事赔偿责任。

第四十三条

公诉权应被限定在现行法律规定的时间段内。

第四部分　管理措施及有关渔业的违法行为

第一章　管理措施

第四十四条

根据现行法律有关规定,在国家管辖海域内从事捕捞的所有船只必须携带表明其名称、船籍港及船舶登记号的船舶国籍证书。

第四十五条

分配给每艘渔船的字母和登记号应尽可能标在船身、锚身、每个渔网的主要浮标以及、总的来说,所有属于该船舶的索具上。

这些标记应具有足够的尺寸以便识别。

渔网及其他船舶索具的所有者可以在上面标记其认为必要的其他任何标志。

第四十六条

禁止以任何方式涂抹、使不可辨认、覆盖或隐藏船舶及其设备上标注的名称、字母、编号等标记。

第四十七条

任何情况下,在渔区某一船舶上的所有船员都不得以互相损害或干扰他人已经开始的捕捞活动的方式下网、收网或收放其他渔具。

第四十八条

所有渔民都不得出于任何理由将船舶停靠、下锚或固定在另一渔民的渔网、浮标或其他捕捞设备上。

第四十九条

禁止钩吊、收起或检查属于其他渔民的渔网或任何其他渔具。

第五十条

禁止将渔网或其他渔具固定或锚定在其他渔民已经作业的区域内,抵达时间的先后是决定性因素。

第五十一条

使用拖网的渔民必须将渔船和所有其他渔具保持不少于 500 米的距离。

不同类型渔网之间必须保持不少于 500 米的距离。

第五十二条

不同渔民的渔网缠绕到一起时,在取得双方同意之前不得切割渔网。

第二章 违 法 行 为

第五十三条

禁止使用炸药或其他爆炸物进行捕捞。

第五十四条

禁止使用炸药或任何其他爆炸物或有可能恶化、麻醉甚至破坏海洋及淡水生物资源的饵料捕获、运输、转运、储藏、处理、陈列和销售水产品。

第五十五条

禁止在沿海水域的任何船舶上拥有以捕鱼为目的的带灯渔具,禁止利用灯光捕捞。

第五十六条

禁止利用违禁物质或饵料,以及有可能对海洋或淡水动植物产生减少、致晕、麻醉或致死作用的捕捞行为。

第五十七条

禁止进口、制造、获得和销售违禁渔网、渔具或索具。

第五十八条

禁止使用第五十七条禁止的渔具进行捕捞。

第五十九条

禁止捕捞、拥有、运输、加工和销售重量未达到规定的商业重量或明文禁止捕捞的鱼种或水产品。

在任何情况下,违反本条第 1 款规定而捕获的水产品应被立即放回其生活的自然环境。

该种水产品被放回的事实不能免除违法者违法的事实或使其免于被提起公诉。

在不能选择渔具的情况下,捕捞一定比例的未成熟水产品或禁捕鱼种是被允许的,但未成熟水产品或禁捕鱼种的比例不能超过全部捕获量的 20%。

第六十条

禁止使用本法令未规定的程序或方式进行捕捞。

第六十一条

所有的船舶所有人、经营人、船长和其他船员应允许经授权进行检查和监督的工作人员上船执行公务。

第五部分 罚款和刑罚

第六十二条

任何未经渔业行政部门事先批准而购买、出售、进口渔船或转让渔船所有权的,处以 100 000 第纳尔以上 200 000 第纳尔以下的罚款,且该交易无效。

第六十三条

任何未经主管机关事先批准而全部或部分建造、改装、改造渔船的,应处以 100 000 第纳尔以上 200 000 第纳尔以下的罚款。

第六十四条

任何没有必需的批准或许可而从事以商业和科学为目的的捕捞活动的,处以 1 年以上 3 年以下有期徒刑,并处以 20 000 第纳尔以上 40 000 第纳尔以下的罚款,或二者之一的处罚。

第六十五条

任何未取得必需的捕捞许可证而从事休闲渔业的,处以 1 000 第纳尔以上 2 000 第纳尔以下的罚款。

第六十六条

在国家管辖海域范围内从事商业捕捞的任何人,使用未携带注明其名称、船籍港及船舶登记号的船舶国籍证书,处以 20 000 第纳尔以上 50 000 第纳尔以下的罚款。

第六十七条

以任何方式故意涂抹、使不可辨认、覆盖或隐藏船舶及其设备的名称、字母、登记号等标记的,处以 3 个月以上 6 个月以下有期徒刑,并处以 20 000 第纳尔以上 50 000 第纳尔以下的罚款,或二者之一的处罚。

第六十八条

在渔区以损害或干扰他人已开始进行的捕捞活动的方式下网、收网或收放其他渔具的,处以 20 000 第纳尔以上 80 000 第纳尔以下的罚款。

第六十九条

以任何理由将其船舶停泊、下锚或固定于其他渔民的渔网、浮标或其他捕捞设备上的任何人,处以 20 000 第纳尔以上 40 000 第纳尔以下的罚款。

第七十条

在渔区内钩吊、收起或检查属于其他渔民的渔网或其他渔具的,处以 3 个月以上 6 个月以下有期徒刑,并处以 20 000 第纳尔以上 50 000 第纳尔以下的罚款,或二者之一的处罚。

第七十一条

在渔区内使用拖网的渔民未保证其船舶与所有其他渔具保持不少于 500 米距离的,处以 10 000 第纳尔以上 20 000 第纳尔以下的罚款。

在渔区内未将自己的渔网与其他渔民的渔具保持 300 米距离的,处以 2 000 第纳尔以上 5 000 第纳尔以下的罚款。

第七十二条

不同渔民的渔网缠绕在一起时,未取得双方的同意而切割渔网的,处以 10 000 第纳尔以上 20 000 第纳尔以下的罚款。

但是,如果能证明不可能存在其他分开渔网的方式,那么其对该损害不承担责任。

过失的归责按到达渔区的顺序来确定。

第七十三条

为捕鱼的目的使用炸药或其他爆炸物的,处以 2 年以上 5 年以下有期徒刑,并处以 50 000 第纳尔以上 200 000 第纳尔以下的罚款,或二者之一的处罚。

第七十四条

任何拥有、运输、转运、储存、加工、处理、陈列或销售利用炸药、其他爆炸物捕获的水产品,或使用能减少、麻醉或毁灭海洋或淡水动植物的物质或诱饵捕获水产品的,处以 2 年以上 5 年以下有期徒刑,并处以 50 000 第纳尔以上 200 000 第纳尔以下的罚款,或二者之一的处罚。

第七十五条

任何在沿海水域的船舶上拥有以捕捞为目的的带灯渔具,或利用灯光捕捞的,处以 50 000 第纳尔以上 100 000 第纳尔以下的罚款。

第七十六条

为捕捞的目的而使用违禁的物质或诱饵的,即使这些物质或诱饵不能对海洋或淡水动植物产生减少、致晕、麻醉或致死作用的,处以 50 000 第纳尔以上 100 000 第纳尔以下的罚款。

第七十七条

任何进口、制造、拥有和销售违禁渔网、渔具或索具的,处以 3 个月以上 6 个月以下有期徒刑,并处以 200 000 第纳尔以上 500 000 第纳尔以下的罚款,或二者之一的处罚。

第七十八条

任何为捕捞的目的而使用上述第五十七条提及的渔具的,处以 20 000 第纳尔以上 50 000 第纳尔以下的罚款。

在任何情况下,对违禁渔具的没收,并不影响处罚的作出。

第七十九条

任何捕捞未达到规定的商业重量或明文禁止捕捞的鱼种或水产品的,处以 10 000 第纳尔以上 50 000 第纳尔以下的罚款。

拥有、运输、加工和出售未达到规定的商业重量或明确禁止捕捞的鱼种或水产品的,适用前款的规定。

无论在何种情况下,违反本条第 1 款规定而捕获的水产品应被立即放回其生活的自然环境中。

该种水产品被放回的事实不能免除违法者违法的事实或使其被免于提起公诉。

违禁捕捞所获得的水产品应被没收,这并不影响根据本法令有关刑罚的条款提起司法程序。

第八十条

任何使用现行有效的法令未规定的程序或方式捕捞的,处以 20 000 第纳尔以上 50 000 第纳尔以下的罚款。

第八十一条

在禁止捕捞的渔区内捕捞的,处以 6 个月以上 1 年以下有期徒刑,并处以 100 000 第纳尔以上 200 000 第纳尔以下的罚款,或二者之一的处罚。

第八十二条

在渔区封闭期间使用违禁的渔具或程序捕捞的,处以 3 个月以上 6 个月以下有期徒刑,并处以 50 000 第纳尔以上 100 000 第纳尔以下的罚款,或二者之一的处罚。

在所有情况下,所使用的渔具应被没收。

第八十三条

未事先获得许可而建设或经营渔业设施的,处以 50 000 第纳尔以上

100 000第纳尔以下的罚款。

第八十四条

任何拒绝经授权的工作人员登临渔船执行检查和监督公务的,处以 20 000第纳尔以上40 000 第纳尔以下的罚款。

第八十五条

在累犯的情形下,第六十四条和第八十四条规定的处罚应包括暂时扣留违法者的船员职业许可证,扣留期不超过1年。

第六部分　外国渔船的违法行为和处罚

第八十六条

未经批准在国家管辖海域从事捕捞活动的所有悬挂外国国旗的船舶,应接受工作人员的登临以及被带往阿尔及利亚港口,且应在有管辖权的法院作出发生法律效力的判决前被扣留。

第八十七条

紧追如果是在国家管辖海域范围内开始的,可以在该海域范围外实施登临。

被追船舶一旦进入其本国或第三国管辖海域,紧追行为停止。

第八十八条

如果外国船舶拒绝停止或试图逃逸,阿尔及利亚渔业监管船可以鸣枪以示警告。

在明显必要时,如果外国船舶拒绝遵守,应使用实弹,并采取一切预防措施避免对船上人员造成任何伤害。

第八十九条

报告的工作人员认定有违法行为发生时,应命令没收船上的水产品和渔具。报告中应列明此种没收行为。

第九十条

本立法法令第三十六条、第三十八条和第三十九条规定的程序,不适用于外国渔船的违法行为。

报告应提交至公共检察官办公室,由其根据《刑事诉讼法》规定的审判程序转交有管辖权的法院。

有管辖权的法院在刑事赔偿程序庭审结束前,不得作出判决。

第九十一条

悬挂外国国旗船舶的船长及领航员(如果有)如果对未得到渔业部长事先授权而在国家管辖海域范围内进行的任何形式的捕捞活动有过错,应处以300 000 第纳尔以上 2 000 000 第纳尔以下的罚款。

有管辖权的法院应命令没收船上的渔具或水产品,并根据具体的情况销毁违禁渔具。

第九十二条

在累犯的情况下,被认定在国家管辖海域范围内进行违法捕捞活动的人应处以 600 000 第纳尔以上 4 000 000 第纳尔以下的罚款,并没收从事违法活动的船舶。

第九十三条

外国渔船应被扣留,直至缴清诉讼费、罚款和民事损害赔偿金。

一旦收到能够证明这些费用已经被缴纳的文件,有管辖权的法院应发布释放该船舶的命令。

有管辖权的法院也可以在收到该外国渔船所属国领事官员保证缴纳有关费用的书面保证后,发布释放该外国船舶的命令。

第九十四条

在最终判决作出之日起 3 个月内没有缴纳相关费用的情况下,该外国船舶应由财政部根据现行法律出售。

第九十五条

1976 年 10 月 23 日第 76 - 84 号法令的规定,即日起废止。

第九十六条

该立法法令将刊登在阿尔及利亚人民民主共和国官方报纸上。

1994 年 5 月 28 日(伊斯兰历 1414 年 12 月 17 日)颁布于阿尔及尔。

澳 大 利 亚
Australian

....

依《1994 年海事立法修正案》修改的
《1973 年海洋与水下陆地法》

本法涉及海洋某些海域及其上空、其下的海床和底土的主权,以及有关大陆架和专属经济区的主权权利和有关毗连区的管制权。

第一部分　序　　言

鉴于邻接澳大利亚海岸的被称为领海的一带海域,及领海上空、领海海床和底土在澳大利亚主权之内。

鉴于澳大利亚作为沿海国,享有:

(1)为如下目的,对构成澳大利亚专属经济区的水域、海床和底土的主权权利:

(a)勘探该区域;以及

(b)开发、养护和管理该区域的自然资源。

（2）有关在澳大利亚专属经济区内从事经济性开发和勘探,如利用海水、海流和风力生产能等其他活动的主权权利。

（3）按照国际法有关下列事项的管制权:

（a）专属经济区内的人工岛屿、设施和结构的建造和使用;

（b）专属经济区内的海洋科学研究;以及

（c）专属经济区内的海洋环境的保护和保全。

（4）《联合国海洋法公约》规定的其他有关专属经济区的权利和义务。

鉴于澳大利亚作为沿海国有为勘探大陆架(即与海岸相邻但在领海之外的某些海底区域的海床和底土)和开发其自然资源的目的的主权权利。

鉴于澳大利亚作为沿海国依据国际法有权在毗连区进行管制,以:

（a）防止在澳大利亚或澳大利亚领海内违反其海关、财政、移民或卫生的法律;

（b）惩治违反上述法律的行为。

因此,澳大利亚女王、参议院和众议院颁布如下法律:

第三条　解释

1. 本法中,除非有相反的意思表述:

"澳大利亚"包括本法及于的领土。

"大陆架"与《联合国海洋法公约》第七十六条第 1 款的含义相同。

"毗连区"与《联合国海洋法公约》第三十三条的含义相同。

"专属经济区"与《联合国海洋法公约》第五十五条和第五十七条的含义相同。

"领海"与《联合国海洋法公约》第三条和第四条的含义相同。

"《联合国海洋法公约》"是指 1982 年 12 月 10 日于蒙特哥湾决议通过的《联合国海洋法公约》。

2. 本法中,包括第六条,澳大利亚领海是指其随时及于的领海。

2A. 本法中,包括第十 A 条,澳大利亚专属经济区是指其随时及于的区域。

3. 本法中,包括第十一条,澳大利亚大陆架是指其随时及于的大陆架。

3A. 本法中,包括第十三 A 条,澳大利亚毗连区是指其随时及于的区域。

4. 若依第七条的公告是有效的,为本法的一切目的,澳大利亚领海应延伸到该公告宣布的界限。

4A. 若依第十 B 条的公告是有效的,为本法的一切目的,澳大利亚专属经济区应延伸到该公告宣布的界限。

5. 若依第十二条的公告是有效的,为本法的一切目的,澳大利亚大陆架应延伸到该公告宣布的界限。

5A. 若依第十三 B 条的公告是有效的,为本法的一切目的,澳大利亚毗连区应延伸到该公告宣布的界限。

第四条 领土的延伸

本法及于所有的领土。

第二部分　主权、主权权利和管制权

第一节　领　　海

第五条 解释

本节中,"领海"是指澳大利亚领海。

第六条 领海主权

经本法宣布并颁行,对领海、领海上空和领海海床和底土的主权在英联邦的权利下属于国王并可由其行使。

第七条 领海的界限

1. 总督可以随时通过发布不违反《联合国海洋法公约》第二部分第一节的公告,宣布领海全部或一部分的界限。

2. 为上述公告的目的,总督可以特别规定如下其一或全部内容:

(1)领海的宽度;

(2)测算领海或其任何部分的宽度的基线。

第八条 历史性海湾和历史性水域的声明

当总督确信:

(1)某海湾是历史性海湾时,他可以通过发布公告宣布该海湾为历史性海湾并应通过同一公告或其他公告确定该海湾向海一侧的界限;或者

(2)某水域是历史性水域时,他可以通过发布公告宣布该水域为历史性

水域并应通过同一公告或其他公告确定该水域的界限。

第九条 领海界限的海图

1. 部长可以下令绘制并颁布他或她认为合适的标明有关领海界限的任何事项的海图。

2. 特别是,部长可以下令绘制并颁布标明沿海岸的低潮线的大比例尺海图,并下令在这种海图上标明第 1 款所指的任何事项。

3. 一份由部长确认是依本条绘制的海图的真正副本,其唯一纸质副本是有关领海界限的海图标明的任何事项的初步证据。

第十条 内水主权

经本法宣布并颁行,对随时及于澳大利亚内水(即领海基线向陆一侧的任何海域)、内水上空和内水之下的海床和底土的主权在英联邦的权利下归属于国王并可由其行使。

第一 A 节　专属经济区

第十 A 条 有关专属经济区的主权权利

经本法宣布并颁行,澳大利亚在专属经济区内的权利和管辖权在英联邦的权利下归属于国王并可由其行使。

第十 B 条 专属经济区的界限

总督可以随时通过发布不违反如下规定的公告,宣布澳大利亚专属经济区全部或任何部分的界限:

(1)《联合国海洋法公约》第五十五条或第五十七条;或者

(2)其他澳大利亚是缔约方的国际协定。

第十 C 条 专属经济区界限的海图

1. 部长可以下令绘制他或她认为合适的标明有关澳大利亚专属经济区界限的任何事项的海图。

2. 纸质复制件的副本待部长签发后将成为上款所述海图的准确复制件,构成澳大利亚专属经济区界限海图所显示的任何事项的初步证据。

第二节　大　陆　架

第十一条 有关大陆架的主权权利

经本法宣布并颁行,澳大利亚作为沿海国拥有的有关澳大利亚大陆架的以勘探大陆架和开发其自然资源为目的的主权权利在英联邦的权利下归属于国王并可由其行使。

第十二条 大陆架的界限

总督可以随时通过发布不违反《联合国海洋法公约》第七十六条或其他澳大利亚作为缔约方的相关国际协定的公告,宣布澳大利亚大陆架全部或任何部分的界限。

第十三条 大陆架界限的海图

1. 部长可以下令绘制并颁布他或她认为合适的标明有关澳大利亚大陆架界限的任何事项的海图。

2. 纸制复制件的副本待部长签发后将成为上款所述海图的准确复制件,构成澳大利亚大陆架界限海图所显示的任何事项的初步证据。

第二 A 节 毗 连 区

第十三 A 条 有关毗连区的管制权

经本法宣布并颁行,澳大利亚拥有毗连区。

注意:澳大利亚作为沿海国拥有的有关澳大利亚毗连区的管制权按照可适用的联邦、州或领土法律行使。

第十三 B 条 毗连区的界限

总督可以随时通过发布不违反如下规定的公告,宣布澳大利亚毗连区全部或任何部分的界限:

(1)《联合国海洋法公约》第二部分第四节;或者

(2)其他澳大利亚是缔约方的国际协定。

第十三 C 条 毗连区界限的海图

1. 部长可以下令绘制他认为合适的标明有关澳大利亚毗连区界限的任何事项的海图。

2. 纸制复制件的副本待部长签发后将成为上款所述海图的准确复制件,构成澳大利亚毗连区界限海图所显示的任何事项的初步证据。

第三节　保　　留

第十四条　第二部分不影响州界限内的水域及其他

本部分任何条款均不影响港湾、海湾、河口、河流、小溪、入海口、码头和港口水域或上述范围内任何水域的以及下列范围内的主权或主权权利：

（1）1901 年 1 月 1 日在州界限以内的；

（2）保持在该州界限之内的或其上空、海床或底土的。

1901 年 1 月 1 日在某州界限之内并且保持在该州界限之内的水域，或对于在这些水域之内的海域，本部分的一切内容均不影响有关这些海域或其上空或其水下的海床或底土的主权和主权权利。

第十五条　不属于联邦的某些财产

本部分的一切事物，包括任何码头、水上平台、防波堤、防浪堤、建筑、平台、管道、灯塔、信号浮标、导航设备、浮标、电缆或其他结构或工程，均不应被认为在英联邦权利下属于国王。

第十六条　对其他法律的保留

1. 本部分的以上规定：

（1）不限制或排除任何于本法生效之日或之后生效的联邦或北部领地以外的其他领土的法律的效力；并且

（2）不限制或排除任何于本法生效之日或之后生效的各州或北部领地的法律的效力，明确授予或允许行使本部分以上规定之外的任何主权或主权权利的法律除外。

2. 各州或北部领地的法律不应由于如下情况被理解为属于第 1 款第（2）项的除外事项：

（1）如果有关该海床或底土的专有权利依据联邦法律归属于在州或北部领地权利之下的国王，该法规定了有关或相关于或涉及任何被第一节宣布在英联邦权利之下的国王的主权之内的海床或底土，或任何该海床或底土的生物或非生物资源；或者

（2）如果该法在《1980 年沿海水域（州权力）法》或《1980 年沿海水域（北领地权力）法》授予该州或北部领地的立法机关有关特别事项的权力之内，其规定了有关或关于或涉及任何第一节或第二节所指的且不适用（a）项的海床或底土，或任何该海床或底土的生物或非生物资源。

巴　林①
Bahrain

关于巴林王国领海和毗连区的第 8 号法令

（1993 年）

鉴于巴林按照国际法的规定在国际法规定的范围内对其领海享有主权，对其海域和海岸大陆架实施国家主权、管辖和管控的权利；

考虑到巴林根据 1985 年第 8 号法令于 1985 年 5 月 30 日批准的《1982 年联合国海洋法公约》所陈述的当前国际法的各项准则与巴林在本法令中阐述的观点相一致；

经外交部部长推荐；

经协商会议同意；

经内阁部长许可，

批准如下法令：

第一条

巴林王国的领海宽度为 12 海里，从根据《1982 年联合国海洋法公约》所

----

① 巴林常驻代表团于 1993 年 10 月 3 日向联合国递交的照会。

规定的基线量起。

第二条

毗连区的宽度为 24 海里,从本法第一条所指的基线量起。

第三条

所有部长在各自的职权之内应履行本法的规定。本法于政府公报公布之日生效。

1993 年 4 月 20 日(伊斯兰历 1413 年 10 月 29 日)颁布于里法宫。

巴　西[①]

Brazil

....

关于领海、毗连区、专属经济区和大陆架的
第 8617 号法令[②]

（1993 年 1 月 4 日）

我，作为共和国总统，在此宣布国家议会法令并批准如下法律：

第一章　领　　海

第一条

巴西的领海为从巴西沿海的低潮线量起宽为 12 海里的海域，该区域应在巴西官方认可的大比例尺地图上标明。

独立条款

若海岸线呈锯齿状或有深度凹槽，或在海岸附近海域有多个小岛，测量

---

① 文本包括巴西驻联合国代表团于 1993 年 2 月 18 日向联合国递交照会里的一份非官方翻译稿。

② 发表于《巴西联邦共和国官方公报》，第 2 期，星期二，1993 年 1 月 5 日。

领海宽度的基线应采用选取适当基点划定直线基线的方法。

第二条

巴西主权范围包括领海、领海上方的领空以及海底和底土。

第三条

所有主权国家的船舶在巴西领海享有无害通过权。

（1）船舶在不影响巴西的和平、秩序或安全的情况下才可以享有无害通过权，通过应该是连续和迅速的。

（2）无害通过包括停泊和下锚在内，但以通常航行所附带发生的或由于不可抗力或遇难所必要的或为救助遇险或遭难的人员、船舶或飞机的目的为限。

（3）在巴西领海，外国船舶应遵守巴西政府颁布的法律条例。

第二章　毗　连　区

第四条

巴西毗连区是从测算领海宽度的基线量起 12 至 24 海里的一带海域。

第五条

在毗连区，巴西应实施管控以实现如下目的：

（1）避免在其领土或领海范围内对其海关、财政、移民或卫生法律条文的触犯；

（2）惩罚在其领土或领海范围内触犯其法律条文的行为。

第三章　专属经济区

第六条

巴西专属经济区是从测算领海宽度的基线量起 12 至 200 海里的一带海域。

第七条

在专属经济区，巴西对海底以上水域、海床及底土的生物和非生物自然资源的勘探、开发、保护和管理以及在该区域从事经济勘探和开发活动拥有主权权利。

第八条

在专属经济区,巴西行使管辖权时,对规范海洋科学研究、海洋环境的保护和保全,以及建造、运营和使用各种人工岛屿、设施和构筑物等拥有专属权利。

第九条

在专属经济区,只有在获得巴西政府许可的前提下,其他国家才可以实施军事行动和演练,尤其是使用武器或爆炸物的军事行动和演练。

第十条

在专属经济区,所有国家享有航行和飞越自由,以及与这些自由有关的海洋其他国际合法用途,诸如同船舶和飞机的操作有关的用途。

第四章　大　陆　架

第十一条

巴西大陆架是指其领海以外依其陆地领土的全部自然延伸,扩展到大陆边外缘的海底区域的海床和底土,如果从测算领海宽度的基线量起到大陆边外缘的距离不足 200 海里,则扩展到 200 海里的距离。

独立条款

大陆架的外缘根据 1982 年 12 月 10 日在蒙特哥湾签署的《联合国海洋法公约》第七十六条确定。

第十二条

巴西在其大陆架享有勘探和开发自然资源的主权权利。

独立条款

本条所指的自然资源包括海床和底土的矿产资源和其他非生物资源,以及属于定居种的生物,即在海床上或海床下不能移动或其躯体必须与海床或底土保持接触才能移动的生物。

第十三条

在大陆架,巴西行使管辖权时,对规范海洋科学研究、海洋环境的保护和保全,以及建造、运营和使用各种人工岛屿、设施和构筑物等拥有专属权利。

(1)在大陆架,其他国家只有在根据现行法律条文获得巴西政府同意后才能从事海洋科学研究活动。

（2）巴西政府拥有批准和规范任何目的的大陆架钻探活动的专属权利。

第十四条

所有国家有权在大陆架敷设海底电缆和管道：

（1）在大陆架敷设上述电缆和管道的线路必须征得巴西政府的同意；

（2）巴西政府可以为进入其领土和领海的电缆和管道的敷设设定条件。

第十五条

本法律自颁布之日起开始实施。

第十六条

1970 年 3 月 25 日颁布的第 1098 号法令和其他与本法相违背的法律条文全部废止。

本法于 1993 年 1 月 4 日即巴西独立第 172 年、巴西共和国成立第 105 年颁布于巴西利亚。

加 拿 大
Canada

关于国际法院强制管辖的通告

（1994 年 5 月 10 日）

以加拿大政府名义：

1. 我宣布，特此终止加拿大依据《国际法院规约》第三十六条第 2 款于 1985 年 9 月 10 日声明所接受的、迄今有效的国际法院强制管辖权。

2. 我宣布加拿大政府依据《国际法院规约》第三十六条第 2 款，在互惠的基础上，接受国际法院对此通告发布后在事实、情形方面产生的所有争议的事实上的强制管辖，且不作出任何特殊规定，直到终止接受的通知发出为止，下列争议除外：

（1）当事双方已经达成或即将达成诉诸其他和平解决协议的争议；

（2）将按照争议方已经或将要达成的协议解决的涉及联邦中任何其他成员国的争议；

（3）依据国际法不属于加拿大管辖范围的争议；

（4）产生于或涉及加拿大在 1978 年的《西北大西洋渔业未来多边合作公

约》中,于西北大西洋渔业组织调整范围内所采取的保护、管理措施及实施措施的争议。

3. 加拿大政府可以以向联合国总理事会发布通告的方式,保留其权利,并在通告发布之时起生效,也可以补充、修改或撤回上述保留或可能增加的任何保留。

将此通知传达给所有接受该项条款的所有国家政府及国际法院书记处。

《沿海渔业保护法》修正案

女王陛下,经加拿大参议院和众议院的建议和同意,颁布如下法案:

1.《沿海渔业保护法》第2部分加入如下内容:

"北大西洋渔业组织监管区"指属于下列所述的北大西洋渔业组织公约区的部分公海区域:

(a)位于北纬35度以北且某条线以西的西北大西洋海域,该条线是从北纬35度与西经42度的交叉点向正北延伸至北纬59度,向正西延伸至西经44度,然后向正北延伸至格陵兰岛沿岸的一条线。

(b)北纬78度10分以南的圣劳伦斯湾、大卫斯海峡和巴芬湾。

"跨界鱼群"指某种特定的鱼群。

2.《沿海渔业保护法》第5部分加入如下内容:

5.1 议会认识到以下事实,宣布5.2部分旨在使加拿大能够采取必要的紧急措施避免对跨界鱼群的进一步破坏,使其恢复和重建,并继续寻求有效解决(d)段所提问题的国际解决方案:

(a)纽芬兰大浅滩的跨界鱼群是一种重要的可再生食物来源,数百年来支撑着渔民的生计;

(b)这些跨界鱼群面临着灭绝的威胁;

(c)在加拿大渔区和北大西洋渔业组织监管区中的所有渔船都必须严格遵守跨界鱼群的养护和管理规定,尤其是根据1978年12月24日在渥太华通过的《1979年加拿大法律汇编》第11卷《西北大西洋渔业未来多边合作公约》中的规定；

（d）一些外国渔船在北大西洋渔业组织监管区继续以一种危及跨界鱼群养护和管理有效性的方式捕鱼。

5.2　任何登上指定类别的外国渔船的人员，均不得违反跨界鱼群养护和管理规定而在北大西洋渔业组织监管区对其进行或者准备进行捕捞。

3. 本法案第 6 部分（b）段之后补充如下内容：

（b.1）为了实现 5.2 的目的，规定出现在加拿大渔区及其附近和相邻水域的跨界鱼类。

（b.2）为了实现 5.2 的目的，规定外国渔船的种类。

（b.3）为了实现 5.2 的目的，规定：

（i）登临特定种类外国渔船的个人应该遵守的跨界鱼类保护和管理规则，避免外国渔船的活动影响到根据 1978 年 12 月 24 日在渥太华通过的《1979年加拿大法律汇编》第 11 卷《西北大西洋渔业未来多边合作公约》中规定的有效性；

（ii）任何其他登临某一特定种类外国渔船的人员应服从跨界鱼群保护和管理方法。

（b.4）规定保护官员获准使用 8.1 部分所指权力的方式和范围。

（b.5）规定本法案或渔业法案框架下对渔船发起诉讼程序的除刑法第 28部分规定形式之外的其他形式。

4. 本法案第 7 部分更换成如下内容：

7. 保护官员可以：

（a）为实现本法案及其条令的目的并确保合规，登临和检查任何在加拿大渔区或北大西洋渔业组织监管区的渔船；

（b）根据 7.1 部分出具的搜捕令，搜查任何在加拿大渔区或北大西洋渔业组织监管区的渔船及其货物。

7.1　（1）一位治安法官单方面提交的申请被事实证明有足够的理由可以确定在任何地点（包括任何房屋、船舶或交通工具）的任何鱼类或其他物品的获得或使用方式违背了本法案或条例，这位治安法官可以发布授权书，委任授权书中指明的保护官员进入该地点并实施搜查，寻找鱼类或其他物品以及其他在授权书中明确的搜查对象。

（2）如果获得授权书的条件已经具备，但是由于情况紧急无法立即获得授权书，保护官员也可以行使第7(b)段提到的权力。

5. 本法案第8部分添加如下内容：

8.1　保护官员可以按照条例规定的方式并在其许可范围内，采用有可能或有意使外国渔船致损的武力，前提是该保护官员：

（a）合法地抓捕船长或渔船指挥官；

（b）出于合理的理由相信为了抓捕船长或渔船指挥官有必要使用武力。

6. (1)本法案将(a)段之前的子部分18(1)替换成如下内容：

18. (1)任何违反4(1)(a)段、子部分4(2)或5.2部分的人员都有罪并应承担责任；

（2）本法案将(a)段之前的子部分18(2)替换成如下内容：

（2）任何违反4(1)(b)段到(e)段，第5部分或条例的人员都有罪并应承担责任。

7. 本法案第18部分中加入以下内容：

18.1　在执行本法案的过程中，如果某一行动或疏忽按照《加拿大议会法案》被认为是违规的，那么处理该行动或疏忽时视为发生在加拿大：

（a）在北大西洋渔业组织监管区登船或利用一艘外国渔船登船或采用了违背5.2部分的方式；或者

（b）在发起追捕的时候外国渔船停留在加拿大渔区或北大西洋渔业组织监管区。

18.2　(1)在子部分18.1规定的情况下，可以在加拿大对该部分所提及的行动或疏忽采取逮捕、登记、搜查或扣押的措施或行使其他相关权力：

（a）登临外国船舶；或者

（b）追捕开始的地点不属于除加拿大以外的主权国家的领海或内水区域。

（2）加拿大领土内任何地区的治安法官或法官都有权批准对在该区触犯子部分18.1规定的行为或相关事务进行逮捕、登记、搜查、扣押或调查。

（3）如果一个行为或疏忽仅仅根据子部分18.1是有罪的，而且是发生在根据加拿大以外的主权国家的法律登记注册的船舶，在未经加拿大司法部长许可的情况下不得在加拿大境外行使子部分(1)的权力。

18.3 关于以下事项的诉讼程序：

(a)违反本法案5.2构成的犯罪；或者

(b)在加拿大境外发生18.1所指的犯罪行为,无论被告人是否在加拿大境内,可以在加拿大的任何领土区域进行审判,其审判和处罚被告人的方式可视同被告人在该区进行犯罪予以裁定。

18.4 关于以下事项的诉讼程序,在未获得司法部部长笔头同意的情况下即可开始诉讼程序,且诉讼只能由加拿大司法部长或代表其履行职责的官员负责指导：

(a)违反本法案5.2构成的犯罪；

(b)发生18.1所指的犯罪行为；或者

(c)违反17(d)的犯罪,包括反抗或妨碍履行5.2有关职责的保护官员。

18.5 在处理由触犯本修正法或渔业法引起的可起诉犯罪行为时,本修正法、《刑法》和《渔业法》以及适用于或与个人相关的可起诉犯罪有关刑法的所有条款也适用于相应情况下的渔船。在处理由触犯本修正法或渔业法引起的其他犯罪行为时,本修正法、刑法和渔业法以及适用于或与个人相关的符合简易程序定罪的刑法的所有条款也适用于相应情况下的渔船。

8. 如果第35届议会第一次会议提出的C-8法案通过了一项修正《刑法》和《沿海渔业保护法(实施中)》的法案,且C-8法案获得了通过,那么：

(a)如果新的修正法第二部分规定了《沿海渔业保护法》8.1的内容,但是第二部分在本修正法通过当天之前一直未生效,那么第二部分和其前面的内容在本修正法通过之日和之后都被废除；或者

(b)如果新的修正法第二部分规定了《沿海渔业保护法》8.1的内容,且第二部分在本法案通过之前就已生效,那么《沿海渔业保护法》8.1的内容,即修正法第二部分所规定的内容,在本修正法[不包括子部分6(2)和部分8]通过当天宣布作废。

9. 本法案,除了子部分6(2)和部分8,自议会议长宣布本法案之日生效。

佛 得 角
Cape Verde

佛得角共和国海洋区域划界的第 60/Ⅳ/92 号法律

（废止第 126/77 号法令以及其他一切与
第 60/Ⅳ/92 号法律相抵触的法律条文。）

考虑到维护佛得角共和国海洋区域内生物资源和非生物资源的国家根本利益的需要；

考虑到海洋活动对国家经济和发展的重要意义；

考虑到《1982 年联合国海洋法公约》所反映出的海洋法概念的发展，

在人民的委托下，国民大会根据《共和国宪法》第 186（b）条的规定，通过如下法律：

第一章　海 洋 区 域

第一条

本法所称佛得角共和国管辖下的海洋区域包括：

（1）内水；

（2）群岛水域；

（3）毗连区；

（4）领海；

（5）专属经济区；

（6）大陆架。

第二章　群岛水域

第二条

佛得角共和国的群岛水域应当包括位于根据第二十四条划定的基线范围内的所有海洋区域。

第三条

佛得角共和国对群岛水域行使主权,范围包括：

（1）各水域,与其深度和宽度无关；

（2）相应海域的上覆空域及其海床和底土；

（3）这些水域内的生物和非生物资源。

第四条

佛得角共和国可以在其群岛水域内划定确定内水范围的基线。

第五条

在不违背第三条规定的情况下,佛得角共和国将尊重有关在其群岛水域内活动的所有现存协定。

第六条

在不违背第四条规定的情况下,根据相关规定,外国船舶在遵守这些规定的情况下,在佛得角共和国的群岛水域内享有无害通过权。

第三章　领　　海

第七条

佛得角共和国的领海宽度为 12 海里,从根据第二十四条划定的基线量起。

第八条

在领海内,佛得角共和国对以下事项享有主权：

（1）水体；

（2）上覆空域；

（3）相应的海床和底土；

（4）生物和非生物资源。

第九条

根据相关规定,外国船舶在遵守这些规定的情况下,在领海内享有无害通过权。

第四章　　毗　连　区

第十条

佛得角共和国应建立一个邻接领海的区域,其外部界限为一条距第二十四条规定的基线 24 海里的线。

第十一条

在毗连区内,佛得角共和国可为防止和惩治在其领土、内水、群岛水域和领海内发生的违反其海关、财政、卫生和移民法律和规章的行为行使必要的管制。

第五章　　专属经济区

第十二条

佛得角共和国的专属经济区包括下列水域:其内部界限为领海的外部界限,其外部界限为这样一条线,即该线上各点与测算领海宽度的基线上最近点的距离为 200 海里。

第十三条

在根据前条确定的区域内,佛得角共和国享有:

（1）以勘探和开发、养护和管理海床上覆水域和海床及其底土的自然资源(不论为生物或非生物资源)为目的的主权权利,以及关于在该区内从事经济性开发和勘探,如利用海水、海流和风力生产能等其他活动的主权权利。

（2）对下列事项的专属管辖权:

（a）人工岛屿、设施和结构的建造和使用;

（b）海洋科学研究;

（c）海洋环境的保护和保全;

（d）尚未被第三国承认的其他任何权利。

第十四条

在不违背第二十六条规定的情况下,所有国家在专属经济区内享有如下权利:

（1）航行自由；

（2）飞越自由。

第十五条

对前条规定的自由及相关权利的行使,应该尊重佛得角共和国的主权权利及其法律和规章。

第十六条

在行使第十四条规定的自由时,任何未经授权的捕捞和开发活动,以及会造成污染的和对海洋环境、专属经济区内自然资源、佛得角共和国的经济利益有害的活动,都应当被禁止。

第六章　大　陆　架

第十七条

佛得角共和国的大陆架由从根据第二十四条确定的基线向其领海以外延伸 200 海里的海底区域的海床和底土组成。

第十八条

佛得角共和国为在其大陆架上勘探和开发其生物和非生物自然资源,对大陆架享有主权权利。

第十九条

前条规定的权利是专属性的,即如果佛得角共和国不勘探其大陆架或不开发其自然资源,其他任何国家和实体未经佛得角主管部门的明示同意,均不得从事这种活动。

第二十条

佛得角共和国享有无论为任何目的在其大陆架上授权和管制钻井的专属权利。

第七章　总　　则

第二十一条

只有在得到佛得角共和国的事先批准后,第三国在第一条规定的海洋区域内方可从事敷设、维护和修理海底管道和电缆的活动。

第二十二条

为了本法的实施,政府应对以下事项制定专门规章:

(1)海洋环境保护;

(2)人工设施;

(3)海底管道和电缆;

(4)考古和历史文物;

(5)海洋科学研究;

(6)群岛海道;

(7)在大陆架上钻井;

(8)毗连区;

(9)外国船舶在群岛水域和领海内行使无害通过权。

第二十三条

国家主管部门应为养护和合理管理佛得角管辖下海洋区域内的生物资源制定规章。

第二十四条

测量群岛水域、领海、毗连区、专属经济区和大陆架宽度的基线由连接岛屿和小岛最外缘各点形成的直线组成,并根据以下坐标确定:

基　点	纬　度	经　度	Observ.
A –	14° 48′ 43.17″N	24° 43′ 48.85″W	I. Brava
C – P1 a Rainha	14° 49′ 59.10″N	24° 45′ 33.11″W	I. Brava
C – P1 a Faj	14° 51′ 52.19″N	24° 45′ 09.19″W	I. Brava
D – P1 Vermelharia	16° 29′ 10.25″N	24° 19′ 55.87″W	S. Nicolau
E –	16° 36′ 37.32″N	24° 36′ 13.93″W	Ilbeu Raso
F – P1 a da Peça	16° 54′ 25.10″N	25° 18′ 11.00″W	Santo Antao
F –	16° 54′ 40.00″N	25° 18′ 32.00″W	Santo Antao
G – P1 a Camarim	16° 55′ 32.98″N	25° 19′ 10.76″W	Santo Antao
H – P1 a Preta	17° 02′ 28.66″N	25° 21′ 51.67″W	Santo Antao
I – P1 a Mangrade	17° 03′ 21.06″N	25° 21′ 54.44″W	Santo Antao

续　表

基　点	纬　度	经　度	Observ.
J – P1 a Portinha	17° 05′ 33.10″N	25° 20′ 29.91″W	Santo Antao
K – P1 a de Sol	17° 12′ 25.21″N	25° 05′ 56.15″W	Santo Antao
L – P1 a Sinagoga	17° 10′ 41.58″N	25° 01′ 38.24″W	Santo Antao
M – Pta Espechim	16° 40′ 51.64″N	24° 20′ 38.79″W	S. Nicolau
N – Pta Norte	16° 51′ 21.13″N	22° 55′ 40.74″W	Sal
O – Pta Casaca	16° 50′ 01.69″N	22° 53′ 50.14″W	Sal
P – Ilheu Cascalho	16° 11′ 31.04″N	22° 40′ 52.44″W	I. Boavista
P1 – Ilheu Baluarte	16° 09′ 05.00″N	22° 39′ 45.00″W	I. Boavista
Q – Pta do Roque	16° 05′ 09.83″N	22° 40′ 26.05″W	I. Boavista
R – Pta Flamengas	15° 10′ 03.89″N	23° 05′ 47.90″W	I. Maio
S –	15° 09′ 02.21″N	23° 06′ 24.98″W	I. Maio
T –	14° 54′ 10.78″N	23° 29′ 36.09″W	Santiago
U – D. Maria Pia	14° 53′ 50.00″N	23° 30′ 54.50″W	Santiago
V – Pta Pesqueiro	14° 48′ 52.32″N	24° 22′ 43.30″W	I. do Fogo
X – Pta Nho Martinho	14° 48′ 25.59″N	24° 42′ 34.92″W	I. Brava
Y = A	14° 48′ 43.17″N	24° 43′ 48.85″W	I. Brava

第二十五条

在佛得角共和国海洋区域内从事海洋科学研究的外国实体,应根据规定该事项的法律和规章设定的条件获得批准。

第二十六条

在不违背本法规定的情况下,外国实体和船舶在佛得角共和国管辖下的海洋区域内从事的一切活动,应当尊重和平利用海洋的原则。

第二十七条

任何带来污染或对海洋环境有害的活动,或对国家海洋区域内资源和佛得角共和国经济利益造成损害的活动,都应当被禁止。

第二十八条

在不损害明确的所有人的权利、救助规范、海事法其他规范和文化交流领域惯例的情况下,任何实体(无论是国内的还是国外的)对本法第一条规定的佛得角共和国海域内存在的任何具有考古和历史价值的物体和财产的定位、开发和回收,必须得到国家主管部门的明示同意。

第八章　最后和过渡条款

第二十九条

如果根据本法确定的佛得角共和国专属经济区和大陆架与邻国部分专属经济区和大陆架重叠,佛得角共和国应根据相应的国际法通过与该邻国谈判,以协议确定海上边界。

第三十条

违反本法的行为应根据相关法律和规章予以处罚。

第三十一条

第 126/77 号法令以及其他与本法相抵触的条款无效。

第三十二条

本法立即生效。

1992 年 12 月 10 日通过。

塞浦路斯[①]
Cyprus

标明测算领海宽度的基线的地理坐标

（1993 年）

塞浦路斯共和国常驻联合国代表团将保存标明测算塞浦路斯领海宽度的基线的地理坐标的所附副本,副本中标有下述坐标。

序　号	纬　度	经　度
1	35°06′49″N	32°16′52″E
2	35°05′40″N	32°16′31″E
3	35°04′15″N	32°16′12″E
4	35°02′21″N	32°16′15″E
5	35°01′30″N	32°16′29″E
6	34°57′05″N	32°18′15″E
7	34°53′59″N	32°18′32″E
8	34°51′30″N	32°21′03″E
9	34°45′19″N	32°24′15″E

---

① 塞浦路斯常驻代表团于 1993 年 5 月 3 日向联合国提交的照会。

序　号	纬　度	经　度
10	34°42′13″N	32°29′42″E
11	34°39′17″N	32°39′29″E
12	34°38′30″N	32°42′19″E
13	34°38′42″N	32°54′07″E
14	34°34′01″N	32°56′06″E
15	34°33′47″N	33°01′45″E
16	34°34′06″N	33°02′12″E
17	34°40′14″N	33°02′30″E
18	34°42′19″N	33°15′42″E
19	34°43′12″N	33°19′37″E
20	34°43′52″N	33°22′06″E
21	34°46′45″N	33°29′47″E
22	34°49′08″N	33°36′18″E
23	34°51′48″N	33°38′18″E
24	34°55′41″N	33°38′57″E
25	34°58′44″N	33°43′52″E
26	34°56′32″N	33°51′46″E
27	34°58′52″N	33°57′23″E
28	34°57′20″N	34°05′05″E
29	34°57′38″N	34°05′13″E
30	34°59′21″N	34°04′38″E
31	35°00′40″N	34°03′55″E
32	35°13′10″N	33°54′15″E
33	35°16′50″N	33°55′36″E
34	35°19′45″N	34°04′00″E
35	35°22′25″N	34°05′22″E
36	35°29′40″N	34°18′40″E
37	35°33′21″N	34°24′30″E
38	35°38′31″N	34°33′40″E
39	35°39′04″N	34°34′15″E
40	35°42′36″N	34°36′22″E
41	35°39′10″N	34°25′52″E

续　表

序　号	纬　度	经　度
42	35°33′41″N	34°10′38″E
43	35°28′57″N	34°03′11″E
44	35°24′33″N	33°45′11″E
45	35°21′37″N	33°36′25″E
46	35°21′00″N	33°17′27″E
47	35°22′08″N	33°06′52″E
48	35°24′08″N	32°55′10″E
49	35°13′42″N	32°55′15″E
50	35°08′38″N	32°50′15″E
51	35°10′58″N	32°44′25″E
52	35°11′45″N	32°40′11″E
53	35°11′45″N	32°38′37″E
54	35°10′35″N	32°33′15″E
55	35°08′37″N	32°31′27″E
56	35°03′20″N	32°27′05″E
57	35°02′30″N	32°23′52″E

爱沙尼亚
Estonia

海洋边界法

（1993 年 3 月 10 日）

第一条

在本法中，海域应被确定为与大陆接壤并由爱沙尼亚共和国管辖的海洋部分。

第二条

划定海域的根据是 1958 年在日内瓦缔结的《领海及毗连区公约》以及《1982 年联合国海洋公约》的相关条款。

第三条

领海的正常基线是一条假想的线，这条线连接低潮时距离大陆海岸线最远的点、岛屿、小岛和礁石等。领海的正常基线的坐标列于附件 1 中。

第四条

内海是位于领海正常基线与海岸线之间的一片海域。

第五条

领海是与内海相邻、外部界限由本法确定的一片海域。领海界限的坐标列于附件 2 中。

第六条

领海的宽度为 12 海里,根据国际公约或与邻国签订的条约单独确定的除外。

第七条

专属经济区是与领海相邻、位于领海外部的一片海域。它的外部界限是通过与邻国协商确定的。专属经济区界限的坐标列于附件 3 中。

附件 1

爱沙尼亚共和国领海基线坐标一览表

基点序号	地理坐标			备 注
	纬 度	经 度	基点号	
1	59°34. 17′N	28°05. 87′E	25013	爱沙尼亚共和国与俄罗斯联邦在纳尔瓦湾的界限遵从《爱沙尼亚 – 俄罗斯和平协议》
			23002	
			22000	
2	59°25. 70′N	27°32. 20′E	23002	普哈教基的西码头
			22000	
3	59°26. 60′N	27°13. 50′E	23002	萨卡附近的海岸
			22000	
			22001	
4	59°31. 26′N	26°45. 27′E	25014	马虎灯塔东礁
			23002	
			22000	
			22001	
5	59°49. 35′N	26°21. 85′E	23002	温铎岛北岩
			22001	
6	59°49. 30′N	26°21. 20′E	23002	温铎岛北岩
			22001	
7	59°40. 56′N	25°41. 98′E	28015	普瑞卡里姆北岩
			23005	
			22001	

续 表

基点序号	地理坐标			备 注
	纬 度	经 度	基点号	
8	59°42.09′N	25°01.10′E	25016	克里岛西北岩
			23005	
			23006	
			22001	
9	59°36.40′N	24°30.55′E	25016	皮卡萨诺西岩
			23006	
			22001	
10	59°23.40′N	24°02.43′E	28018	帕克瑞灯楼北岩
			23006	
			23008	
			23010	
			22001	
			22002	
11	59°18.28′N	23°21.69′E	25020	奥斯马萨岛西北岩
			23008	
			23010	
			22002	
12	59°05.28′N	22°51.82′E	28025	赛格拉祜岩
			23009	
			23010	
			22002	
13	59°05.70′N	22°35.10′E	23009	塔湖昆尼亚基点
			23014	
			22002	
			22003	

续　表

基点序号	地理坐标			备　注
	纬　度	经　度	基点号	
14	58°56.80′N	22°03.40′E	25026	瑞斯塔灯房3.5电缆358度岩
			23009	
			23014	
			22002	
			22003	
15	58°56.50′N	22°02.70′E	25026	瑞斯塔灯房3.8电缆288.8度岩
			23014	
16	58°56.40′N	22°02.60′E	25026	瑞斯塔灯房4.3电缆288.8度岩
			23014	
			22003	
17	58°55.60′N	22°02.30′E	25026	瑞斯塔灯房10.4电缆215.2度岩
			23014	
			22003	
18	58°55.30′N	22°03.00′E	25026	瑞斯塔灯房11.4电缆192.3度岩
			23014	
19	58°53.60′N	22°08.20′E	25026	口普灯房24.4电缆236.0度岩
			23014	
			22003	
20	58°31.36′N	21°54.46′E	25028	尤达瓦基点西北岩
			23014	
			22003	
21	58°30.91′N	21°48.04′E	25028	开菩萨瑞克点西北岩
			23014	
			22003	
22	58°19.29′N	21°45.67′E	28028	瑙拓麻岛西岩
			25028	

续　表

基点序号	地理坐标			备　注
	纬　度	经　度	基点号	
23	58°19.26′N	21°45.67′E	28028	瑙拓麻岛西岩
			25028	
			23014	
			22003	
24	57°57.45′N	21°58.40′E	25029	路德尼姆点南礁
			23015	
			22003	
25	57°53.28′N	22°02.45′E	25030	万喜达喀穆小岛南基点
			23015	
			22003	
26	57°58.08′N	22°11.38′E	25031	万喜达喀穆小岛西南基点
			23015	
			22003	
			22004	
27	58°09.07′N	22°49.01′E	25024	阿里拉祜东南岩
			23015	
			22003	
			22004	
28	57°48.82′N	23°12.50′E	28040	帕斯尼西北岩
			23015	
			22004	
29	57°48.19′N	23°12.27′E	28040	岩石
30	57°47.81′N	23°12.41′E	28040	岩石
31	57°47.26′N	23°13.03′E	28040	豪米尼基点西礁
32	57°47.13′N	23°13.62′E	28040	石砾

续 表

基点序号	地理坐标			备 注
	纬 度	经 度	基点号	
33	57°46.72′N	23°15.73′E	28040	岩石
			23012	
			22004	
34	57°46.80′N	23°16.43′E	28040	韵斯港西口
			23012	
			22004	
35	58°05.69′N	23°58.42′E	25037	开互灯屋南礁
			23012	
			22004	
36	57°52.48′N	24°21.47′E	23012	爱沙尼亚共和国和拉脱维亚共和国在里加港处的界限

附件 2

爱沙尼亚共和国领海界限坐标一览表

基点序号	地理坐标		
	纬　度	经　度	基点号
1	59°34.17′N	28°05.87′E	25013
			23002
			22000
37	59°37.9′N	26°54.9′E	23002
			22000
			22001
38	59°56.3′N	26°26.4′E	23002
			23004
			22001
39	59°54.0′N	26°09.2′E	23004
			23005
			22001
40	59°48.9′N	26°01.3′E	23005
			22001
41	59°49.6′N	25°34.7′E	23005
			22001
42	59°42.2′N	24°28.9′E	23006
			22001
43	59°34.6′N	23°57.2′E	23006
			23008
			22001
			22002
44	59°28.9′N	23°31.3′E	23008
			23010
			22002

续 表

基点序号	地理坐标		
	纬 度	经 度	基点号
45	59°29.0′N	23°11.5′E	23008
			23010
			22002
46	59°28.2′N	23°08.6′E	23010
			22002
基点46与基点47由半径为12海里的弧线相连,该弧线起始于基点11(北纬59°18.28′,东经23°21.29′)。			
47	59°27.4′N	23°06.5′E	23008
			23010
			22002
48	59°17.5′N	22°44.0′E	23009
			23010
			22002
49	59°17.7′N	22°36.2′E	23009
			23010
			22002
基点49与基点50由半径为12海里的弧线相连,该弧线起始于基点13(北纬59°05.70′,东经22°35.10′)。			
50	59°16.2′N	22°23.9′E	23009
			22002
51	59°14.7′N	22°18.5′E	23009
			22002
			22003
52	59°03.4′N	21°51.0′E	23009
			22002
			22003

基点 序号	地理坐标		
	纬　度	经　度	基点号
53	58°55.1′N	21°39.1′E	23014
			22003

基点 53 与基点 54 由半径为 12 海里的弧线相连,该弧线起始于基点 17(北纬 58°55.60′,东经 22°02.30′)。

54	58°49.9′N	21°41.8′E	23014
			22003
55	58°41.3′N	21°36.4′E	23014
			22003

基点 55 与基点 56 由半径为 12 海里的弧线相连,该弧线起始于基点 21(北纬 58°30.91′,东经 21°48.04′)。

56	58°32.2′N	21°25.3′E	23014
			22003
57	58°21.1′N	21°23.2′E	23014
			22003

基点 57 与基点 58 由半径为 12 海里的弧线相连,该弧线起始于基点 23(北纬 58°19.26′,东经 21°45.67′)。

58	58°15.4′N	21°24.2′E	23015
			23014
			22003
59	57°53.7′N	21°36.8′E	23015
			22003

基点 59 与基点 60 由半径为 12 海里的弧线相连,该弧线起始于基点 24(北纬 57°57.45′,东经 21°58.40′)

60	57°51.4′N	21°38.8′E	23015
			22003
61	57°47.2′N	21°43.0′E	23015
			22003

续　表

基点序号	地理坐标		
	纬　度	经　度	基点号
62	57°45.3′N	21°53.6′E	23015
			22003
63	57°54.9′N	22°43.3′E	23015
			22003
			22004
64	57°35.0′N	23°11.0′E	23012
			23015
			22004
65	57°35.2′N	23°22.1′E	23012
			22004

基点 65 与基点 66 由半径为 12 海里的弧线相连,该弧线起始于基点 34(北纬 57°46.80′,东经 23°16.43′)。

66	57°37.5′N	23°30.6′E	23012
			22004
67	57°49.2′N	23°56.6′E	23012
			22004
68	57°48.7′N	23°57.3′E	23012
			22004
69	57°54.0′N	24°18.2′E	23012
			22004

基点 69 与基点 36(北纬 57°52.48′,东经 24°21.47′)由一条直线相连。

备注

1. 由于爱沙尼亚共和国与俄罗斯联邦之间尚未就纳尔瓦湾内的领海界限达成一致,从基点 1 穿过基点 37、38 延伸至基点 39 的领海界限可能因协商而变动。

2. 由于爱沙尼亚共和国与拉脱维亚共和国之间尚未就艾尔本海峡及里加湾的领海界限达成协议,从基点 60 穿过基点 61、62、63、64、65、66、67、68 延伸至基点 69 的领海界限可能因协商而变动。

附件 3

爱沙尼亚共和国专属经济区与大陆架界限坐标一览表

基点序号	地理坐标		
	纬　度	经　度	基点号
38	59°56.3′N	26°26.4′E	23004
			22001
70	60°00.0′N	26°20.8′E	23004
			22001
71	59°59.4′N	26°13.1′E	23004
			22001
72	59°58.4′N	26°08.4′E	23004
			22001
73	59°52.0′N	25°58.5′E	23005
			22001
74	59°52.9′N	25°28.0′E	23005
			22001
75	59°53.6′N	25°10.6′E	23005
			22001
76	59°52.4′N	24°57.6′E	23006
			22001
77	59°50.8′N	24°49.7′E	23006
			22001
78	59°44.5′N	24°24.8′E	23006
			22001
79	59°37.4′N	23°54.8′E	23008
			22001
			22002
80	59°31.9′N	23°30.1′E	23010
			22002

续 表

基点序号	地理坐标		
	纬 度	经 度	基点号
81	59°32.0′N	23°10.0′E	23010
			22002
82	59°25.2′N	22°45.5′E	23010
			22002
83	59°23.1′N	22°10.3′E	23009
			22002
			22003
84	59°18.7′N	21°46.7′E	23009
			22003
85	59°11.5′N	21°11.3′E	22003
基点85与基点86不相连。			
86	58°46.8′N	20°28.6′E	22003
87	58°29.0′N	20°26.5′E	22003
88	58°12.0′N	20°22.4′E	22003
89	58°00.9′N	20°24.0′E	22003
61	57°47.2′N	21°43.0′E	23015
			22003
基点61与基点64不相连。			
90	57°34.4′N	23°11.8′E	23012
			23015
			22004
91	57°31.4′N	23°42.7′E	23012
			22004
68	57°48.7′N	23°57.3′E	23012
			22004

备注

1. 由于爱沙尼亚共和国与俄罗斯联邦之间尚未就位于芬兰湾的万德罗岛

（Vaindlo Island）附近的专属经济区与大陆架界限达成一致,从基点 38 延伸至基点 70 的专属经济区与大陆架界限,可能因协商而改变。

2. 由于爱沙尼亚共和国与拉脱维亚共和国之间尚未就其专属经济区和大陆架界限达成一致,由基点 88 经过基点 89 延伸至基点 61,同时从基点 64 经过基点 90、91 延伸至基点 68 的专属经济区与大陆架界限可能因协商而改变。

法 国

France

···

关于禁止在博尼法乔海峡用油轮运载石油及用
船舶运送危险或有毒物质的活动的第 1/93 号地方法规

(1993 年 2 月 15 日)

海军中将 Tripier、地中海海事长官基于以下原因,颁布本命令:

1844 年 6 月 14 日关于海军的行政服务条例;

1926 年 12 月 17 日《商船之刑事及纪律法典》第六十三条;

经修正的 1978 年 3 月 9 日关于国家海洋行动组织的第 78.272 号法令;

1978 年 3 月 24 日关于防止海洋事故性污染的第 78.421 号法令;

界定 1979 年 1 月 2 日第 79.1 号法案第二条、第三条规定的危险物质的 1979 年 8 月 7 日第 79.703 号法令;

1986 年 1 月 7 日关于针对可能造成海洋事故性污染的船舶、飞行器、装置、设施或平台的警卫措施的第 86.38 号法令;

1989 年 7 月 12 日公布的法兰西共和国政府与意大利共和国政府在 1986 年 11 月 28 日于巴黎达成的关于博尼法乔海峡地区海上边境线界分协议的第 89.490 号法令;

1930 年 2 月 1 日说明海事长官在管制权和沿海捕鱼管理方面的权限的法令；

《刑法》第 R.26 条；

1976 年 7 月 7 日关于防止和消除船舶和飞行器浸没作业造成的海洋污染以及防止海洋事故性污染的第 76.559 号法案；

1986 年 1 月 3 日关于海岸管理、保护和开发的第 86.2 号法案；

1975 年 6 月 26 日公布的在布鲁塞尔于 1969 年 11 月 29 日公开签署的关于介入公海原油污染的国际公约的第 75.553 号法令以及 1986 年 9 月 24 号公布的经修改的 1973 年 11 月 2 日于伦敦签署的关于介入公海非原油污染议定书的第 86.1076 号法案；

1983 年 9 月 27 日公布的经 1978 年议定书修改的 1973 年 11 月 2 日于伦敦签署的关于防止船舶污染的国际公约的第 83.874 号法令以及 1987 年 9 月 24 日公布的上述条约附件二的第 87.788 号法令。

第一条

悬挂法国国旗并携带原油或附件中所列危险物质的船舶禁止在博尼法乔海峡地区航行，除非在不可抗力情况下，一艘船舶和一个指定路线得到了特许。

第二条

前述法令也适用于在法国港口之间航行的从事海上贸易且携带上述物质的船舶。

第三条

本命令不适用于法国作战船舶和其他非商业用途的船舶。

第四条

本法令自意大利管辖机关颁布载有类似措施的案文之日起生效。该日期应立法确定。

第五条

得到授权的海洋警卫人员和机构将在其职权范围内负责本命令的执行。本命令将通知相关海事局和港口管理局，并将在相应的航海说明书中予以公布。

德　国
Germany

德意志联邦共和国
关于扩展德国领海宽度的声明

（公布于 1994 年 11 月 11 日）

德意志联邦共和国政府在此声明于 1994 年 10 月 19 日通过的关于扩展德国领海宽度的公告。

第一部分

德意志联邦共和国领海的外部界限应根据下列说明进行确定。之前其他关于德国领海界限的声明不再适用。

北　海

在北海地区,德意志联邦共和国领海的外部界限为一条距低水位线或者直线基线 12 海里的线。

现存的深水锚地属于领海的一部分,其外部界限为连接下列点的线:

点编号	纬 度	经 度
1	54°08′11″N	7°24′36″E
2	54°08′19″N	7°26′59″E
3	54°01′39″N	7°33′04″E
4	54°00′27″N	7°24′36″E

上述点的地理坐标参照《欧洲基准坐标系统》(ED50)。

在北海地区,德国领海的界限参见海洋边界图2920。

德意志联邦共和国将择机决定德国与荷兰、丹麦的领海界限。德国与荷兰于1960年4月8日签订的有关埃姆斯河口湾地区的合作协议(《埃姆斯－多拉尔特协议》)(《联邦法律公报》1963Ⅱ,第602页)附件B第一部分的规定不受影响。

波罗的海

在波罗的海地区,德意志联邦共和国领海的外部界限为一条连接下列各点的线:

点编号	纬 度	经 度
1	54°44′17″N	10°10′14″E
2	54°41′46″N	10°13′12″E
3	54°39′27″N	10°15′34″E
4	54°36′45″N	10°18′36″E
5	54°35′35″N	10°20′24″E
6	54°34′08″N	10°25′47″E
7	54°32′51″N	10°30′24″E
8	54°31′14″N	10°35′36″E
9	54°30′39″N	10°39′12″E
10	54°30′51″N	10°54′21″E
11	54°32′50″N	10°49′16″E
12	54°33′21″N	10°58′51″E
13	54°34′10″N	11°00′07″E

点编号	纬 度	经 度
14	54°34′37″N	11°08′33″E
15	54°33′31″N	11°12′23″E
16	54°31′46″N	11°18′44″E
17	54°30′46″N	11°19′23″E
18	54°30′18″N	11°21′03″E
19	54°28′26″N	11°24′13″E
20	54°26′23″N	11°28′34″E
21	54°24′27″N	11°32′22″E
22	54°22′25″N	11°35′23″E
23	54°19′53″N	11°38′44″E
24	54°20′01″N	11°57′10″E
25	54°23′07″N	12°09′13″E
26	54°23′07″N	12°09′59″E
27	54°27′04″N	12°15′35″E
28	54°30′42″N	12°18′05″E
29	54°31′05″N	12°17′36″E
30	54°34′40″N	12°19′24″E
31	54°44′38″N	12°45′00″E

从点 31 起,德意志联邦共和国领海的外部界限为一条距低水位线或者直线基线 12 海里的线,直至到达点 32:

点编号	纬 度	经 度
32	54°26′30.3″N	14°04′45.9″E

从点 32 开始,德意志联邦共和国领海的外部界限为一条连接以下各点的线:

点编号	纬　度	经　度
33	54°16′14.8″N	14°04′14.7″E
34	54°14′22.0″N	14°10′08.9″E
35	54°07′36.4″N	14°12′09.1″E
36	53°59′18.1″N	14°14′35.9″E
37	53°55′42.1″N	14°13′37.8″E

上述点的地理坐标参照《欧洲基准坐标系统》(ED50)。

在波罗的海地区,德国领海的界限参见海洋边界图2921。

德意志联邦共和国政府将择机决定德国与丹麦的领海界限。

德意志联邦共和国与波兰共和国领海的界限将依据1990年11月14日德意志联邦共和国与波兰共和国关于确认两国国境的协议(《联邦法律公报》1991Ⅱ,第1328页)划定。

在波罗的海的某些区域,根据此声明扩展后的领海宽度将不足12海里。这不应理解为德意志联邦共和国宣布放弃关于扩展领海至完全宽度的合法声明。

上述坐标可能会根据联邦运输部运用最新方法得到的更准确的数据作出一定调整。调整将通过官方渠道进行公布,并将纳入官方海洋边界图。

本决定自1995年1月1日起生效。

1994年11月11日于波恩。

德意志联邦共和国关于确定其在北海与
波罗的海专属经济区的声明

(1994年11月25日)

第一部分

德意志联邦共和国将于1995年1月1日在北海和波罗的海领海的外部界限以外建立专属经济区。

第二部分

在北海地区,德意志联邦共和国专属经济区的外部界限为一条连接下列点的线:

点编号	纬　度	经　度
E_0	53°43′30.8″N	6°20′49.7″E
E_1	53°45′03.0″N	6°19′58.3″E
E_2	53°48′52.9″N	6°15′51.3″E
E_3	53°59′56.8″N	6°06′28.2″E
E_4	54°11′12.0″N	6°00′00.0″E
E_5	54°37′12.0″N	5°00′00.0″E
E_6	55°00′00.0″N	5°00′00.0″E
E_7	55°20′00.0″N	4°20′00.0″E
E_8	55°45′54.0″N	3°22′13.0″E
D_5	5°50′06.0″N	3°24′00.0″E
S_7	55°55′09.4″N	3°21′00.0″E
S_6	55°46′21.8″N	4°15′00.0″E
S_5	55°24′15.0″N	4°45′00.0″E
S_4	55°15′00.0″N	5°09′00.0″E
S_3	55°15′00.0″N	5°24′12.0″E
S_2	55°30′40.3″N	5°45′00.0″E
S_1	55°10′03.4″N	7°33′09.6″E
S_0	55°05′59.4″N	8°02′44.4″E

上述点的地理坐标参照《欧洲基准坐标系统》(ED50)。

在北海地区,德国专属经济区的界限将纳入海洋边界图2920。

第三部分

在波罗的海地区,德意志联邦共和国专属经济区的外部界限为一条连接下列点的线:

点编号	纬　度	经　度
1	54°45′24.0″N	10°13′06.0″E
2	54°42′49.7″N	10°16′07.9″E
3	54°40′29.6″N	10°18′29.9″E
4	54°37′59.9″N	10°21′18.4″E
5	54°37′15.4″N	10°22′27.6″E
6	54°35′56.8″N	10°27′15.9″E
7	54°34′37.0″N	10°31′58.5″E
8	54°33′06.0″N	10°36′50.0″E
9	54°32′39.8″N	10°39′37.3″E
10	54°32′49.2″N	10°43′59.0″E
11	54°34′52.3″N	10°48′02.1″E
12	54°37′10.2″N	10°52′25.1″E
13	54°38′14.6″N	10°54′15.3″E
14	54°38′28.3″N	11°00′20.7″E
15	54°38′16.3″N	11°04′30.0″E
16	54°37′19.7″N	11°09′28.2″E
17	54°36′33.0″N	11°12′30.9″E
18	54°35′11.2″N	11°15′36.4″E
19	54°34′11.6″N	11°19′17.7″E
20	54°31′57.0″N	11°23′04.8″E
21	54°29′53.1″N	11°26′36.6″E
22	54°27′53.4″N	11°30′49.9″E
23	54°25′47.7″N	11°34′55.1″E

点编号	纬　度	经　度
24	54°23′36.0″N	11°38′12.2″E
25	54°21′56.7″N	11°40′20.7″E
26	54°21′53.4″N	11°40′14.7″E
27	54°22′00.5″N	11°56′25.6″E
28	54°24′39.9″N	12°06′43.5″E
29	54°41′15.9″N	12°26′35.7″E
30	54°45′49.7″N	12°44′59.9″E
31	54°50′01.7″N	12°56′02.4″E
32	55°00′30.2″N	13°08′53.1″E
33	55°00′37.9″N	13°09′26.8″E
34	55°01′16.9″N	13°47′08.4″E
35	54°57′53.9″N	13°59′15.3″E
36	54°57′44.8″N	13°59′34.2″E
37	54°48′45.0″N	14°10′22.0″E
38	54°48′45.0″N	14°24′51.0″E
39	54°39′30.0″N	14°24′51.0″E
40	54°32′10.4″N	14°38′12.2″E
41	54°31′57′7″N	14°37′42.0″E
42	54°29′56.4″N	14°44′56.7″E
43	54°22′56.5″N	14°35′55.7″E
44	54°10′04.6″N	14°21′05.0″E
45	54°07′35.0″N	14°14′18.9″E
46	54°07′36.4″N	14°12′09.1″E

上述点的地理坐标参照《欧洲基准坐标系统》(ED50)。

在波罗的海地区,德国专属经济区的界限将纳入海洋边界图2920。

第四部分

点 25 与点 26、点 32 与点 33、点 35 与点 36 以及点 40 与点 41 之间的连线均遵循与邻国之间的已有协议。

德意志联邦共和国政府将择机磋商并决定界分德国与荷兰专属经济区的点（位于北海的点 E_0）、德国与丹麦专属经济区的点（位于北海的点 S_0 以及位于波罗的海的点 1）的最终位置。

德国民主共和国与波兰人民共和国于 1989 年 5 月 22 日达成的关于界分波美拉尼亚湾各自海洋区域的协议的适用细节应在适当时间予以确定，并将和波兰共和国协商。

上述坐标可能会根据联邦运输部运用最新方法得到的更准确的数据作出一定调整。调整将通过官方渠道进行公布，并将纳入官方海洋边界图。

1994 年 11 月 25 日于柏林。

伊　朗
Iran

伊朗伊斯兰共和国关于波斯湾和
阿曼海的海洋区域法

（1993 年）

第一部分　领　　海

第一条　主权

伊朗伊斯兰共和国的主权除及于其陆地领土、内水、波斯湾中的岛屿、霍尔木兹海峡和阿曼海之外，还及于邻接基线的一带海洋区域，该海域称为领海。

主权及于领海的上空及其海床和底土。

第二条　外部界限

从基线起算，领海的宽度为 12 海里。1 海里等于 1 852 米。

属于伊朗的岛屿，不论位于领海之内还是之外，依据本法均拥有各自的领海。

第三条　基线

在波斯湾和阿曼海,测算领海宽度的基线由波斯历 1352 年 4 月 31 日(即公元 1973 年 7 月 22 日)的第 2/250 - 67 号内阁法令(附于本法之后①)确定;对于其他岛屿和区域,沿岸的低潮线为基线。

领海基线向陆一侧的水域,以及属于伊朗的距离不超过 24 海里的岛屿之间的水域构成内水并在伊朗伊斯兰共和国的主权之下。

第四条　划界

当伊朗领海与海岸相邻和相向国家的领海重叠时,除非双方另有约定,伊朗和该国的领海界限为一条其上每一点到两国基线上最近一点的距离相等的中间线。

第五条　无害通过

外国船舶的通过,除本法第九条另有规定外,在不损害伊朗伊斯兰共和国的良好秩序、和平和安全的情况下受无害通过原则的限制。

除不可抗力外,通过应继续不停和迅速进行。

第六条　无害通过的要求

当从事以下活动时,外国船只的通过不应视为是无害的,并且受相关民事和刑事法律和规章的限制:

(1)对伊朗伊斯兰共和国的主权、领土完整或政治独立进行任何武力威胁或使用武力,或以任何其他违反国际法原则的方式进行武力威胁或使用武力;

(2)以任何种类的武器进行任何操练或演习;

(3)任何目的在于搜集情报使沿海国的防务或安全受损害的行为;

(4)任何目的在于影响沿海国防务或安全的宣传行为;

(5)在船上起落或向其他船只或海岸转运飞机、直升机、军事装置或人员;

(6)违反伊朗伊斯兰共和国法律和规章,上下任何商品、货币或人员;

(7)违反伊朗伊斯兰共和国规则和规章,污染海洋环境;

(8)任何捕鱼或勘探海洋资源的行为;

(9)进行科学研究或地图和地质测量或取样活动;

---

①　1973 年 7 月 22 日(波斯历 1352 年 4 月 31 日)颁布的第 2/250 - 67 号法令没有附于本法之后,但已出版于《联合国法律丛书》:《海洋法相关国家立法和条约》(ST/LEG/SER B/19),第 55 页。

(10)干扰伊朗伊斯兰共和国任何通信系统或任何其他设施或设备的行为；

(11)与通过没有直接关系的任何其他活动。

第七条　补充法律和规章

伊朗伊斯兰共和国政府为保护本国利益和确保无害通过的正当进行而有必要采取其他规章。

第八条　无害通过的暂停

伊朗伊斯兰共和国为了国家的重大利益和保护其安全,可以在其部分领海暂停无害通过。

第九条　无害通过的例外

军舰、潜水艇、核动力船舶和船只,或运载核物质或其他对环境有害的危险或有毒物质的浮动物体或船只通过领海时,应先获得伊朗伊斯兰共和国有关当局的事先批准。潜水艇必须在海面航行并展示其旗帜。

第十条　刑事管辖权

在以下情况,伊朗伊斯兰共和国司法当局对通过领海的船舶上发生的犯罪有包括调查、指控和惩罚在内的管辖权:

(1)如果犯罪后果及于伊朗伊斯兰共和国；

(2)如果犯罪会扰乱国家的和平与安宁或领海的公共秩序；

(3)如果船长或船旗国的外交代表或领事官员请求协助和调查；

(4)如果上述调查和指控是取缔违法贩运麻醉药品或精神调理物质所必要的。

第十一条　民事管辖权

伊朗伊斯兰共和国的主管当局可以为执行查封令或法院判决而停止船舶的航行、改变航向或扣留船舶及其船员,如果该船:

(1)在驶离伊朗内水后通过领海；

(2)在伊朗领海内停泊；

(3)通过领海,而查封令或法院判决由船舶自身民事责任产生的义务或要求引起。

第二部分　毗　连　区

第十二条　定义

毗连区是与领海相邻的一带区域,其外部界限为一条距基线 24 海里的线。

第十三条 民事和刑事管辖权

伊朗伊斯兰共和国政府可以采取必要措施,防止在毗连区内违反其安全、海关、海事、财政、移民、卫生和环境等法律和规章并调查和惩罚违法者。

第三部分 专属经济区和大陆架

第十四条 专属经济区内的主权权利和管辖权

伊朗伊斯兰共和国在其领海以外、专属经济区以内,对如下事项行使主权权利和管辖权:

(1)勘探、开发、养护和管理海床和底土及其上覆水域的一切自然资源(不论是生物还是非生物资源),以及利用海水、海流和风力生产能的其他经济活动。这些权利是专属的。

(2)通过和实施适当的法律和规章,特别是对于如下活动:

(a)人工岛屿、其他设施和结构的建造和使用,敷设海底电缆和管道以及相关安全和安全地带的建造;

(b)任何类型的研究;

(c)海洋环境的保护和保全。

(3)上述主权权利由区域或国际条约授予。

第十五条 大陆架内的主权权利和管辖权

本法第十四条的规定应比照适用于伊朗伊斯兰共和国在大陆架的主权权利和管辖权,大陆架包括领海以外依其陆地领土的全部自然延伸的海底区域的海床和底土。

第十六条 禁止的活动

禁止外国军事活动或演习、搜集信息,或者其他不符合伊朗伊斯兰共和国在专属经济区和大陆架内权利和利益的活动。

第十七条 科学活动、勘探和研究

在专属经济区和大陆架内的任何水下物品的回收和科学研究及勘探,均应得到伊朗伊斯兰共和国有关当局的许可。

第十八条　环境和自然资源的保全

伊朗伊斯兰共和国政府应采取适当措施以保护和保全海洋环境,保证专属经济区和大陆架生物和其他资源的合理开发。

第十九条　界限

伊朗伊斯兰共和国专属经济区和大陆架的界限应为一条其上每一点到两国基线上最近点的距离都相等的线,除非双边协议另有规定。

第二十条　民事与刑事管辖权

伊朗伊斯兰共和国应对在专属经济区和大陆架内违反法律和规章的个人行使刑事和民事管辖权,并在合适时调查或扣留。

第二十一条　紧追权

伊朗伊斯兰共和国政府对违反其内水、领海、毗连区、专属经济区、大陆架法律和规章的人,在以上区域以及公海保留紧追权。

第四部分　最 后 条 款

第二十二条　执行法规

部长理事会应向负责本法实施的不同部门和机构指定任务和责任(权利和义务)。

上述部门和机构应在本法通过的 1 年内制定必要的规章并由部长理事会通过。

在采用新执行法规前,现行规则和规章仍然有效。

第二十三条

所有违反本法的法律和规章,在本法签署时予以废除。

上述法律,包含第二十三条的规定,于波斯历 1372 年 1 月 31 日(公元 1993 年 4 月 20 日——译者注)的伊斯兰协商大会全体会议上签署,并于波斯历 1372 年 2 月 12 日(公元 1993 年 5 月 2 日——译者注)由保卫委员会通过。

意 大 利
Italy

海船部长法令

（1993 年 2 月 26 日）

鉴于《航海法典》第二条；

鉴于石油资源局在 1991 年 11 月 8 日的第 438 号法令中批准的《海上人类生活和航行安全规定》的第二百五十六条；

鉴于 1974 年在伦敦通过的，并于 1980 年 5 月 23 日在意大利由第 313 号法令批准实施的经修正的《国际海上人命安全公约》的第 V/8 条；

鉴于 1978 年 2 月 17 号在伦敦完成、1982 年 7 月 4 日修正的《防止船舶污染和介入公海非石油物质的污染的国际公约的议定书》；

鉴于 1991 年 7 月 4 日适用的《MEPC49（31）号决议》；

鉴于 1989 年 10 月 19 日在伦敦适用的《A670（16）号决议》。

鉴于博赤斯的博尼法西奥区由高密度的商船、渔船和游乐交通而导致的在狭窄水域航行的困难；

鉴于作为意大利与法国之间合作的一部分，需要采取紧急措施避免运载油气和化学物质或其他可能造成海洋和海岸污染的物质的轮船在博赤斯的

博尼法西奥发生海洋事故的危险;

鉴于需要保护拉马达莱纳群岛,1991 年 12 月 6 日的第 394 号法令的第三十六条规定把该群岛作为一个保护区预留的决定;

鉴于规范外国船只在博赤斯的博尼法西奥的活动,采用《SOLAS 公约 74 (83)》第五章规定的程序是必要的;

鉴于在意大利与法国政府间交换注意事项;

鉴于需要通过立竿见影的效果规定意大利船旗国在博赤斯的博尼法西奥的过境,

颁布如下法令:

第一条

根据在意大利生效的国际公约的明确规定,在博赤斯的博尼法西奥航行的悬挂意大利国旗的航船禁止运输石油、天然气或者化学物品,并且禁止在甲板上放置装有石油、化学物品或其他可对海洋环境造成威胁或损害的污染物质的集装箱。

第二条

违法者应当受到《航海法典》第一百二十四条规定的制裁。

第三条

该项法令的执行应委托领土海事主管机关。

该项法令应在继官方公报公布之日起 30 日内生效。

拉脱维亚
Latvia

‑‑‑

拉脱维亚共和国最高委员会
就《拉脱维亚共和国边界法》生效程序的决定

（1990 年 12 月 10 日）

拉脱维亚共和国最高委员会决议：

1.拉脱维亚共和国边界的确定自本法律公布之日起生效。

2.本决定确定了拉脱维亚共和国与立陶宛共和国、俄罗斯苏维埃联邦社会主义共和国和白俄罗斯苏维埃社会主义共和国之间的国际边界。

3.本决定中所确定的拉脱维亚共和国边界为拉脱维亚共和国指定的双边或多边边境委员会专家划定的边界地图。

4.双边和多边的国际边界委员会依照国际条约和协议的规定履行了其界定边界的职责。

5.当国际双边或多边边界委员会签署了对边界线的描述，并立法批准了该边界线的描述及其边界地图时，拉脱维亚共和国的边界在这一刻才最终确定。

6.拉脱维亚共和国最高委员会于 1991 年 3 月 1 日提交建议修改关于"拉脱维亚共和国边界"的立法并将生效。

A . 戈尔布诺夫斯:拉脱维亚共和国最高委员会主席

I. Daudiss:拉脱维亚共和国最高委员会秘书

1990 年 12 月 10 日

拉脱维亚共和国边界法

第一章　一般条款

第一条　拉脱维亚共和国的边界

拉脱维亚共和国的边界是一条线以及从这条线延伸出的垂直表面。它把拉脱维亚共和国的领土分为陆地和海域,这片土地的地下和领空从邻国和波罗的海的中立水域起算。

第二条　拉脱维亚共和国边界的确定及其防卫与保护

拉脱维亚共和国边界确定的依据是拉脱维亚共和国 1940 年 6 月 6 日批准和生效的国际条约和之后生效的与邻国边界重建的双边条约。

拉脱维亚共和国政府在法律范围内应该采取行动防卫与保护国家的边界和领土。

第三条　拉脱维亚共和国边界的规定

拉脱维亚共和国边界,如果没有在拉脱维亚共和国生效的国际条约中规定,应该以如下方式标出:

(1)在陆地:根据特征轮廓和清晰可见的标志性建筑与参照点。

(2)在波罗的海:沿着拉脱维亚共和国领土的外部边界。

(3)在伊尔贝海峡和里加湾:根据同爱沙尼亚共和国的双边协议。

(4)沿通航河流:沿着主航道的中部;沿着不通航的河流:沿着它们的中部或者沿着河流主要分支的中部。在湖泊和其他静止水体:当拉脱维亚共和国边界线位于该湖泊和其他水体时,沿着连接两点的直线。

如果沿岸河床或河流有改变,沿着河流、溪水、湖泊或其他水域的拉脱维亚共和国边界线也不应改变。

(5)作为水上标志的跨越边界线的桥梁和其他建筑物:沿着这些桥或其他建筑物的中线,或沿着其他轴线。

第四条 拉脱维亚共和国的领海

在拉脱维亚共和国的领海中应该认为波罗的海的水域宽度为12海里,这一距离从拉脱维亚沿海到最高低潮线起算。

第五条 拉脱维亚共和国的内水

以下是拉脱维亚共和国的内水:

(1)由直线标记出的港口水域,该直线是连接距海岸最远港口相对两侧的混凝土工程或其他结构而成的;

(2)在伊尔贝海峡和里加湾——从直线基线至劳德角的悬崖南部的一部分的水域,位于奥维斯角和在里加湾的东部沿海的拉脱维亚共和国的陆地边界的终点之间。里加湾水域的边界线由国际条约确定;

(3)完全属于拉脱维亚沿海的海峡和海湾;

(4)其海岸完全属于拉脱维亚的河流、湖泊和其他水体的水域。

第二章 拉脱维亚共和国国家边界制度及其边界地区

第六条 拉脱维亚共和国边界制度

拉脱维亚共和国边界制度规定了维护及防卫边界的方法、穿过边界的程序和进入边界区或在边界区停留的程序。在边界河湖和其他水域,它提供了必要的控制。拉脱维亚共和国的边界由本法根据拉脱维亚共和国的其他立法和国际条约规定。

第七条 拉脱维亚共和国的国家边界区域

为了维持拉脱维亚共和国国家边界的正常秩序,应该划定边界地区。这个边界是共和国边界的一部分,遵守边界制度是维护拉脱维亚共和国主权的重要体现。根据国际条约,边界地区应该由拉脱维亚共和国政府确定。

第八条 边界区

为了国家边界和拉脱维亚共和国的利益,拉脱维亚共和国政府应该在国家边界固定边界区,该边界区是距国家边境和波罗的海海岸线不超过 15 公里的区域。

第九条　边界区的制度

边界区的制度决定了船舶在拉脱维亚共和国领海和毗邻边界的内水的驶入、停留和工作程序。

边界区的制度根据法律、法规和国际条约确定。

第十条　穿越拉脱维亚共和国国家边界

陆路、公路、水路、航空和其他跨越拉脱维亚共和国边界的运输应该根据国际法和拉脱维亚共和国法律在拉脱维亚共和国政府确定的边界过境点发生,在边界过境口岸应该建立边境管制站。

船舶、军舰和其他漂流物应该根据本法和拉脱维亚共和国法律法规穿越拉脱维亚共和国的边界,该法律法规是根据特别程序颁布的。

飞机和其他飞行器应当根据依特别程序颁布的拉脱维亚共和国的法律法规指定的空中航线穿越拉脱维亚共和国的边界。

第十一条　在拉脱维亚共和国的空中从事飞行的航空器的离开和到达

飞机或其他航空器应当从拉脱维亚机场起飞或降落,该机场是有权进行国际航行的、拥有国际保卫处和海关机构的机场。

在空中飞行的飞机和其他航空器到达与离开的程序应该由拉脱维亚共和国的政府及其下属机构决定或变更。

第十二条　关于即将到达拉脱维亚共和国领海、内水和海港的外国航船及其他航行物应该遵守的规定

根据拉脱维亚共和国的法律法规中的特别程序和被拉脱维亚共和国认可的国际条约,外国航船和其他航行物应该在拉脱维亚共和国的内水停靠。

根据拉脱维亚共和国政府的特别程序,外国军舰应该在拉脱维亚共和国领海停泊。

外国潜水艇可以在拉脱维亚的领海停留,但必须浮出水面并出示能够表明其所属国家的标志。

外国船舶和其他在内水的航行物在拉脱维亚港口抛锚或停留应当遵守拉脱维亚共和国的法律法规,这些法律法规应根据特别程序颁布。

如果没有其他规定,外国军舰应当经过拉脱维亚共和国政府的允许后进入拉脱维亚共和国的内水、锚地和港口。

外国船舶和其他航行物如果没有经过拉脱维亚共和国指定的监督程序而被迫进入拉脱维亚共和国的领土和内水,必须通过距拉脱维亚最近的港口管理局的允许。

第十三条　拉脱维亚共和国国家边境的过境控制

根据本法的规定,通过拉脱维亚共和国国家边境的货物、人、交通工具和集装箱应接受边界和海关的管理,如经证明是必要的,需要接受动植物检验检疫、文物出口检查以及其他措施。

穿过边界和边界过境控制应该根据拉脱维亚共和国法律的具体规定执行。

第十四条　在拉脱维亚共和国边界从事经济活动的程序

航船、漂浮物和以其他形式利用水路的物体在拉脱维亚共和国边界从事的经济活动,安装在拉脱维亚部分边界河流、湖泊和其他水域的水上建筑物及其他工程,国土开发、地下资源开发、森林和动物资源开发、地质勘探等经济活动,需要根据拉脱维亚共和国法律法规和相关国际协议进行。

第十五条　在遇到危险或传染病蔓延时暂时关闭拉脱维亚共和国边界的交通

如果拉脱维亚共和国的边界存在某种传染病蔓延的危险,拉脱维亚共和国政府可以直接穿越受影响的地区,对人、畜、货物、植物、生产资料或其他动物进行检查。

第十六条　对拉脱维亚共和国国界的侵犯

以下行为视为对拉脱维亚共和国国界的侵犯:

(1)不经过境程序而从拉脱维亚境外穿越或意图穿越拉脱维亚共和国国界;

(2)外国船舶或其他漂浮器进入拉脱维亚领海或边境区域的内水,或者违反现行规定进入界河、界湖或国境线穿过的其他水体靠近拉脱维亚的一侧;

(3)飞机或其他飞行器不经允许飞越拉脱维亚共和国国界,或违反拉脱维亚共和国其他有关飞越的规定。

第十七条　拉脱维亚共和国官方国界代表

为解决为维护拉脱维亚国境制度而产生的问题,并处理其他边境事件,拉脱维亚政府应选任官方国界代表。官方国界代表未能解决的事宜应通过外交途径妥为处理。

第十八条　拉脱维亚共和国边境制度违反责任

违反或试图违反拉脱维亚共和国边境制度的行为应依法追责。

第三章　维护拉脱维亚共和国国界安全

第十九条　维护国界安全的职责

为维护拉脱维亚共和国领土完整,加强边境海关管理,应建立拉脱维亚领土、领海和领空的国界守卫制度。

第二十条　守卫国界

国界守卫职责由边境戍卫部及其下属机关负责,并建立相应的国界守卫制度。

第二十一条　国界守卫职责的规定

国界守卫的职责应符合本法、拉脱维亚共和国其他立法、国际条约和拉脱维亚共和国有权机关颁布的规范性文件。

第二十二条　国界守卫的主要职责

拉脱维亚共和国国界守卫的主要职责是:

(1)守卫国界和界碑,防止任何违法改变拉脱维亚共和国国界的行为;

(2)防止人员、车辆、物资从边境控制点以外的区域进入拉脱维亚,以及其他违法行为,发现上述违反拉脱维亚国界制度的行为,应对相关人员物资进行拘留和扣押;

(3)为维护边境穿越点的秩序,组织过境工作,在按顺序收取必要的通过文牒后应允许人员、车辆、物资通关;

(4)根据现有程序和海关规定,并经专家咨询,爆炸、放射、麻醉物质,武器,军需物品和其他违禁物品不得入境;

(5)联合军警力量,确保拉脱维亚共和国国界制度得以遵守;

(6)确保拉脱维亚共和国加入的国际公约中涉及国界制度的规定得以施行;

（7）确保船舶和其他漂浮器在领海、内水或界河、界湖或国境线穿过的其他水体靠近拉脱维亚的一侧时遵守国界制度；

（8）拉脱维亚共和国相关机关应在养护自然资源、维护经济活动秩序、保护自然环境、预防火灾、消除自然灾害影响等领域提供协助并确保相关制度得以施行。

第二十三条　守卫国界的基本权利

为实现守卫拉脱维亚共和国守卫国界的目的，在领土、领海、内水和界河、界湖或国境线穿过的其他水体靠近拉脱维亚的一侧的国界守卫机关的工作人员享有以下基本权利：

（1）设立国界守卫点，在边境地区履行工作职责，查验文件，检查车辆和货物（必要时可押送车辆）；

（2）对违反国界制度的人员进行问询，根据拉脱维亚共和国刑事诉讼法相关规定进行调查、勘验、搜查、讯问，拘留违法者至侦查机关接手，但不得超过 24 小时并应通知最近的检察机关（本项适用于外国公民和无国籍人）；

（3）为追捕违反国界制度者征用国有、企事业单位以及公民个人所有的通信设备和车辆；

（4）为执行公务，依法携带武器；

（5）在外国或本国船舶上履行守卫国界职责的工作人员适用于特别法。

第二十四条　拉脱维亚共和国国家机关、社会团体、公民个人参与国界守卫

国家机关、社会团体、公民个人的职责是最大限度协助国界保卫部门保卫国界。

边境区域的居民依自愿原则协助国界保卫部门保卫国界。

立　陶　宛
Lithuania

领　海　法

（1992 年 6 月 25 日）

　　重获独立的立陶宛所面临的问题之一就是边界的确定及其适用的制度。作为苏联加盟共和国之一的立陶宛已经立法规定了其相关边界。立陶宛有关边界的法律包括了其领海的相关规定。

　　立陶宛领海边界是指限制其领海的界线,体现了沿海国主权延伸至领海的一般规则。立陶宛的领海宽度为 12 海里。其领海的范围测量是以海岸的最外点的连线为直线基线。其海岸并非是授权绘制的直线基线,因为它是平滑的,只有少许崎岖,大陆沿岸没有岛屿。向陆地一侧的领海水域构成部分立陶宛内水。立陶宛的国际协定确立了其不同的领海界限。

　　国家边界法规定了适用于立陶宛领海航行制度的一般规则。国家边界法使用"和平航行",而不是通常使用的"无害通过"来指明通过领海。这种术语上的差异似乎并不会导致在通行制度上与"无害通过"的巨大不同。"和平航行"同时适用于通过领海但是没有进入内水和已经进入立陶宛内水的船舶。法律没有严格界定和平航行的含义,除了以下几种情况:正常航行过程中或为了向遇险人员、船舶或航空器提供援助而泊船或锚定的。

进入立陶宛领海的船舶应当履行国家边界法以及其他的法律和立陶宛签署的国际协定确立的程序,遵守立陶宛权力机关制定的规则。对于军舰的通行,立陶宛基于互惠原则由法律确立相关权利。适用于本国军舰和平航行的权利同样被授予外国军舰。由于法律规定禁止军舰携带这些武器"以任何方式通过立陶宛共和国边界",所以该权利不适用于携带核武器或其他大规模杀伤性武器的军舰。

对于携带危险货物的船只以及装有核动力引擎的邮轮和船只,可以指定海上航线。被授权的国家机构可以向其提供标注清晰航海路线的航海图表。针对这些船只,应当制定专门的航海规则。外国潜艇和其他潜艇通过时应当浮出水面并展示其国旗。国家边界法第十一条确立了外国船只驶入立陶宛内水和港口的程序。

进入立陶宛领海和内水的船只,有违反规则行为的,应当受到追击和逮捕。同时,对违反国家边界法的人员提起诉讼。

(国家边界法规定,立陶宛国际协定确立的其他规范和规则的适用优先于国家边界法的规定和其他法律规范。)

立陶宛共和国国家边界适用法

一、一 般 规 则

第一条 立陶宛共和国的国家边界

立陶宛的国界是指其领陆、领水、矿产资源和领空的领土边界线,以及根据该线向上向下所做的垂直面。

立陶宛共和国的国家疆域是神圣不可侵犯的。

立陶宛共和国的边界由立陶宛共和国参加的国际条约确定。

第二条 捍卫立陶宛共和国的国家边界

为了捍卫立陶宛共和国的国家疆域,有必要采取多种可能的措施来保护国家疆界不受侵犯。

立陶宛共和国政府应确保在国家法律和其他法规的框架以内捍卫本国疆界。

第三条 立陶宛共和国的国家疆界线的确定

立陶宛共和国国家疆界线应该这样确定:

(1)陆地界线——沿着国际协议确定的直线划定。

(2)海岸线——以沿领海海域的直线划定。

(3)航行水域的边界起于主航道中心线上,不可以航行的水域边界起于河流或者河床中心;在湖泊或其他水体上,沿着连接国家边界线与湖泊或其他水体岸边线的交会处的线;立陶宛共和国在湖泊、河流以及其他水域的边界线不能因为新河床或者水位线的变化而变化。

(4)跨越边界水域的桥梁或其他构筑物,沿着它们的中间线或轴心线划定。

立陶宛共和国的国家边界应该在边界地区用标记注明,界碑的形式和大小以及安置程序应该由本国政府依据相关法令和立陶宛参与的国际条约确定。

第四条 立陶宛共和国的领海

立陶宛共和国的领海包括:由海岸线垂直延伸 12 海里宽的海域;封闭海域的海岸线应该是连接最突出的海岸两点而成的直线。这些突出海岸的点必须由立陶宛共和国政府确定。

立陶宛共和国参加的国际协议可以确定其领海的不同界限。

第五条 立陶宛共和国内水

立陶宛共和国内水定义为:

(1)领海向陆地一侧的海水;

(2)港口水域范围是在海上最远的港口建造物的连线以内;

(3)河流、湖泊、海湾和其他水体的岸边属于立陶宛共和国。

二、立陶宛共和国边界法

第六条 立陶宛共和国边界法

立陶宛共和国边界法包括:

（1）取得合法跨越国家边界的程序；

（2）取得合法携带运输物品跨越国家边界的程序；

（3）外国船舶取得合法航行和暂时停留在立陶宛共和国国家领海、河流、湖泊、海湾或者其他水体区域或港口的程序；

（4）取得合法航空运输的程序；

（5）取得合法在立陶宛国家边界开展各项工作、商业和其他活动的程序。

本法案中详细说明的立陶宛共和国边界同样适用于立陶宛共和国与其他国家之间签订的国际协议的规定。

第七条 立陶宛共和国国家边界过境点

立陶宛共和国的国家边界过境点应由立陶宛共和国认可的国际协议或立陶宛共和国政府确定。

边界检查站和海关检查站必须分别设立在国家边界、国际海、内河港口和机场。

第八条 人员或货物跨越立陶宛共和国国家边界的合法程序

通过跨越立陶宛共和国国家边界点才能通过立陶宛边界。

人员跨越立陶宛共和国国家边界必须出示护照或其他符合国际要求的证件。

外籍人员出入立陶宛国家边界必须出示立陶宛签证。若最高委员会无异议,立陶宛共和国可建立一个外国公民跨越立陶宛国家边界的简化程序。

海关有权检查进入边界的相关运输物品及货物。

第九条 空运出入边界程序

飞机穿越立陶宛共和国国家边界必须依照立陶宛共和国法律和立陶宛共和国国家主管机构与他国签订的国际协议规定的航道航行,并且该航道已获得立陶宛共和国许可。在进入立陶宛共和国的领空后,飞机只可以在国际机场起飞或降落。

第十条 在立陶宛共和国和平航行

在没有预见的情况下驶入立陶宛共和国内水或在预见的情况下驶入或驶离立陶宛共和国内水或港口时,在立陶宛共和国领海的航行应被视为和平航行。

在和平航行的过程中,如果遇到飞机遇险或者救援人员施救的情况,船舶可以停止航行或者抛锚。

船舶穿越立陶宛国家边界必须遵守本法规定的程序、立陶宛共和国的其他法律、立陶宛共和国认可的国际协议和国家主管部门制定的条例。

外国船舶和平航行许可权必须符合立陶宛共和国领海法规定。

立陶宛共和国政府应指定航道以供航道船舶载运危险货物或危险船舶(如油轮和核动力船舶)通过。

国家授权机构应当建立专门规则指导船舶航行,并提供清楚标明航线的海图。

穿越立陶宛共和国国家边界和航行在其领海的外国潜水艇和其他潜艇必须在海面航行,并且展示其所属国国旗。

第十一条 外国船舶进入立陶宛共和国内水和港口的程序

外国船舶有权进入立陶宛共和国港口和锚地,此规定应由立陶宛共和国政府颁布。

立陶宛共和国授权的国家机构应该制定:

(1)有关外国船舶驶入和暂时停靠在立陶宛共和国内水、泊位和港口的规定;

(2)有关为乘客和货物提供服务的规定;

(3)有关船舶与岸上交往以及船舶机组人员登岸的规定;

(4)有关非自由船员访问船舶的程序;

(5)外国船舶在立陶宛界河、界湖或其他水域的立陶宛共和国的港口与内水驶入和停留的规定。

第十二条 禁止携带核武器和其他大规模杀伤性武器通过立陶宛共和国的边界

应该通过一切手段禁止携带核武器和其他大规模杀伤性武器通过立陶宛共和国的边界。

第十三条 立陶宛共和国边界的军队过境

只有根据立陶宛共和国签订的国际协议规定的程序,外国军队和军用货运特遣队才可以通过立陶宛共和国的边界。

第十四条 为了防止传染病的传播暂时限制或关闭立陶宛共和国国家边界的通信连接口

特别危险的传染病在外国或立陶宛共和国领土上有传播危险时,立陶宛政府可以：

（1）暂时限制或关闭立陶宛共和国国家边界的交流连接口；

（2）对通过立陶宛国家边界的人、动物、动植物产品及其他物品等进行强制检疫。

第十五条 侵犯立陶宛共和国国家边界的主体

侵犯立陶宛共和国国家边界的主体应为：

（1）正在穿越或试图穿越立陶宛共和国国家边界而违反有关穿越国境既有程序的人员；

（2）即将驶入立陶宛共和国领海或内水以及立陶宛界河、界湖或其他水体的部分水域而违反有关驶入既有规定的船舶；

（3）未经允许已经通过立陶宛共和国国境，或已经违反立陶宛共和国其他有关穿越国境规定的飞行器；

（4）未经允许已经通过立陶宛共和国国境或已经违反立陶宛共和国其他有关穿越国境规定的陆地交通工具。

第十六条 对违反国家边界提起的诉讼

违反立陶宛共和国国家边界规定的人应该根据立陶宛共和国的法律被追诉和逮捕。应根据立陶宛共和国法律制度，对违反立陶宛国家边界法的人提起诉讼。违反了边界法的外国公民应该被驱逐出境。

三、最后规定

第十七条 公开调整立陶宛共和国国家边界制度的文件的程序

关于立陶宛共和国国家边界制度的文件应该根据已公布的法律规定的一般程序和特别公告公布。

第十八条 国际协定建立的其他规范的影响

如果一个立陶宛共和国的国际协议建立了规范或规则而不是本法中规定的法律，该立陶宛共和国的国际协议建立的规范或规则应被适用。

立陶宛共和国最高委员会主席

维陶塔斯·兰茨贝吉斯

维尔纽斯，1992 年 6 月 25 日，第 I – 2671 号

立陶宛共和国最高会议关于《立陶宛共和国国家边界法》生效的决议

立陶宛共和国最高会议决议包括：

1. 立陶宛共和国国家边界法于 1992 年 7 月 1 日生效。

2. 根据第八条第 2 款规定,该法案的遵守和执行程序应由政府在 1992 年 8 月 1 日前制定。

3. 向政府提议,冰岛共和国、拉脱维亚共和国、爱沙尼亚共和国、大不列颠联合王国及北爱尔兰联合王国公民享有无须签证即可越过立陶宛共和国国家边界的权利。

立陶宛共和国最高委员会主席

维陶塔斯·兰茨贝吉斯

维尔纽斯,1992 年 6 月 25 日,第 I－2671 号

荷　兰
Netherlands

建立荷属安的列斯群岛以及阿鲁巴岛渔业区的法令

（1993 年 7 月 6 日）

第一条

1. 在远离荷属安的列斯群岛以及阿鲁巴岛海岸，即领海外部界限之外的水域建立荷属安的列斯群岛以及阿鲁巴岛的渔业区。

2. 渔业区外部之分界线由荷兰与其他国家协商确立。渔业区的外部分界线包括同其他国家协商的分界线。

3. 如果荷兰与别国未达成关于渔业区分界线的协议，则渔业区的分界线为其上每一点都同测算两国中每一国领海宽度的基线上最近点距离相等的中间线。

4. 荷属安的列斯群岛以及阿鲁巴岛渔业区的分界线为 1985 年 12 月 12 日的《王国法案》（1985 年王国官方公告，第 664 号）所确立的荷属安的列斯群岛与阿鲁巴岛之海洋边界。

第二条

对于在第一条中所述区域内的渔业事务,荷兰具有唯一合法控制权。国际法对该渔业事务所设立的各项限制对荷兰适用。

第三条

本法自王国官方公告后第二个月的第一天起生效。

第四条

本法令为关于荷属安的列斯群岛以及阿鲁巴岛渔业区的法令。

秘　鲁
Peru

秘鲁政治宪法

（1993 年 12 月 29 日）

············

第五十四条

共和国领土不可侵犯，包括陆地、底土、海域和上空。

国家海域包括邻接海岸且从法律规定的基线量起 200 海里的水域及其海床和底土。秘鲁在不妨碍国际航行自由的情况下，依据国家的法律和签署的条约行使主权和管辖权。

国家在不妨碍国际航行自由的情况下，依据国家的法律和签署的条约，对领土和 200 海里的邻接海域行使主权和管辖权。

············

卡 塔 尔
Qatar

1992 年第 40 号法令:确定卡塔尔的领海宽度及毗连区

(1992 年 4 月 16 日)

我,哈利法·本·哈马德·阿勒萨尼(Khalifa Bin Hamad Al‐Thani),卡塔尔国总统,根据如下内容,颁布本法令:

已修正的《临时宪法》,特别是第二条、第二十三条和第三十四条;

《1988 年第 5 号税法》;

《1963 年规范外国人在卡塔尔的入境和居留的第 3 号法案及其修正案》;

1958 年 4 月 29 日由联合国海洋法会议通过的《领海与毗邻区公约》;

《有关合作保护海洋环境不受污染的科威特区域协定》以及经 1978 年第 55 号法令批准的《关于在紧急情况下治理石油和其他有害物质污染的区域合作议定书》;

经 1980 年第 27 号法令批准的卡塔尔、巴林和阿拉伯联合酋长国之间的《关于建设和维护海底电缆的协议》;

卡塔尔参加的经 1980 年第 84 号法令批准的《1974 年关于海上生命安全》的国际协定;

1984 年 10 月 31 日第 32 次内阁常务会议发布的决议以及卡塔尔于 1984 年 11 月 27 日签署的《1982 年联合国海洋法公约》；

伊斯兰历 1394 年 5 月 12 日，即公元 1974 年 6 月 2 日的外交部声明；

国防部长和内政部长的提案；

内阁提交的法令草案。

第一条

卡塔尔领海的宽度为从国际法规则确定的领海基线量起的 12 海里。

第二条

按照国际法及承认他国船舶和飞机享有无害通过权的卡塔尔法律规定，卡塔尔对其领海、领空、海床和底土享有主权。

第三条

自卡塔尔领海外部界限起宽度为 12 海里的海域为卡塔尔的毗连区，卡塔尔对该区域行使依据国际法享有的所有权利和权力。

第四条

内阁应为执行本法之必要作出决定。

第五条

所有相关行政部门应在各自的相关领域实施本法。本法应自签发之日起生效并在官方公报上公布。

西 班 牙^①

Spain

....

关于国家港口和商务船运的 27/1992 号法令（节选）

（1992 年 11 月 24 日）

············

第三章　商　务　船　运

············

第六条　商务船运

1. 根据本法目的,商务船运包括:

（1）运输行为,仅发生在某自治区内港口或运输点之间且不涉及区域外任何港口或运输点的运输行为除外;

（2）对西班牙民用船队的管理和监督;

（3）保障海上航行安全和人身安全;

（4）海上安全,包括培训引航员引导船舶入港,确定港内船舶的托船费标

----

① 由西班牙驻联合国代表团递交。联合国秘书处提交翻译版。

准,以及如何在紧急情况下提供上述两项服务；

（5）如第八十七条所述的海上救援活动；

（6）防止在西班牙行使国家主权、主权权利或管辖权的海域内的船舶、固定平台和其他设施造成污染,保护海洋环境；

（7）对船舶、船员和货物进行技术和操作检查；

（8）管理海上交通和通信；

（9）在不影响其他主管当局要求的任何事先授权的情况下,核查民用船舶的方位、船旗和注册地并发放许可证；

（10）确保履行国家防卫义务和保护海上公民的义务；

（11）根据法律需要提供的在本法第三部分第三章中涉及的行政机关能够提供的任何其他海事服务。

2. 商务船运不包括对渔船的管理,特指涉及渔业领域的捕捞行为和管理,以及对这些行为的监管。

第七条 航行区和航行类别

1. 航行的区域包括:内水、领海、毗连区和专属经济区。西班牙在上述区域行驶国家主权、主权权利或管辖权。

（1）根据本法案的目的,"西班牙的内水"指位于西班牙领海基线以内的水域,包括河流、湖泊和陆地水域。

（2）"领海"指从用于测量领海的基线开始向海一侧延伸 12 海里的区域。

（3）"毗连区"指从领海外部界限开始到距离领海基线 24 海里的区域。

（4）"专属经济区"指从领海外部界限开始到距离领海基线 200 海里的区域。

2. 航行按照航行区域可以分为内水航行、近海航行、外海航行和国外航行。

（1）"内水航行"指仅限于指定港口范围内或其他西班牙内水水域的航行。

（2）"近海航行"指在西班牙行使国家主权、主权权利或管辖权的水域内除内水航行之外的港口或运输点之间的航行。

（3）"外海航行"指发生在西班牙行使国家主权、主权权利或管辖权的水域内且在港口或运输点之外区域的航行。

（4）"国外航行"指发生在西班牙行使国家主权、主权权利或管辖权的水域外的港口或运输点之间的航行。

3.航行按照具体进行的情况，可以分为定期航行和不定期航行。

（1）"定期航行"指按照约定的日程、行程、费率和交通条件进行的航行。

（2）"不定期航行"指未在之前的文件中明确列出的航行。

4."服务于公共利益的航行"指为了确保半岛必需的海上通信发生的半岛与西班牙非半岛领土之间，以及西班牙非半岛领土之间的航行。

政府应根据上述类别区分不同种类的航行。

第八条　民用船队和固定平台

1.根据本法令的目的，"西班牙民用船队"包括：

（1）国家商用船队；

（2）国家捕鱼船队；

（3）国家娱乐船舶和运动船舶；

（4）上述3项没有提及的其他西班牙民用船队。

2."民用船舶"指适于航行且不用于国防的处于固定或非固定状态的船只、平台或漂浮装置。

3."商用船舶"指用于除捕捞之外的商业用途的船舶。

4."固定平台"指用于海洋自然资源勘探或开发，位于海底、已抛锚或有支撑的装置和平台。

5.本法令适用于西班牙民用船队，以及位于西班牙行使主权、主权权利和管辖权的水域内的固定平台。

本法令的条款也适用于根据国际法的规定（尤其涉及国家豁免的案件），在西班牙行使主权、主权权利和管辖权的水域内的外国船舶。

6.为实施本法令，应专门制定法规，规范警察如何使用船舶及打击走私。

…………

第三部分　商　船　队

第一章　目　标

第七十四条　目标

根据西班牙宪法第 149.1 条赋予国家行政机构的权力,商船队的政策应致力于实现以下目标:

(1)确保海上人身安全;

(2)确保海上航行安全;

(3)确保海事安全;

(4)保护海洋环境;

(5)确保在国家需要时及时提供海上交通服务;

(6)确保服务于公共利益的航行。

第二章　航运及导航管理

第1.a节　船舶和航运企业

第七十五条　船舶注册和航运企业

1.船舶注册和航运企业属于公共管理范畴,需要注册的主体包括:

(1)悬挂西班牙国旗的船舶;

(2)西班牙航运企业。

2.出于确认身份的需要,注册时需要提供船舶的所有相关信息和已修改的信息、已签署或转让的文书与合同、已有贷款和对物权,以及法律和法规规定的其他内容。

3.航运企业需提供企业文书和修订信息、企业管理层的人事任免和罢黜、拥有的和运营的船舶,以及法律和法规规定的其他内容。

4.船舶和航运企业的注册簿不应影响船舶和船舶企业履行其他公共注册簿规定的义务。

5.本法令的所有条款不应违背《船舶和航运企业特殊注册法案》第十五条修正条款。

第七十六条　船旗

1. 按程序在西班牙注册并悬挂西班牙国旗的船舶即拥有西班牙船籍。

2. 在西班牙居住的自然人和位于西班牙及其他欧洲经济共同体成员国的企业有权注册西班牙民用船籍并悬挂西班牙国旗,其中企业还需要在西班牙及其他欧洲经济共同体成员国设立企业代表处。

3. 根据规定,西班牙民用船舶可以悬挂外国船旗,外国的民用船舶在遵守西班牙规定的前提下也可以悬挂西班牙船旗。

4. 船舶获取西班牙船旗的条件应在相关法规中提前说明。

第七十七条　船队

1. 一艘船的船员数量和培训条件应确保航行全程安全,并按照相关规定充分考虑船舶的技术和运行特征。

2. 相关规定应明确规定该国船员的国籍要求。但是,自本法令实施开始,非西班牙国籍的欧洲经济共同体公民如能确保绝不(不是偶尔不)担任公共职务,可以被雇佣为船员。

第七十八条　民事责任

根据政府的明文规定及国际市场的标准责任政策,西班牙船运公司应该为船舶运行中可能承担的民事责任办理保险。

上述关于民事保险责任的强制性对任何西班牙民用船舶(包括未覆盖的西班牙民用船舶)都有效。

政府同样应指明外国船舶在西班牙专属经济区、毗连区、领海和内水航行时应办理民事责任险,以及规定该险种的覆盖范围。

第2.a节　船舶外贸

第七十九条　船舶的进口和出口

1. 西班牙航运公司可以进口他们所需要的任何商船以进行活动,但必须按照现行法律规定证明所购船舶已从原产地名录中删除,以及技术安全检查或其他方面的满意结果。

2. 西班牙航运公司可以自由出口他们拥有的商船。

尽管如此,按照现行法律,这些船舶会受到优先收费、留置权和航运信用的限制,并已列入商业登记册或其他可能的登记册。根据1989年7月25日第 19/1989 号法律第二项的最终规定,债权人可以在出口之前要求航运公司提供可在西班牙境内执行的财产或权利担保,或者按民法第 1.176 条至 1.181 条规定的方式存入债务的运输利息。为此,商船队应告知持有留置权的债权人有关船舶从船舶注册处移走的记录,以便债权人可以行使本条赋予的权利。

3. 从船舶和船运公司登记册中移走船舶的请求应由注册船东提交给商船队,如果商船队在 45 天内未采取任何行动,将被视为已获批。

4. 特殊情况下,如果不能保证在国家领土内进行必要的海上通信或提供用品和物品,政府可以制定规定,明确商船出口适用的条件或限制。

如果上述情况继续存在,则上述措施继续有效。

5. 本条规定不影响对外贸易的法律法规的实施。

第 3.a 节　内 水 航 行

第八十条　内水航行机制

1. 用于商业目的的内水航行只能由西班牙商船进行,除非在共同体规则中另有规定。

例外的情况是:如果没有合适的西班牙商船可用于特定活动,在此种情况期间,西班牙航运公司可以在获得西班牙公共工程和运输部的授权后,雇佣和利用外国商船参与内水航行。

2. 前款所称船舶可以自由进行内水航行,但必须遵守相关的海上安全、导航和通关规定。

3. 用于商业目的的定期进行的内水航行由相关行政主管单位负责。

第 4.a 节　近 海 航 运

第八十一条　近海航行

1. 用于商业目的的近海航行只能由西班牙商船进行,除非在共同体规则中另有规定。

例外的情况是:如果没有合适的西班牙商船可用,在此情况期间,西班牙航运公司可以在获得西班牙公共工程和运输部的授权后,雇佣和利用外国商船参与近海航行。

2.用于商业目的的定期近海航行应经行政许可。公共工程和运输部应确定船运公司获得许可时应具备的经济能力和船舶的经济能力,以便从事运输。

3.为了达到本法的目的,由于近海航行服务与常规近海航运服务在频率、广告和合同管理方面的相似性,定期航行路线应包含近海航运服务,尽管没有被指定为专门的服务,但是可供潜在用户普遍使用。

4.本条规定不适用于在海上运输区有管辖权的自治区的运输发生在同一自治区的港口和运输点之间的不涉及其他领土的港口和运输区。

第5.a节　外部和国外航行

第八十二条　外部和国外航行

1.当出现严重威胁公开竞争原则、自由贸易原则、国际航运基础原则,以及影响到西班牙船舶的情况时,西班牙政府可采取任何措施以及出台政策保护西班牙在争议中的利益。

2.就西班牙签署的共同体法律法规或国际协议的规定而言,政府出于国家经济和国防的要求,可以限制全部或部分进入西班牙的交通及共同体的商船。

第6.a节　公共服务义务

第八十三条　公共服务义务

1.主管当局可以根据本国或沿海定期航运服务的特点,酌情确定这类服务的公共服务义务,以确保这些服务能够持续和定期提供。这些服务在适当的情况下,按照相关部门的规定,有权获得当局的经济补偿。

2.主管当局也可规定特殊义务,为船运公司提供定期或不定期涵盖内水、近海、外部和国外航行的航运服务,以实施海上救援,确保安全,控制污染或服务于其他公共或社会事业。根据这个义务,在适当的情况下,公司有权对其额外的支出获得额外经济补偿。

第7.a节　班轮公会和托运人理事会

第八十四条　班轮公会和托运人理事会

1.班轮公会是指由在规定地理范围内沿着一条或几条特定的航道专门从

事近海、外部和国际航运的两个或两个以上的航运公司组成的集团。该集团根据统一费率或普通费率或其他商定的导航相关条款从事航运。

2. 班轮公会应确保充分和有效的服务,同时要考虑到用户的利益。

班轮公会承认定期的非会员服务的竞争,并且在某些情况下,承认来自在相同航线上运营的不定期服务的竞争。然而,在任何情况下,公会都不得为了确保公会公司在市场的占领地位,通过任何方式禁止他人通过竞争进入服务区并取得大量市场份额。

3. 获得已按照前款规定建立班轮公会的航运公司所提供服务的用户,可以形成被称为托运人理事会的组织以保护自身利益,特别是在所提供服务的定价、质量和规律方面保护自身利益,并可为其会员提供有关运费和服务的信息。

第八十五条　报告和咨询义务

1. 在西班牙港口停靠船舶以补给或卸货的班轮公会应根据西班牙商船局的要求,向该局提交有关货物分配、抵离港信息的各种协议,以及与上述协议直接相关的文件、关税和其他运输条件。

2. 班轮公会和托运人理事会成立时,任何一方当事人提出解决与运输有关问题的请求时,另一方都有义务参与协商。

第三章　海　上　管　理

第1.a节　中　央　管　理

第八十六条　公共工程与运输部的职责范围

根据第七十四条的规定,公共工程和运输部对海上航行和平民船队的一般性管理有管辖权,而农业部、渔业部和食品部对渔业船队的活动和渔业部门的管理有管辖权。公共工程和运输部的职责具体包括:

(1)按照国际法的规定,确保海上人身安全、与所有海上固定平台和西班牙平民船舶相关的航行安全,以及与位于西班牙行使主权、主权权利和管辖权水域的外国船舶相关的航行安全。

(2)采取任何必要的措施救助海上生命、清洁海水、控制船舶污染和由位于西班牙行使主权、主权权利和管辖权水域的固定平台产生的污染,特别是本法令第一百一十八条第(2)项(d)款所述内容和根据第八十七条规定的计划和方案。

(3)核实西班牙所有民用船舶的位置、登记处和船旗以及清关的规定,但不妨碍其他机构以前发布的任何授权。

(4)负责授予航运特许权或许可,除非自治区有权管辖海上运输,且运输仅发生在自治区内的港口和运输点之间,不涉及任何其他领土的港口和运输点。

(5)对所有西班牙民用船舶、在西班牙建造的船舶,以及按国际协议得到授权的外国船舶,组织和开展技术、无线电、安全和污染控制检查和监测,其中包括为确保海上安全、海上生命安全和航行安全而针对船舶设备和部件、物品或电器颁发的批准和确认文件。

上述检查和监测可以由公共工程和运输部直接进行,也可按照有关规定协作进行。这样的机构在任何情况下都应遵循监督机构发布的标准和指导方针,并有权获得经济补偿来弥补其服务成本。

援助、救援和拖曳、海事调查结果和清除(由国防部负责的军事装备或可能影响国防的材料不在此列),不得妨碍主管当局发现或清理历史、艺术或考古文物。

如果国家行政部门采取的直接行动导致奖励或赔偿,奖励或赔偿应直接存入财政部,产生的信贷收益用于发展导致这种收益的活动。

主管当局通过私人或公共实体进行上述活动时,应根据服务合同的条款分配奖励或赔偿。

(6)管理和监督位于西班牙行使主权、主权权利和管辖权的水域的航运,但不得妨碍其他当局行使其职权,特别是国防部对维护国家主权的责任。

(7)制定定价制度和提供所有类型的海运服务制度,包括在没有其他主管当局时规定服务义务。

(8)登记和监督民间海事人员,确定民间船舶的最低船员数量标准,确保安全,保证西班牙民用船舶的一般适用性、专业性以及其资质能达到既定标准,不影响农业、渔业和食品部针对渔船的船员进行海事和潜水领域方面的培训和职业教育。

(9)参与灯塔委员会和与其他有关西班牙行使主权、主权权利和管辖权的水域海运信号的机构的活动,以期:

（a）帮助确定信号的技术特性、操作功能及其准确定位,确保船舶和航行安全;

（b）相互协调海事信号系统及其他有效的航行设备协调系统。

11.根据现行立法,作为制裁权威。

12.本法或其他任何法律赋予的任何其他责任。

第八十七条　公共服务:救援

1.海上救生和控制海上污染的公共服务由国家行政当局和其他公共管理当局按照相关计划和方案提出的协调原则提供。这些计划和方案应列出各主管当局能够独立采取的行动和措施、职能范围或管理范围。

2.根据公共工程和交通部的建议,政府将通过《国家海上救生和污染控制特别服务计划》,主管自治区通过的此类计划应遵循国家计划中列出的资源调度和协调的准则。

国家计划的基本目标是:

（1）协调各部门以及有能力进行海上搜救和海洋污染控制作业的公共和私营机构;

（2）通过设立区域和地方协调中心,建设一个涵盖整个西班牙海岸的海上交通管制系统;

（3）提升现有的救生和海洋污染控制单位水平和专业培训人员素质,管理和协调搜救和海洋污染控制行动。

3.国家计划应由公共工程和运输部通过,相关部门和地方予以实施。

在实施方案时,国家行政机关可以依靠主管的自治区或拥有人力和物力资源的社区开展活动,确保适当的协调。

国家行政机关可以用自己的人员和资源或分配给他们的资源来实施计划,或通过与公共或公共企业签订合同或与非营利机构签署协议实施。

4.成立国家海事救援委员会作为协调机构,推动公共主管当局参与制订和实现委员会的目标。应制定法规以确定委员会的组成和功能。

第2.a节　辅助管理

第八十八条　港务长办公室功能

1.每个港口注册一个重要级别的航行时或出于交通或安全条件的需要,

应设立一个港务长办公室。为确定必要的最低要求和建立这种辅助机构的程序,相应法规应被判定。

由自治区管辖的港口,港务局和港务长办公室应协调活动,以实现各自的目标。

2.在没有导航和港口委员会的港口,港务长以主席的身份可以设立导航委员会。这些机构将提供与海洋事务相关的援助、信息和协作。应制定法规规定这些机构的组成和职能。

3.港务长的职能包括以下内容:

(1)授权或拒绝船舶进入或离开西班牙实施主权、主权权利或管辖权的水域,以及在不妨碍其他主管部门可能要求的事先授权的情况下派遣船舶;

(2)出于海上安全的原因,在西班牙行使主权、主权权利或管辖权的水域中确定锚地和机动区域;港务局负责授权锚地以及划分港口服务区的泊位;

(3)根据海上安全报告,确定港口进出渠道的状况;

(4)为了海上安全,制定机动区域的标准,包括运载危险货物船舶的停泊或特殊情况下的停泊;

(5)出于海上安全的考虑,在西班牙行使主权、主权权利和管辖权的水域中提供引航和拖航服务;

(6)对西班牙民用船舶、在西班牙建设的船舶和按照国际协议得到授权的外国船舶进行技术检查,包括检查船上的货物(尤其是国际上被划分为危险品的货物),检查拖网方式,以及出于海上安全的考虑打开散装物;

(7)一般而言,在西班牙行使主权、主权权利和管辖权的水域中涉及航行、海上安全、海上救援和海洋污染控制的所有职能。

…………

第四部分　警察制度

第一章　国家港口和警察管理规定

第一百零六条　服务和警察管理规定

1.港务局在获得港务长办公室的报告后,应制定港口服务和警察管理规定,管理各种服务和业务运作。该规定应发给国家港口,国家港口将附上一份适当的报告再转呈公共工程和运输部审批。

2. 一旦前款述及的规定得到批准,应在官方公报予以公布。

第二章　保护港口活动和航行的措施

第一百零七条　船舶沉没

1. 如果船舶在港口面临沉船的危险,并且航运利益方或收货人未能离开港口或无法按要求修理船舶,港务局可以根据港务长的报告,移动船舶或强制沉船,以避免其妨碍港口活动、导航或捕捞,费用由航运利益方或收货人支付。就捕捞活动而言,渔业管理部门应提交一份报告,若其未在 15 天内或在港务局考虑到船舶即将下沉的风险确定的期限内提交,即视为默认同意。

2. 如果船舶沉入港口水域,港务局应向船东、航运利益方及其代表或沉船保险公司声明:残骸重新浮出水面后,应在规定期限内放置,并应标明保障措施或采取安全措施防止其再次下沉。

如果港务局的命令或协议被忽略,港务局可以使用法律允许的强制措施挽救沉船;船东或航运利益方在任何情况下都必须承担所发生的费用。

如果船东或航运利益方没有在规定的期限内偿还船上补救费用,港务长可以疏导残骸,并从收益中扣除所发生的费用。

如果该数额不足,其余部分将通过法院命令予以保证。

3. 如果船舶在港口外沉没或面临沉没风险,且所在位置位于西班牙行使主权、主权权利和管辖权的水域,港务长应有权采取本条所述的行动。

第一百零八条　船舶拆解

在港口水域拆解船舶、海上设施和不能运转的设备时,应首先要求港务长提交一份报告,确保遵守海上安全标准。

第一百零九条　保护航行自由

如果一艘或多艘船舶妨碍或阻碍进出港口、运河或可通航水道的自由,或通过这些区域时不支付费用,或者在完全无视清理规定或者不服从主管港务长办公室的命令即出海后,主管港务长只要认为有必要,即可依法采取一切必要措施,纠正违规行为,恢复航行自由。

为此,港务长应向船长或其副手发出适当的命令。这些命令必须由有关人员和船上所有人员遵守,但不妨碍认为自己受到伤害的人根据法律规定采取的任何行动。

如有必要,港务长可以命令在其认为必要的时间内扣留船舶,将其停泊并限制在规定的范围内,直到恢复至正常状况。

第一百一十条 船上危险

船舶的船长或其副手可以在紧急情况下采取他们认为必要的任何强制措施确保发生危险时船上保持良好的秩序。

第一百一十一条 防止非法活动和贩运

为防止非法活动或任何形式的贩运,政府可以停止或限制在内水、领海或毗连区的某些类别的民用航行,或对此设置条件。

第一百一十二条 保护海上航行和海洋环境的措施

为了确保西班牙行使主权、主权权利或管辖权的海域的航行安全,防止海洋环境污染,西班牙公共工程和运输部可以通过港务长和港务长办公室,访问、检查、搜查、抓捕、启动法律程序,以及在一般情况下对侵犯或可能侵犯法律的船舶采取任何必要的措施。

上述措施不妨碍其他对海洋环境保护拥有管辖权的机构为相同目的采取的任何措施。

第三章 违 法 行 为

第一百一十三条 定义和分类

1. 本法规定的可惩罚的行为和不行为构成商务运输和国家港口事务领域的行政违法行为。

2. 根据下列条款中规定的标准,将违法行为分为轻微违法行为、严重违法行为和重大违法行为。

第一百一十四条 轻微违法行为

轻微违法行为是犯罪范围或损害程度未达到严重或重大程度的行为和不行为,包括以下类别:

(1)与使用港口和港口设施有关的违法行为:

(a)不遵守港口服务和警察管理规定的条款;

(b)未能遵守港务局就港口区域的海事操作制定的条例或指示;

(c)在港口区域进行的海上作业危及建筑物、设备、港口设施和其他船舶安全,或未采取必要的预防措施;

(d)未遵守港务局就装卸操作、装货、卸货、存储、交付、收货及任何其他与货物相关的条例或指示;

(e)未经授权或不适当地或没有适当安全预防措施地利用属于港务局或个人的港口设施;

(f)未能遵守港务局在行使其交通管制、陆地或海上交通工具管理职能的过程中颁布的条例或指示;

(g)向港务局提供错误的关于船舶、货物、乘客和陆地交通工具的信息,尤其是用于计算港口费用的数据;

(h)疏忽或故意损坏位于港口区域的建筑物、设施、设备、货物、集装箱和海上或陆地交通工具;

(i)未遵守主管机构就海上安全或污染发出的有关规定或指示;

(j)任何对港口公共财产或其使用和操作造成损害或伤害的其他行为或不行为。

(2)与需要事先授权、获得许可或根据合同进行的活动相关的违法行为:

(a)在不影响其到期或撤销的情况下,未遵守合同条款的有关行政条件,间接提供港口服务或一般性管理条件清单;

(b)未经授权在港区的外表面刊登广告;

(c)自愿或应要求向港务局提供错误或不充分的信息;

(d)部分或完全不履行本法和本法条款规定的其他义务,并且未能采取上述法律条款规定的任何行动;

(e)未遵守港口服务和警察管理条例、总领事规则和其他有关港口活动的规定。

(3)影响海上安全的违法行为:

(a)船上的人在醉酒或受精神药物、有毒或麻醉药品影响下危及船舶安全的行为;

(b)违反船长或船舶行政官发布的管理规定或命令并可能对航行安全性产生不利影响的行为。

(4)影响海上交通的违法行为:

（a）船长或指定人未能提交必要的文件；

（b）未遵守与货物装卸或乘客的接载或卸载有关的商船运输规定；

（c）在港内使用有关规定不允许使用的声音信号；

（d）在毗连海岸距离海滩 200 米范围内的海区，以及距离其他海岸 50 米范围内的海区，任何用于运输、捕捞或游乐的船、艇或装置的航行速度超出有关规定设定的限速；

（e）除非是强制性的，任何用于运动的船、艇或装置在有浮标的沿海通道或在有浴场保留区标记的浮标区内航行；

（f）未能自愿或应海事主管部门的要求提供信息，或提供不恰当、不充分的信息。

（5）与海洋环境污染有关的违法行为：

（a）未遵守警察对保持港口或其他水域水质纯净和共同使用海洋环境的规定，或无视其中有关禁止的规定；

（b）违反适用规定进行任何可能导致污染的修理、清理船锈或疏浚。

第一百一十五条　严重违法行为

前条所列举的行为或不行为在如下情况应被视为严重违法行为：导致某人因伤残而在不超过 7 天的时间里无法工作，或危及船舶安全和航行安全并导致 200 000 至 1 000 000 比塞塔的损害或损失，以及有任何轻微罪行且在未解除时效之前再犯。此外，严重违法行为还包括：

（1）与使用港口和港口设施有关的罪行：

（a）涉及直接或间接给个人造成严重危险的罪行；

（b）未经许可在港口水域之外的 Ⅱ 区从船舶或固体悬浮装置倾倒固体、液体或气体物质；

（c）未能遵守现行法律规定的装卸作业规则；

（d）不遵守有关危险性货物和泥土的处理和储存规则、条例或指示，或隐藏此类货物或其状况；

（e）向港务局或海事局的人员或国家装卸公司的人员提供或赠送金钱或其他类型的礼物，以便确保行贿者获得有利条件，或游说、要求或恳请上述机构或公司人员收受礼物、代币或金钱；

（f）妨碍港口局或海事局行使警察职能；

(g)伪造(自愿或应要求的情况下)向港务局提供的信息；

(h)船长未按现行规定提出需要引航或拖航服务的要求。

(2)影响海上安全的违法行为：

(a)船上人员发生争执和冲突,影响到船舶安全或航行安全；

(b)违反船长或多名行政官发出的规定或命令,严重影响船舶和航行安全；

(c)未经船长事先授权携带武器、危险装置或物质；

(d)任何船员在醉酒、精神药物、有毒或麻醉药物等干扰其执行任务能力的药物影响下采取行动或发生疏忽；

(e)船长拒绝将船上的偷渡者留在船上等候交付给主管当局或当局指定的机构；

(f)如果发生碰撞,船长或其接替者无理拒绝提供关于其指挥下的船舶的登记名称、港口信息、起运港和目的地等信息；

(g)秘密登临西班牙船舶；

(h)船长超出其专业认证或娱乐认证或其他海员所赋予的能力范围；

(i)除正当理由外,当事人未及时告知最近的港务长办公室而导致其提出求助请求的船舶问题或固定平台问题已不存在；

(j)西班牙民用船舶的船员对主管当局根据适用条例批准的紧急情况下的公务职责和职能不了解,或不履行这些职责和职能；

(k)运输利益方、船长和船主未遵守与船舶及部件的检查和证明相关的规定；

(l)除非发生不可抗力,任何类型的船舶、艇或在沿海浮标通道区域外及洗浴区域外的用于运输、捕捞或娱乐的装置的航行对这些地区的用户造成伤害；

(m)前述各目未包含的威胁到船舶安全或航行安全的行为或疏忽。

(3)影响海上交通管制的违法行为：

(a)未遵守国旗使用或船上密码使用的规定；

(b)未显示船名或未携带所需登记册的航行；

(c)船上所需文件不充分、损毁或严重不准确；

(d)在没有获得港口、沿海地点或固定点的授权的情况下,在内陆水域或

领海开展自治区之间的港口贸易、对外贸易或其他贸易;

(e)未执行港务长办公室在其职权范围内发布的关于在港口、基地和其他港口外航行水域的机动和航行方面的指示;

(f)未遵守港务长办公室就船舶制度和交通(包括用于任何目的的游艇和船舶的使用,以及任何可能对航行或人员造成危险的设备的使用)发出的规定或指示;

(g)不遵守关于船舶和其他船艇的清关或船员征募的规定,以及不遵守港务长办公室和领事办事处的登记制度;

(h)违反海事聘用规则从事海上工作,以及未能拥有法律规定的从事海上工作所必需的证书或其他文件或物品;

(i)船舶和航运公司登记处清单显示其违反了有关船舶或固定平台的登记规则,以及从事了登记规则所禁止的交通或活动;

(j)违反船舶使用无线电台和服务的规则;

(k)未履行在船舶和航运公司登记处注册公司的义务,或未提交注册需要的任何文件、合同或协议;

(l)在没有获得必要的国家行政许可的情况下建造船舶、改造船舶或更换电机,或违反规范此类活动的规则,并在没有获得适当许可的情况下启动船舶;

(m)违反规定在西班牙行使主权、主权权利和管辖权的水域实施沉船、破坏和遗弃固定平台的活动;

(n)未遵守海事服务的特许权或授权条款;

(0)未按有关规定向海事主管部门提供必需的信息,或以不正确的方式提供。

4.与位于西班牙行使主权、主权权利或管辖权的水域的船舶或固定平台或其他装置污染海洋环境有关的违法行为:

(a)船舶、固定平台或其他建筑物出于疏忽向西班牙行使主权、主权权利或管辖权的水域违规排放废物和其他物质;

(b)运输石油和其他污染物的船舶不遵守关于航行、货物处理和强制保险的特别规定;

(c)船上的设施、装置和文件未遵守关于预防和控制废物和其他物质的现行规定；

（d）未在法律规定的情况下以法律规定的方式向最近的港务长办公室或商船队立即通报位于西班牙行使主权、主权权利或管辖权的水域的船舶、固定平台或其他装置的排污情况；

（e）违反现行法律规定或未得到正式授权而无意将可能对人体健康有害，或对游客、风景区或生物资源和海洋生物产生不利影响，或限制娱乐机会，或阻碍海洋的其他合法用途的物质、材料或能源直接或间接地排放至海洋环境。

第一百一十六条 重大违法行为

第一百一十四条和第一百一十五条规定的行为或疏忽如出现如下情况则被视为重大违法行为：导致某人因伤残而在超过 7 天的时间里无法工作，或导致超过 1 000 000 比塞塔的损害或损失，或危及船舶安全和航行安全，以及有任何严重罪行且在未解除时效之前再犯。此外，重大违法行为还包括：

（1）与使用港口和开展港口活动有关的违法行为：

（a）可能对人体健康和安全构成重大风险的违法行为；

（b）船舶或漂浮装置未经授权在港口水域内的区域 I 倾倒固体、液体或气体物质；

（c）在没有本法规定的适当行政文件许可的情况下，在港区内建设任何工程或设施，或无视港务局关于应立即停止违规行为的明示命令，越来越多地占用超过授权限制的表面积或结构体积或高度，或者在刑事诉讼程序通知送达后仍然存在这种行为。

（2）影响海上安全的犯罪行为：

（a）订购或使用不符合必要适航标准的船舶，危及船舶安全；

（b）对救生设备的设计进行重大改动，导致其不符合官方授权标准；

（c）未遵守海事主管部门关于储存、搬运、装载、卸载和散装、运输、维护爆炸性或危险性材料等方面的指示或规定；

（d）无理使用遇险信号和擅自显示医用船舶标记或显示背离国际法条文的标记；

（e）聘用无法律规定的适当证书的人员担任船长、船主或值班人员，或履行上述岗位相关职能，或扮演上述职能（娱乐船只除外）；

(f)西班牙客船船员对主管机关根据适用条例批准的紧急情况下的岗位职责和职能不了解,或未能履行这些职责和职能;

(g)未遵守本法第七十七条提及的关于最小安全人员规模的管理规则或决议;

(h)未遵守海事安全条例而导致人身伤害;

(i)未遵守海事主管部门关于在西班牙行使主权、主权权利和管辖权的水域建造固定平台或在固定平台进行活动的规则或规定,威胁海上安全;

(j)船长、船主或驾驶员在醉酒或受精神药物、有毒或麻醉药品等致其履行职责能力受损的情况下采取行动或出现疏忽;

(k)船长或船员未能或拒绝向寻求或认为需要援助的人员或船舶提供援助;

(l)上述各目中未包含的严重危害船舶或航行安全的行为或疏忽。

(3)影响海上交通的违法行为:

(a)航行时没有能够连续指示位置和监视船舶的监管信号系统;

(b)航行时没有船舶或船艇的国籍注册证书、海运证明或文件,或所持证书已过期;

(c)在船舶未正式注册时就已航行;

(d)未按本法规定,限制悬挂西班牙船旗的船舶的特定交通或活动;

(e)不遵守《船舶和船运公司登记规则》、外籍人员的西班牙船舶进出口或临时标记相关规定以及西班牙的外国船舶进出口或临时标记规定;

(f)不遵守本法第一百零九条、第一百一十条、第一百一十一条和第一百一十二条中提到的命令、禁令和条件;

(g)提供没有本法令条文规定的行政特许权或授权的海上航行服务;

(h)伪造根据现行规定应提供给海事局的信息;

(i)未履行在内水、近海、远海或国家管辖外海海域向航运公司提供定期或不定期公共服务的义务;

(j)未履行为执行本法令条例所规定的义务,以及未履行出于国防和公共安全的需要配合国家港务局和商船队的义务。

(4)位于西班牙行使主权、主权权利或管辖权的水域的船舶、固定平台或其他设施污染海洋环境的违法行为:

(a)故意将船舶、固定平台或其他设施的碎片、废物或其他装载及储藏过程中废弃的材料倾倒至西班牙行使主权、主权权利或管辖权的水域(经授权的倾倒或依现行法律规定无须授权的情况除外);

(b)在西班牙行使主权、主权权利或管辖权的水域沉没船舶或破坏固定平台和其他设施,蓄意污染海洋环境(前项已有规定的例外情况除外);

(c)船舶、固定平台或其他设施在西班牙行使主权、主权权利或管辖权的水域正常作业时违反有关法律蓄意地直接或间接排放废物或其他物质;

(d)违反现行法律规定或未得到正式授权而故意将可能对人体健康有害,或对游客、风景区或生物资源和海洋生物产生不利影响,或限制娱乐机会,或阻碍海洋的其他合法用途的物质、材料或能源直接或间接地排放至海洋环境。

第一百一十七条　行为的限制

1.重大违法行为时效期限为 5 年,严重违法行为 3 年,轻微违法行为 1 年。

时效期限应从违法行为发生时算起。

2.对于经常性犯罪,时效期限应从活动完成时算起,或犯罪的最后一次行为的完成时间算起。

如果构成犯罪的事件或活动因不产生外部迹象而未被发现,时效期限应从观察到这些标志时开始计量。

3.不论犯罪发生之后过去了多长时间,所有物品都应归还并恢复原状。

4.施工作业或装置在可交付用于预期日的而无须采取任何进一步行动时视作已完工。为此,完工日期应经港务局确认,或者是证书、许可证或操作许可或合格专家签署的工作完成证书上标明的时间。

第一百一十八条　责任

以下个人和法人实体应承担责任:

(1)与不正当使用港口有关的违法行为:

(a)在违反合同或行政职务条款的情况下,为合同持有人或职务承担人;

(b)在与船舶有关的不影响可能由领港合约持有人履行的义务以及根据相关规定驾驶员应履行的义务的违法行为中,为船舶利益方或船舶代理人(船舶代理人不在场的情况下,为船长);

（c）如果涉及货物处理、人员处理的犯罪,负责此类货物和装卸的公司应共同或分别承担责任,或由货运代理承担丛书责任；

（d）在第114.1(g)条规定的情况下,为要求提供这种信息的实体；

（e）对于第114.1(h)和(j)条提到的行为或不行为,为行为人或负责行为或不行为的人员,在发生损失时提供服务的公司和雇用了犯罪行为人的公司应承担连带责任；

（f）在第115.1(d)条规定的情况下,为负责运输危险性货物的实体,或者根据适用要求需提供信息的实体；

（g）在第115.1(e)条规定的情况下,为提供或赠送金钱或礼物的人和索取或收受金钱或礼物的工作人员；

（h）在未经行政许可而施工的情况下,为活动发起者、施工承包商和总工程师。

（2）与平民船舶有关的违法行为：

（a）如果是非商用船舶的航行导致的犯罪行为,或由位于港口服务区外的装置、固定平台或其他建筑工程导致的犯罪,拥有涉及该船舶、平台或建筑工程业务的个人或法人实体,或拥有专用作游艇的船舶的个人或法人实体对犯罪直接负责。在这种情况下,次要责任应由船长或船主承担；

（b）对于商船在航行中的犯罪活动,参与该活动的船运公司（或参与未果）,由该船船长负责；

（c）对于用户犯下的罪行,以及一般而言,由第三方犯下的罪行,尽管这些第三方未被上述各款提及,但仍从事受规范商船队的法律管辖的活动,则违反该规则的个人或该法律适用的实体负具体责任。

（d）在船舶污染海洋环境的情况下,航运利益方、船东、民事责任承保人和船长应负连带责任。如果犯罪行为发生在位于西班牙行使主权、主权权利和管辖权的水域的固定平台或其他设施,固定平台或设施的所有者、从事上述活动的当事人,以及在适用情况下该活动的承销商应共同和分别承担责任。同样,上述个人应共同或分别赔偿造成的损害,主管部门可以采取或要求他人采取保护环境的紧急行动。

（3）民用船舶领域的犯罪和制裁的规定不适用外国船舶的非西班牙国民（即使船舶位于西班牙管辖范围内）,前提是行为仅影响船上秩序且只涉及外国人。

在这种情况下,西班牙当局根据国际法应船旗国的船长和领事的要求提供援助。

(4)除非本法另有规定,因单次犯罪对几个人同时实施的制裁与每个个人没有关系。

第四章　惩罚和其他措施

第1节　通　　则

第一百一十九条　通则

1. 构成犯罪的行为或不行为应按照本法令的规定予以处罚。

2. 如果单一行为或不行为引起两项或两项以上的犯罪,则只考虑导致更多犯罪的罪行。尽管如此,本法令的特许权持有人,无论其产生了哪些其他义务,在任何情况下都应为其确定的犯罪行为受到处罚。

3. 犯罪行为可能构成犯罪或轻罪时,应提交至公共检察官,刑事诉讼应暂停,直至司法当局作出最终判决或决定结束诉讼为止。

应先确定刑事处罚,再确定行政处罚。如果没有发现构成了犯罪或轻罪,当局应继续刑事诉讼,并酌情考虑主管司法机构判定的事实。

在所有情况下,为了保障港口活动、确保海上安全、管理海上交通和保护海洋环境的行政措施都应立即实施。暂停刑事诉讼不应延及政策的执行和法律秩序的恢复。

4. 同样,应启动暂停程序,取消或废止行政行为以及可以使非法行为免于处罚的合同。

5. 如果雇员因为同样的行为已经被雇主处罚,按照本法规定的责任对雇员实施行政处罚。①

第2节　适用的处罚

第一百二十条　罚款和其他处罚

---

① 西班牙原文第 119 条第 5 段有误。此段为意译,用方括号标明。

1. 轻微违法行为可处以高达 1 000 万比塞塔的罚款。

2. 严重违法行为的处罚如下：

（1）涉及使用港口和开展港口活动的违法行为：对于第一百一十五条第（1）项第（b）、（c）、（e）、（f）、（g）和（h）目的情况，可处以 2 000 万比塞塔及以下的罚款；对于第一百一十五条第（1）项第（a）和（d）目的情况，可处以 5 000万比塞塔及以下的罚款；

（2）影响海上安全的违法行为，可处以 3 000 万比塞塔及以下的罚款；

（3）影响海上交通的违法行为，可处以 2 000 万比塞塔及以下的罚款；

（4）涉及海洋环境污染的违法行为，可处以高达 1 亿比塞塔的罚款。

3. 对重大违法行为的处罚如下：

（1）涉及使用港口和开展港口活动的罪行：对于第一百一十六条第（1）项第（c）目规定的情况，处以工程或设施价值 50% 的罚款。在其他情况下，可处以不超过 1 亿比塞塔的罚款；

（2）影响海上交通管制的犯罪，可处以不超过 1.5 亿比塞塔的罚款；

（3）影响海上交通的犯罪，可处以不超过 5 000 万比塞塔的罚款；

（4）涉及海洋环境污染的犯罪，可处以不超过 5 亿比塞塔的罚款。

4. 如果发生严重或重大违法行为之后再犯轻微或严重罪行，在法定时效期满之前，在之前的处罚基础上分别累加新的罚款。

5. 如果犯罪人已与判定罚款的主管机构达成协议，且犯罪人已采取行动在相关法规规定的时间范围内纠正了犯罪所造成的局面，可按前款规定免除对犯罪人的部分罚款。

6. 对于重大违法行为，作为每项案件的补充处罚，船舶可能被扣押或禁止入境、装货和卸货。

7. 在第一百一十六条第（2）项第（b）目条规定的情况下，罚款之后官方可撤销指令。

8. 参与本法第五十四条所述的活动，涉及使用港口和港口设施的重大违法行为，公共工程和运输部可以应国家港务局的要求，暂时禁止违法者在相关港口区域持有授权和特许权或参与相关港口活动，禁止时间不超过 5 年。

9. 对本法第五十九条第 1 款授权的在港口服务区开展的活动，违法使用该区域或在该区域违法开展活动也会导致授权活动的暂停，暂停期限的判定如下：

（1）轻微违法行为：暂停不超过 1 个月；

（2）严重违法行为：暂停不超过 6 个月；

（3）重大违法行为：在出现问题的区域暂停和临时取消参与任何活动的资格，时间不超过 5 年。

10. 船长、船主、值班驾驶员或其他船员出现严重或重大影响海事安全的违法行为时，如果是严重违法行为则由商船队局长吊销专业执照，如果是重大违法行为则由公共工程和交通部吊销专业执照。具体如下：

（1）严重违法行为：吊销执照不超过 1 年；

（2）重大违法行为：吊销执照 1 年至 5 年。

11. 一旦确定，对严重或重大违法行为的惩罚应按既定方式公布。

12. 适用于重大违法行为的惩罚时效期限为 5 年，严重违法行为为 3 年，轻微违法行为为 1 年。

第一百二十一条　非惩罚措施

除施加上述惩罚外，应对构成犯罪的行为或不行为实施以下措施：

（1）恢复物品或恢复其原有状态。

（2）在规定的时间内对不可修复的损害进行补偿，数额相当于被销毁或破坏的价值，或弥补导致的损失。

若罪犯从构成罪行的行为或不行为中获得的利润超过了赔偿金额，所获利润应作为固定赔偿额的最低限额。

（3）若犯罪是因不符合行政证明的条件而造成的，则该行政证明无效。

（4）根据法律规定拒绝船舶中途停留、驶离、装载或卸载。

第一百二十二条　惩罚等级的标准

1. 罚款金额和额外处罚的适用应根据以下情况确定：通过犯罪获得的利益、非法行为的严重性、罪犯的疏忽或动机、造成的损害、作案次数以及任何对犯罪结果可能产生加重或减轻影响的结果。

2. 在可能的范围内，行政部门根据其职能属性作出适用性安排，以相似的方式通过刑事规则制约不法和有罪行为，同时不影响前段规则的有效性。

第一百二十三条　处罚资格

1. 施加本法所载处罚的资格给予：

（1）港口当局董事会（在涉及港口使用和港口活动轻微犯罪的情况下）；

（2）港务长（在轻微违法行为影响海上安全和海上交通管制的情况下，或涉及船舶、固定平台或其他装置在西班牙行使主权、主权权利和管辖权的水域造成海洋环境污染的违法行为时）；

（3）港务局董事会和商船队局长（在其职权范围内根据本法处理严重违法行为时）；

（4）公共工程和运输部长（根据国家港务局或商船队在其职能范围内的建议，处理金额低于2亿比塞塔的重大违法行为时）；

（5）部长会议（根据公共工程和运输部部长的建议处理超过前款所述2亿比塞塔的重大违法行为时）。

2. 这些限制以及罚款数额可由政府根据消费者物价指数的变动情况予以更新或修改。

3. 对涉及港口使用和港口活动的罪行的罚款和赔偿收归犯罪地点所在的港口当局所有。

第3节　损坏和损失的赔偿

第一百二十四条　损坏和损失的赔偿

1. 若恢复原状并还原状态是不可能的，犯罪人应对任何已导致破坏和损失的行为支付赔偿金。

2. 若利润额超过赔偿金额，利润额应被视为弥补损失的最低限额。

3. 当损坏难以评估时，港务局或海事局在确定损失的金额时应考虑以下情况，并以最高金额为准：

（1）恢复至原状的费用；

（2）损坏货物的价值；

（3）罪犯通过其不法行为获得的利润。

第十章　程序、执行方法和预防措施

第一百二十五条　程序

1. 若相关惩罚措施的执行涉及海事局或港务局的工作人员和官员的职责范围，则应由海事局或港务局的工作人员和官员提起指控，启动司法程序。

2. 在已有指示的前提下,为进行测试等相关活动,承担检查和监督职责的工作人员应获准进入港口服务区拥有特许或授权的区域和设施,以及悬挂西班牙国旗的船舶和平台,或者按西班牙签署的国际公约的规定进入位于西班牙行使主权、主权权利和管辖权的水域悬挂外国国旗的船舶和平台,除非上述地点构成法律承认的住宅,而在这种情况下,检查应符合规定,不得侵犯住宅。

3. 尽管有上述规定,在涉及港口使用和港口活动犯罪的情况下,启动处罚程序和恢复法律秩序的措施应符合"成本法"的规定(主管机构为港务局的情况除外)。在任何情况下,港务局应采取恢复措施。

在《执行程序法》规定的形式进行适当的行政诉讼后,本法所涵盖的犯罪将受到处罚。

第一百二十六条　确保收取罚款的方法

1. 所造成的损坏或损失的罚款和赔偿的收取可以通过法院强制执行。

2. 同样,为了保证收取罚款和赔偿以及恢复法律秩序,海事局和港务局可以按照《行政程序法》和"成本法"采用强制执行的手段。

第一百二十七条　记录事件的义务

船舶的船长有义务在航行日志或清关清单中注明在航行中根据其判断并按照本法规定任何由船员导致的可能构成犯罪的事故。记录条目应由船长和相关个人签字,如其拒绝,则由两名目击证人签字。

第一百二十八条　船舶的扣押

为了确保遵守本法第一百一十八条第(2)项第(d)目的要求,作为预防措施,港务长可以命令扣押船舶。

经商船队确认为适当的本票或担保可取代扣押。

第一补充规定

服务区

如果本法第十五条第1款规定的划界尚未执行,则国家管辖范围内的港口服务区域应被视为本法令生效之日开始的现有服务区的全部土地面积,以及根据现行法律各专门征税港限定的Ⅰ区和Ⅱ区水面。

第二补充规定

毗连区

在本法第七条第 1 款界定的毗连区内,政府可以采取必要的控制措施达到如下目的:

(1)避免在国家领土和领海违反有关海关、走私、税收、移民和卫生的法律法规;

(2)惩罚上述违法行为。

瑞　典
Sweden

瑞典经济区法案

（1992 年 12 月 3 日）

按照议会的决定,通过以下法案:

一　般　规　定

第一条

瑞典经济区包括政府规定的领土边界之外的海域。该区域不得超过同他国协定的分界线,若没有相关协议,则不得超过与邻国的中间线。

"中间线"应理解为一条其上每一点都同计算瑞典和他国领海宽度的基线上最近各点距离相等的线。

海洋环境的保护

第二条

在经济区航行、进行研究或其他活动时,应为避免破坏海洋环境而采取必要的措施。

政府或政府确定的机构可以发布保护和保全海洋环境的规章。

第三条

针对海洋环境主要污染物而保护海洋环境的进一步规定可见于针对船舶水污染措施的法案(1980 年 424 号)和关于废物倾倒的法案(1974 年 1154 号)。

自然资源的利用

第四条

有关在经济区内的捕捞活动应适用关于捕捞权利的法案(1950 年 596 号)。有关勘探经济区内大陆架底土和开发大陆架自然资源的权利应适用有关大陆架的法案(1966 年 314 号)。

第五条

关于经济区内除第四条提到的自然资源,政府或政府指定的机构颁发的执照需要用于:

(1)对这种自然资源的调查、开采和其他利用;

(2)人工岛屿的建造和使用;

(3)用于商业目的的设施或装备的建造和利用。

政府或政府指定的机构决定颁发执照时应具体说明执照涉及的活动及其进行的条件。执照有具体的时间限制。

第六条

应适用有关自然资源经济等的法案(1987 年 12 号)中第五条提到的执照检查。

第七条

为保护基于本法案建造的人工岛屿、设施或其他设备,政府或政府指定的机构可以发布关于从该岛或设备的外缘起不超过 500 米的安全区的规章。

第八条

如果执照持有者无视本法案或者基于本法案公布的规章和条件或者其他合理理由下的义务,可以撤销其执照。

如果执照持有者履行其义务但仍被撤销执照,其有权要求国家补偿其因执照撤销而产生的损失。

海洋科学研究

第九条

未经政府或政府指定机构的准许,外国人不得在经济区进行海洋科学研究。政府指定的机构可以规定以通知代替执照申请,或者执照和通知都不是必需的。

执照有具体的时间和条件限制。执照的撤销及其请求补偿的权利应适用第八条的规定。

国际法原则

第十条

本法案及基于本法案公布的规章和条件,不应对基于国家法的在经济区自由航行、飞越、敷设电缆和管道的权利有任何限制,也不限制由普遍认可的国际法原则产生的任何其他权利。

监　督　等

第十一条

对本法案及基于本法案公布的规章和条件的遵守,应由监督机构或政府指定的机构进行监督。

第十二条

任何人进行本法案下的活动均需要向监督机构提供其所要求的信息和文件。

第十三条

监督机构可以发布确保遵守本法案及基于本法案公布的规章和条件所需的命令。

前款命令可以规定罚款。

第十四条

如果某类活动是以明显对环境或其他公共和个人利益构成危险的方式进行的,监督机构可以禁止此类活动。禁止的决定应立即执行,该决定无须法律效力也可以实施。

法律适用和处罚

第十五条

对基于本法案建造的人工岛屿、设施或其他设备应与瑞典境内的设备相同,适用瑞典法律。这些设备应被视为位于瑞典领海最近的部分。

第十六条

任何人故意或因过失而有下列行为的,应予处罚:

(1)不遵守基于第二条或第七条公布的规章;

(2)进行违反第五条或第九条的活动或无视基于第五条或第九条公布的条件;

(3)继续进行监督机构按照第十四条已禁止的活动。

第十七条

任何人实施了第十六条提及的违法行为,即使刑法典第二章第二条或第三条不适用,也应该由瑞典法院进行审判。

如果在经济区从事违反本法案或基于本法案公布的规章的行为,诉讼应该在对离犯罪行为地最近区域有管辖权的地区法院提起。

第十八条

除特别情况外,政府或普通法院公布的符合本法案或基于本法案发布的规章的决定,可以向行政上诉法院上诉。

本法案于 1993 年 1 月 1 日生效。

瑞典专属经济区条例

(1993 年 12 月 3 日)

下述条例由政府规定:

Ⅰ. 瑞典专属经济区包括瑞典领海范围外并扩展至下列区域的海域:

1. 斯卡格拉克海峡内离挪威边界最近的点到下列点之间的大圆弧:58° 45′ 41.3″N, 10° 35′ 40.0″E;58° 30′ 41.2″N, 10° 08′ 46.9″E 以及 58° 15′

41.2″N, 10° 01′48.1″E。

2. 斯卡格拉克海峡内离丹麦边界最近区域和卡特加特海峡到下列点的直线:58° 15′ 41.2″N, 10° 01′ 48.1″E;58° 08′ 00.1″N, 10° 32′ 32.8″E;57° 49′00.6″N, 11° 02′ 55.6″E;57° 27′ 00.0″N, 11° 23′ 57.4″E;56° 30′ 32.3″N, 12° 08′ 52.1″E;56° 18′ 14.1″N, 12° 05′ 15.9″E 以及 56° 12′ 58.9″N, 12° 21′ 48.0″E。

3. 厄勒海峡内点 56° 12′ 58.9″N, 12° 21′ 48.0″E 和点 55° 20′14.2″N, 12° 38′ 31.0″E 之间到 1932 年 1 月 30 日瑞典和丹麦关于厄勒海峡的边界问题及以后的变化发布的公告中划定的边界线。

4. 波罗的海中部和南部到下列直线:

(1)下列点之间:55° 20′ 14.2″N, 12° 38′ 31.0″E;55° 18′ 30.0″N, 12° 38′ 20.0″E;55° 15′ 00.0″N, 12° 40′ 38.0″E;55° 10′ 00.0″N, 12° 47′ 41.6″E;55° 03′ 54.0″N, 13° 03′20.0″E;55° 00′ 35.2″N, 13° 08′ 45.0″E。

(2)下列点之间:55° 00′ 36″N, 13° 09′ 26″E;55° 01′ 15″N, 13° 47′ 08″E;54° 57′ 52″N, 13° 59′ 15″E。

(3)下列点之间:54° 57′ 49.1″N, 13° 59′ 40.0″E;55° 18′ 44.0″N, 14° 27′ 36.0″E;55° 41′ 29.4″N, 15° 02′ 34.4″E;55° 21′ 18.6″N, 16° 30′ 29.7″E。

(4)下列点之间:55° 21.640′N, 16° 32.000′E;55° 30.000′N, 17° 00.000′E;55° 35.235′N, 17° 22.680′E;55° 46.985′N, 18° 00.000′E;55° 55.293′N, 18° 21.800′E;55° 52.876′N, 18° 54.000′E;55° 52.788′N, 18° 55.545′E。

5. 波罗的海中部到下列点之间的直线:55° 52.793′N, 18° 55.760′E 和 55° 53.482′N, 18° 56.777′E。

6. 波罗的海中部和北部到下列点之间的直线:55°53.482′N,18°56.777′E;55° 57.300′N, 19°04.049′E; 55°58.863′N, 19°04.876′E;56°02.433′N, 19°05.669′E;56° 15.000′N, 19° 13.565′E;56°27.000′N, 19°21.070′E;56° 35.000′N,19°25.070′E;56°45.000′N, 19°31.720′E;56° 58.000′N, 19°40.270′E;57°14.192′N,19°53.565′E;57°26.717′N, 20°02.160′E;57° 33.800′N, 20°03.965′E;57°44.000′N,20°14.139′E;57°54.691′N, 20°24.920′E;58°12.000′N, 20°22.502′E;58°29.000′N,20°26.590′E;58°46.836′N, 20°28.672′E。

7. 波的尼亚海和波的尼亚湾到下列点的直线:60°36.6′N, 19°13.0′E;60°40.7′N, 19°14.1′E;62°42.0′N, 19°31.5′E;63°20.0′N, 20°24.0′E;63°29.1′N,20°41.8′E;63°31.3′N, 20°56.4′E;63°36.6′N, 21°16.8′E 和点 63°38.1′N,21°22.7′E 与点 63°40.0′N, 21°30.0′E;65°21.8′N, 23°55.0′E 之间,以及,点 65°27.5′N,24°03.2′E;65°30.9′N, 24°08.2′E 和点 65°31.8′N, 24°08.4′E 之间。

上述第 I 条给出的坐标与下列一致:

坐　　标	坐标系统或大地测量系统
1,2,4(1)和 c 的坐标	1950 年《欧洲基准坐标系统》(ED50)
4(2)的坐标	瑞典 83 号海图的坐标
4(4)的坐标	1972 年世界测地系统(WGS72)
5 和 6 的坐标	瑞典坐标系统(RT38)

II. 在关于专属经济区的外部边界进入他国界限的协议所述期间,专属经济区扩展至超过瑞典领海的区域而不是第 I 条所规定的,如下所述:

1. 波罗的海南部到下列直线:

(1) 从点 55°00′35.2″N, 13°08′45.0″E 到点 55°00′36″N, 13°09′26″E;

(2) 从点 54°57′52″N, 13°59′15.0″E 到点 54°57′49″N, 13°59′40.0″E;以及

(3) 从点 55°21′18.6″N, 16°30′29.7″E 到点 55°21′640″N, 16°32.000′E。

2. 波罗的海北部下列点组成的直线:58°46′836″N, 20°28.672′E 和 58°47′680″N, 20°25.264′E。

3. 波罗的海北部下列点组成的直线:58°47.680′N, 20°25.264′E;58°47.6′N, 20°24.6′E;58°51.5′N, 20°10.0′E;59°22.1′N, 19°57.8′E;59°28.6′N,19°57.5′E。

III. 在关于专属经济区的外部边界进入他国界限的协议所述期间,该区域的渔业权扩展至超过瑞典领海的区域而不是第 I、II 条所规定的,如下所述:

波罗的海北部和奥兰群岛海域到下列点之间的中线:点 59°33.55′N,19°59.62′E 和点 59°42.07′N, 19°47.48′E 之间,以及点 59°51.22′N, 19°34.42′E

和 59°59.54′N, 19°22.46′E 之间；以及

到一条距离芬兰基线 12 海里的点 60°34.3′N, 19°06.5′E 到点 60°36.6′N, 19°13.0′E 的直线。

Ⅳ. 在关于专属经济区的外部边界进入他国界限的协议所述期间，关于将瑞典的大陆架区域扩展至超过瑞典领海的区域而不是第Ⅰ、Ⅱ条所规定的，如下所述：

1. 波罗的海北部下列点组成的直线：59°28.6′N, 19°57.5′E；59°26.7′N, 20°09.4′E；59°33.55′N, 19°59.62′E。

2. 奥兰群岛海域点 59°42.07′N, 19°47.48′E 和点 59°45.2′N, 19°43.0′E 之间的直线，远至沿着芬兰领土边界到点 59°47.5′N, 19°39.7′E 和点 59°47.7′N, 19°39.4′E，远至点 59°51.22′N, 19°34.42′E 的直线。

3. 奥兰群岛海域点 59°59.54′N, 19°22.46′E；60°11.5′N, 19°05.2′E；60°13.0′N, 19°06.0′E 以及远至沿着芬兰领土边界到点 60°14.2′N, 19°06.5′E 的直线。

4. 奥兰群岛海域点 60°22.5′N, 19°09.5′E 到点 60°22.5′N, 19°09.5′E 的直线。

Ⅴ. 瑞典专属经济区边界的条款与瑞典领海界限分别由瑞典领海界限和瑞典国界法规调整。

Ⅵ. 国家海事管理局应确保瑞典专属经济区的外部界限标注在公开适用的海图上。

本条例于 1993 年 1 月 1 日生效，代替瑞典渔业区范围条例（1977 年 642 号）。

泰　国①

Kingdom of Thailand

···

总理办公室关于泰国直线基线与内水的公告

(1992 年 8 月 11 日)②

鉴于 1970 年 6 月 11 日③《总理办公室关于泰国直线基线与内水的公告》确认了泰国的直线基线和内水的地位；

鉴于上述公告中存在某些错误；

鉴于上述公告中一个岛屿的名称现在已经改变，

内阁通过 1992 年 8 月 11 日的决定，已经对上述公告作出如下修改：

1. 1970 年 6 月 11 日，《总理办公室关于泰国直线基线与内水的公告》中区域 3 的目录 5、目录 12、目录 22 的地理名称和地理坐标在此被下面的内容取代：

---

① 泰国驻联合国常驻代表团于 1993 年 3 月 8 日向联合国提交的照会。
② 发表于官方公报，第 110 卷，第 18 章，1993 年 2 月 18 日。
③ 《海洋法——基线：国家立法地图说明》（联合国出版社，销售编码 E. 89 V. 10），第 306 页。

目 录	地理名称	地理坐标	
		纬 度	经 度
5	Ko Kai	07°44.6′N	98°37.1′E
12	Ko Bulaobot	07°04.3′N	99°23.7′E
22	Ko Khuning	06°26.7′N	100°03.7′E

2. 作为本声明附件的地图取代 1970 年 6 月 11 日《总理办公室关于泰国直线基线与内水的公告》附件的地图。（地图缺失——译者注）

总理办公室关于泰国区域 4 的直线基线与内水的公告

（1992 年 8 月 17 日）

鉴于 1970 年 6 月 11 日《总理办公室关于泰国直线基线与内水的公告》在政府公报上公布，以及 1970 年 6 月 12 日①的第 87 特别卷第 52 章宣布了泰国在 3 个区域的直线基线和内水；

鉴于议会认为应当宣布泰国在其他区域的直线基线和内水；

内阁根据普遍接受的国际法原则，将区域 4 界定如下：

目 录	地理名称	地理坐标	
		纬 度	经 度
1	KO KONG OK	9°36′06″N	100°05′48″E
2	KO KRA	8°23′49″N	100°44′13″E
3	KO LOSIN	7°19′54″N	101°59′54″E
4	泰国与马来西亚的边界	6°14′30″N	102°05′36″E

在任何地方，上文提到的直线基线内的水域为泰国的内水。

泰国区域 4 内直线基线和内水的详情标示在作为本声明附件的地图上。公告于 1992 年 8 月 17 日②。（地图缺失——译者注）

---

① 经《总理办公室关于泰国直线基线与内水的公告》修订，第 2 期（1993 年），官方公报，第 110 卷，第 18 章，1993 年 2 月 18 日。见《海洋法公告》第 23 期（1993 年），第 29 页。

② 1992 年 8 月 19 日发表于官方公告，第 109 卷，第 89 章。

大不列颠及北爱尔兰王国
United Kingdom

皮特凯恩群岛、亨德森岛、迪西岛、奥埃诺岛

（1992 年 1 号公告）

以承上帝洪恩,大不列颠及北爱尔兰联合王国与其属土及领地之女皇伊丽莎白二世,英联邦元首,国教信仰的保护者的名义,

大卫·约瑟夫·莫斯阁下,圣米迦勒及圣乔治勋章的拥有者,皮特凯恩群岛、亨德森岛、迪西岛、奥埃诺岛的总督,

鉴于有必要根据国际法的规定,建立和规范皮特凯恩群岛、亨德森岛、迪西岛、奥埃诺岛专属经济区的活动,

在此,我,大卫·约瑟夫·莫斯,依据通过国务秘书获得的女王陛下的指示,宣布:

1.（1）现在,在与皮特凯恩群岛、亨德森岛、迪西岛、奥埃诺岛的领海相邻的海域设立专属经济区(以下简称"区域");

（2）该区域的外部界限为本公告附表中定义的线。

2. 对该区域,包括其海床和底土及其自然资源所能行使的任何权利属于

女王陛下。

3. 在该区域,女王陛下将对自然资源的勘探和开发、海洋环境的保护和维护、海洋科学研究和其他经济开发行为行使其根据现行法律和将出台的有关领海和该区事务的法律而享有的管辖权。上述相关事项的管辖权与女王陛下在皮特凯恩群岛、亨德森岛、迪西岛、奥埃诺岛的领海内所享有的管辖权一样。

4. 本公告即刻生效。

于 1992 年 11 月 9 日,在新西兰惠灵顿的英国高级专员公署,经我亲笔签名并加盖皮特凯恩群岛、亨德森岛、迪西岛、奥埃诺岛的公章。

附　　表

该区域由第 2 列中描述的直线界定,这些直线由连接第 1 列中精确到秒的、参照 WGS 基准的坐标点确定。

经纬度坐标	线的类型
26°34′05″,133°25′29″	1－2 斜航线
25°40′40″,132°59′32″	2－3 斜航线
24°04′08″,132°41′11″	3－4 斜航线
22°22′55″,132°23′23″	4－5 斜航线
21°03′05″,132°08′37″	5－6 斜航线
20°45′54″,131°58′43″	6－7 为从距离皮特凯恩群岛、亨德森岛、迪西岛、奥埃诺岛领海直线基线最近的一点顺时针延伸 200 海里所画出的一条线。
26°34′05″,133°25′29″	

南乔治亚岛和南桑威奇群岛 1993 年第 1 号公告
（海事区）

以承上帝洪恩，大不列颠及北爱尔兰联合王国与其属土及领地之女皇伊丽莎白二世，英联邦元首，国教信仰的保护者的名义，

大卫·艾弗拉得·塔萨姆阁下，圣米迦勒及圣乔治勋章的拥有者，南乔治亚岛和南桑威奇群岛的总督，

鉴于有必要根据国际法的规定，建立和规范南乔治亚岛和南桑威奇群岛附近海洋区域的活动，

为此，我，大卫·艾弗拉得·塔萨姆，依据通过国务秘书获得的女王陛下的指示，宣布：

1. 现为南乔治亚岛和南桑威奇群岛建立一个海区，其内部边界是南乔治亚岛和南桑威奇群岛领海的外部界限，向海一侧的界线上的每一点距离基线最近一点的距离为 200 海里。其中，南乔治亚岛的基线为《南乔治亚岛和南桑威奇群岛（领海）1989 法令》第 3（3）和（4）条以及附表定义的基线，南桑威奇群岛的基线为该法令第 3（1）和（2）条定义的基线。

2. 对该区域，包括其海床和底土及其自然资源（包括生物和非生物资源）所能行使的任何权利属于女王陛下。

3. 关于海事区，女王陛下可以按照国际法的规定，对自然资源（包括生物和非生物资源）的勘探和开发、保护和管理，以及海洋环境的保护和养护行使管辖权，但必须遵守法律对此类事项所作的规定。

4. 本公告立即生效。

于 1993 年 5 月 7 日，由我亲笔签名并加盖南乔治亚岛和南桑威奇群岛的公章。

乌 克 兰
Ukraine

乌克兰关于国界的法令

（1991 年 11 月 4 日）

第一部分　通　　则

第一条　乌克兰的国界

乌克兰的国界是指其领陆、领水、矿产资源和领空的领土边界线，以及根据该线向上向下所做的垂直面。

第二条　乌克兰国界的确定及保护

乌克兰的国界根据乌克兰最高议会所作的决定和乌克兰缔结的国际条约确定。乌克兰议会内阁应在其职权范围内，采取措施保护和捍卫乌克兰国界及领土的完整。

第三条　乌克兰国界的确定

除非乌克兰加入的国际条约另有规定，乌克兰国界的确定应该：

（1）在陆上，根据地表有特征的点和线或者清晰可见的地标；

（2）在海上，沿着乌克兰领海的外部界限；

（3）在可航行的河流,沿着河流主航道的中间线或河流的中间线;在不可航行的河流(溪流),沿着它们的中间线或主干道的中间线;在湖泊和其他水域,沿着乌克兰国界与湖岸或其他水体交汇点连接的直线。经过河流(溪流)、湖泊或其他水域的乌克兰国界线不因湖泊或其他水域沿岸轮廓或水位的变化或河(溪)床在任一方向有偏差而变化。

（4）在水力发电厂和其他人工水体水库,根据洪水之前乌克兰国界在此跨越的线确定;

（5）在跨越可航行和不可航行河(溪)流国界领域的铁路、公路桥梁、水坝和其他结构,沿着上述结构的中线或技术轴线,不受乌克兰水面上国界的影响。

第四条　乌克兰国界的标记

乌克兰国界应根据现场清晰可见的国界标志确定,这些标志的形状、维度和建设方法根据乌克兰的法律及其缔结的国际条约确定。

第五条　乌克兰的领海

乌克兰的领海包括从大陆和乌克兰附属岛屿低水位线或连接相应点构成的直线基线量起的、宽度为12海里的沿海水域。上述点的地理坐标根据乌克兰议会内阁建立的程序确定。在具体案例中,乌克兰可根据其缔结的国际条约确定不同宽度的领海;在没有相关条款作为依据的情况下,乌克兰根据国际法普遍承认的原则和基准确定领海。

第六条　乌克兰的内水

乌克兰的内水包括:

（1）乌克兰用于测量领海的直线基线向陆地一侧的海洋水体;

（2）连接向海延伸最远的永久港口建筑的线围成的乌克兰港口水域;

（3）海岸完整属于乌克兰的海湾、入海河口、三角湾和河口湾,直到在一条或数条河流入海口的低潮点之间连成的直线,上述海湾自身宽度超过24海里的除外;

（4）历史上属于乌克兰的港湾、海湾、水湾和河口湾、海洋和海峡等水域;

（5）岸在乌克兰境内、流出国界线的河流、湖泊和其他水体等水域。

…………

第二部分 乌克兰的国界制度

第八条　乌克兰国界制度的确定

乌克兰国界制度——穿越乌克兰国界,乌克兰和外国的非军事船只和军舰在乌克兰领海和内水的航行及停留,外国非军事船只和军舰在乌克兰内水和港口的访问及停留,对乌克兰国界的维护,开展各类不同的工作,在乌克兰国界上从事工业及其他活动——与上述活动有关的程序根据本法令、构成乌克兰部分法律的其他法令及乌克兰缔结的国际条约确定。

第九条　对乌克兰国界的穿越

通过铁路、机动车辆、海路、水路、航空和其他交通方式穿越乌克兰国界必须经过乌克兰议会内阁设立的入境点,并应遵照乌克兰法律和乌克兰缔结的国际条约。边防部队、海关和其他负责监视国界的办事处应该设在乌克兰国界的入境点处。

海洋和河流中的非军事船只和军舰应该遵照本法令、构成乌克兰部分法律的其他法令和乌克兰主管部门正式颁布的规定跨越乌克兰国界。飞机应该遵照本法令、构成乌克兰部分法律的其他法令和乌克兰主管部门正式颁布的规定沿着专门设定的航线跨越乌克兰国界。

第十条　飞机的起飞和降落

乌克兰和外国飞机在乌克兰领土上的起飞和降落,只能在开放国际航班并设有乌克兰边防部队和海关关卡的飞机场(航空站)上进行。其他与飞机起飞和降落有关的程序只有经过乌克兰相关主管部门的同意才可实施。

第十一条　对穿越乌克兰国界行为的检查

任何经过乌克兰国界的个人、交通和运输工具、物品都应接受边检和海关检查,并在适当条件下接受健康和隔离检查、动物和植物健康检查、是否有从乌克兰领土携带有文化价值的物品的出境检查以及其他检查。检查应遵照乌克兰法律相关法案组织和实施。

第十二条　允许个人、交通和运输工具、其他物品跨越国界

乌克兰边防部队根据个人提交的证明其有权进入或离开乌克兰领土的

有效文件允许该个人穿越国界。交通和运输工具及其他物品应在根据乌克兰法律和乌克兰缔结的国际条约得到获准后穿越国界。乌克兰内阁部长可以根据乌克兰加入的国际条约简化个人、交通和运输工具以及其他物品穿越国界的程序。

第十三条 乌克兰领海的无害通过

乌克兰领海的无害通过包括以下情况：经过乌克兰的领海但不进入内水，经过乌克兰内水并进入乌克兰内水和港口，或者经乌克兰内水和港口离开乌克兰进入公海。不影响乌克兰的和平、秩序和安全的通行可以视作无害通过。

外国非军事船只和军舰在遵守乌克兰法律和乌克兰缔结的国际条约的前提下可以在乌克兰领海享有无害通过权。

享有无害通过的外国非军事船只必须遵循常规航线或乌克兰主管部门推荐的航线，且必须遵循海洋通道或分道通航制。海洋通道和分道通航制必须标注在正式出台的航海图上。违反无害通过规定的外国非军事船只的船长必须按照乌克兰法律承担责任。

外国军舰和水下交通工具必须按照乌克兰内阁部长规定的方式无害通过乌克兰领海。潜水器和其他水下交通工具必须在水面航行并悬挂旗帜。如果外国非军事船只或军舰（潜水器、其他水下交通工具）未能遵守乌克兰关于无害通过的法律或者无视乌克兰要求其遵守上述规定的通知，乌克兰主管部门有权要求船只（军舰）立即终止在乌克兰领海的通行。

第十四条 外国非军事船只和军舰进入内水和乌克兰港口的程序

外国非军事船只可以进入乌克兰向它们开放的停泊处和港口。乌克兰法律和正式出台的规定可以列明向外国非军事船只开放的停泊处和港口，以及针对下述事务的程序作出规定：进入和停留于这些停泊处和港口、对货物和客人的运载、船只与岸上的沟通、船员下船、非船员登船参观，以及其他与外国非军事船只进入和停留在乌克兰的内水和码头或者属于乌克兰的边界河流、湖泊和其他水体的水域有关的规定。

除非另有规定，外国军舰必须按照正式颁布的访问规定，进入乌克兰的内水和港口。

第十五条 外国非军事船只和军舰有义务遵守乌克兰水域航海规则和

其他规则

外国非军事船只和军舰在乌克兰领海和内水航行和逗留时,有义务遵守无线电通信规则,以及航海、码头、海关、卫生和其他规则。外国非军事船只和军舰在出现被迫进入乌克兰领海和内水或因外力无法在这些水域服从航海和逗留规则的情况下,应第一时间将情况报送至距其最近的乌克兰码头行政部门。

第十六条　禁止外国非军事船只和军舰在乌克兰水域的工业、研究和勘探活动。

禁止外国非军事船只和军舰在乌克兰领海和内水从事任何工业、研究和勘探活动。已获得乌克兰主管部门的许可或遵守乌克兰缔结的国际条约的情况除外。

第十七条　禁止非军事船只和军舰在乌克兰水域特定区域航行和逗留

乌克兰主管部门可以作出决定,规定在特定时间段内,乌克兰和外国非军事船只和军舰不得在乌克兰领海和内水停留。

乌克兰主管部门可以通过正式方式发布针对上述特定区域的公告。

第十八条　在乌克兰国界从事经济活动行为的审批程序

在乌克兰国界上航行,利用水设施满足漂木和其他形式的水的利用方式的需要,各种液压结构的施工,在乌克兰内水从事其他工作,利用田地、森林和动物,进行采矿、地质勘探和其他经济活动等都应该遵守乌克兰的法律和其加入的国际条约,以确保不影响乌克兰国界的正常秩序。乌克兰主管部门应与乌克兰边防部队达成协议,并切实考虑当地的条件,确立在乌克兰国界从事各种经济活动的审批程序。

第十九条　出现传染性疾病的情况下临时中止跨越乌克兰国界和实施检疫

在乌克兰的领土或外国领土出现特别危险的传染性疾病的情况下,乌克兰内阁部长可以临时限制或禁止在受威胁的区域跨越乌克兰国界,或者设立检疫区,对跨越国界的个人、动物、货物或运输品、种子或植物材料及其他动植物产品进行检疫。

第二十条　乌克兰国界的侵犯者

出现如下情况可视作乌克兰国界的侵犯者：

（1）以任何方式通过非乌克兰国界入境点跨越或企图跨越乌克兰国界，或违规从乌克兰国界入境点跨越乌克兰国界；

（2）已经登临或企图登临企图非法离开乌克兰领土的乌克兰或外国的从事外国运输的交通工具；

（3）外国非军事船只和军舰违反既定规则进入乌克兰领海或内水。外国潜水艇和其他水下交通工具通过水下跨越乌克兰的国际界限或在航行中保持水下状态或停留在水下；

（4）飞机和其他飞行器未经乌克兰主管部门正式许可跨越乌克兰国界，或违反其他跨越乌克兰国界的有关规定。未获得正式许可以任何其他技术或非技术的方式跨越乌克兰国界或违反既定规则。

第二十一条　乌克兰的边境特派员

按照乌克兰内阁部长的规定，在乌克兰边境武装部队选拔乌克兰的边境特派员，目的是解决影响乌克兰国界制度稳定的问题，以及解决乌克兰国界特定区域出现的边境事件。乌克兰边境特派员应遵守乌克兰法律及乌克兰加入的国际条约。在跨越国界（不论是步行还是以任何交通方式）时，边境特派员应该根据国家委员会授予的有关保护国家边境的特别权力行事。

边境特派员未能解决的问题应通过外交渠道解决。

…………

第四部分　乌克兰国界的保护

第二十七条　乌克兰边境部队和空军守卫队负责保护乌克兰国界

乌克兰边境部队负责保护乌克兰国界的土地、海洋、河流、湖泊和其他水体，乌克兰空军守卫队负责保护乌克兰国界的领空。

边境部队和空军守卫队在执行保卫乌克兰国界的任务时，应该遵守本法令、乌克兰关于边境部队的法令、其他乌克兰的有关法案、乌克兰缔结的国际条约以及乌克兰相关部门出台的法案。

乌克兰边境部队和空军守卫队关于保护乌克兰国界的权利和义务由本法令、乌克兰关于边境部队的法令、其他乌克兰的有关法案以及乌克兰相关部门出台的法案规定。

第二十八条 乌克兰边境部队对外国和乌克兰非军事船只的权利

乌克兰边境部队在乌克兰领海和内水执行与外国和乌克兰非军事船只有关的任务时,有权:

(1)如果船只没有悬挂旗帜,要求船只悬挂国旗,并询问该船只进入乌克兰水域的目的;

(2)要求船只在其航线偏离航道时调整方向;

(3)如果船只没有对边境部队的询问作出回应,或偏离了航线,或违背了其他关于进入乌克兰水域航行和停留的规定,或违背了有关从事工业或其他活动的乌克兰法律,或违背了乌克兰缔结的国际条约,可要求其停止航行并对其进行检查。对船只的检查包括:检查船上的文件和航海文件、船员和乘客的证件、与货物相关的文件,并在必要的情况下检查船体部件。检查船只后,可以允许船只在乌克兰水域继续航行,并要求其遵守既有规定,也可以按照现行法律要求船只离开乌克兰水域或扣押查看;

(4)在必要的情况下,派出一支小分队登临船只,随同船只进入港口或从某港口抵达乌克兰国界;

(5)除乌克兰缔结的国际条约另有规定外,将犯有罪行并根据《乌克兰刑法》受到起诉的人从船上带走并拘留,并将这类人移交侦查和检察机关;

(6)在公海对侵犯乌克兰国界或违反乌克兰法令而在乌克兰水域航行和停留的船只进行追捕和扣押,直至该船进入其本国的领海,或者如果追捕开始于乌克兰领海或内水且追捕没有停歇,可将船只追捕至第三国领海。

第二十九条 乌克兰边境部队扣押外国和乌克兰非军事船只的前提

若出现下列情况,停留在乌克兰领海和内水的外国非军事船只将被乌克兰边境部队扣押并移送至最近的港口或其他适合的港口:

(1)船只侵犯了乌克兰的国家安全,参与了信息搜集或从事了任何对乌克兰有害的行为;

(2)船只所处的区域被乌克兰主管部门正式公布为暂时关闭或暂停航行的区域;

(3)船只非法从事任何工业、研究和勘探活动或倾倒、填埋任何对个人健康和水域生物健康有害的物质及其他废物和材料;

（4）船上人员的下船或上船、货物的装载或卸载发生在未经允许的地点，或者虽然发生在经允许的地点但未征得乌克兰主管部门的同意；

（5）船只在未征得乌克兰主管部门同意的情况下，参与发射或搭载任何飞行器；

（6）船上的船员或其他个人正在毁坏属于乌克兰的界限标志、航行关卡、通信电缆或其他水下或水上设施；

（7）船长未能提交必要的船只文件和货物文件；

（8）船只不遵守乌克兰边境部队特派员或其他乌克兰主管部门的指示；

（9）船只违背本法令确定的规则、乌克兰缔结的国际条约或普遍接受的国际法准则和标准而处于乌克兰的领海或内水。

乌克兰武装部队对外国非军事船只进行检查后可以决定是否扣押船只。触犯本条第（2）至第（9）项的船只将在乌克兰边境部队判定其行为是否为预谋或者是否对乌克兰的安全和其他利益造成危害期间被扣押。乌克兰边境部队有权扣押触犯本条第（2）至第（9）项的非军事船只并将其移送至最近的港口或其他合适的港口。

第三十条 非军事船只的检查或扣押记录

对非军事船只进行的检查或扣押应记录在案，并经乌克兰武装部队特派员和被检查、被扣押船只的船主共同签字。记录应分别用乌克兰语和英语写成。在船只被扣押的情况下，从船主获取的船只资料和货物资料应作为记录附件。如果被检查或被扣押船只的船主认为乌克兰边境部队的行为是不公正的或者与记录不符，他可以在记录上用任何语言写一条保留条款或加一个附件。如果船主拒绝在记录上签字，此情况应被记录。

第三十一条 扣押外国非军事船只的后果

已被扣押的外国非军事船应按照规定移交给相应的外国权威代表，或被驱逐出乌克兰领海和内水，或在法律有明文规定的情况下，按照法庭判决没收船只。

第三十二条 违反航行规定停留在乌克兰水域的外国军舰的适用条款

特殊条款适用于违反乌克兰法令或航行有关规定而停留在乌克兰领海和内水的外国军舰。

乌克兰最高议会决议

关于乌克兰法案——《乌克兰关于国界的法令》的生效程序

乌克兰最高议会决定：

1. 乌克兰法案——《乌克兰关于国界的法令》自颁布之日起生效。

2. 命令乌克兰内阁部长：

在 1992 年 2 月 1 日之前与毗邻国协商乌克兰国界的法律描述,包括与苏联社会主义共和国的成员协商,并确保保护乌克兰国界的必要条件;

在 1992 年 2 月 1 日之前将乌克兰政府有关保护乌克兰国界的决定与此前通过的法案协调一致。

1991 年 11 月 4 日于基辅。

阿拉伯联合酋长国
United Arab Emirates

1993 年阿拉伯联合酋长国
关于海洋区域划界的第 19 号联邦法

（1993 年 10 月 17 日）

第一部分　通　　则

我,阿联酋总统扎耶德·本·苏丹·阿勒纳哈扬,已经熟读以下内容,经国防和外交事务部长提交、内阁部长批准以及联邦最高议会核准,在此颁布如下法令:

临时宪法;

1972 年规定部门和部长职责范围的 1 号联邦法及其修正案;

1992 年关于外交部组织架构的 45 号联邦法。

定　　义

第一条

在执行本法的过程中,除非另有规定,以下术语和名称的含义是:

"国家"指阿拉伯联合酋长国。

"基线"指测量领海的基准线。

"岛屿"指四面环水且高潮时露出水面的自然形成的陆地。

"岛屿群"指水域彼此相连、地理和经济活动彼此关联的两个或两个以上的岛屿。

"低潮高地"指低潮时露出水面但是高潮时处于水面下的自然形成的陆地。

"海湾"指其凹入程度和曲口宽度的比例使其有被陆地环抱的水域,而不仅为海岸的弯曲。

"海岸"指阿拉伯湾的海岸以及阿曼湾的海岸。

"海里"指 1 852 米。

第一章　内　　水

第二条

用于测量领海宽度的领海基线向陆地一侧至海岸线的水域称为"内水"。国家的内水具体包括:

(1)整个海岸沿线的海湾水域;

(2)距离大陆或国家所属岛屿不到 12 海里的低潮高地的水域;

(3)国家大陆与距离大陆不到 12 海里的国家所属岛屿之间的水域;

(4)国家所属岛屿之间距离不到 12 海里的水域。

第三条

国家应该确定进入内水的条件,并对任何进入内水的船只强制实施这些条件。

第二章　领　　海

第四条

国家对其陆地领土、领水、领海、领海上方的领空、海底及底土拥有主权。国家按照本法及国际法对其领海行使主权。

国家领海包括沿海国主权管辖下的与其海岸或内水相邻的海域,向海延伸 12 海里的距离……

第五条

1. 外国商业船只按照国际法的规定在国家领海享有无害通过权。

2. 外国军舰,包括潜水器和其他水下交通工具,进入和通过领海应事先获得国家主管部门的同意。

3. 潜水器和其他水下交通工具在经过国家领海时必须在水面航行,并悬挂国旗。

4. 外国核动力船只和载有核物质、放射性产品或其他危险及有毒物质的船只在进入和通过领海前应该告知国家主管部门。

第六条

国家领海应根据如下规定测量:

(1)对于面向开阔海域的大陆海岸或海岸,测量基线应是低潮线;在海岸线呈锯齿状或深度凹进的地方,应当采用直线基线的方法,直线基线通过连接国家主管部门确定的适当的点来得到;

(2)连接海湾入口的低水位点而成的直线基线的长度不应超过 24 海里。如果海湾入口的宽度超过该距离,则直线基线应是海湾内任何两个最接近海湾入口的低水位点之间的一条直线,且两者之间的距离不得超过 24 海里;

(3)对于群岛来说,应该从连接群岛最外缘各岛的最外缘各点的直线测量;

(4)对于港口和港湾,应该从连接向海一侧的最外面的港口或海港设施的直线,以及连接这些设施最外缘各点的直线量起,但是这些设施工程应是港口或海港系统的重要组成部分;

(5)如果低潮高地的全部或部分与大陆或任何岛屿的距离不超过领海宽度,该低潮高地的低潮线可作为测算领海宽度的基线。

第七条

如果根据本法条款划定的领海使得专属经济区的一部分全部处于领海范围内,并且该区域在任何方向上距离基线不超过 12 海里,那么该区域应被视为国家领海的一部分。该规则同样适用于专属经济区任何一个距离基线不超过 12 海里的区域。

第八条

领海外部界限是一条其上各点与直线基线的距离为领海宽度的线。

第九条

在国家领海进行捕捞的权利仅限于国家的国民。

第十条

为实现以下目的,国家可以在与其领海毗连的区域行使监管和管控权:

(1)避免在其领土、内水或领海触犯有关其安全、海关、财政、卫生或移民的法律;

(2)惩罚在国家领土、内水或领海触犯本条第(1)项所指法律的行为;

第十一条

第十条所指的毗连区为从国家领海外部界限起向外延伸 12 海里的区域。

第三章　专属经济区

第十二条

根据本法第二十三条第 2 款和第二十四条的规定,国家可以在领海之外且毗连领海的区域设立一个从测量领海的基线起不超过 200 海里的专属经济区。

第十三条

国家在专属经济区有权对海底以上水域、海底及其底土中的生物和非生物资源进行勘探和开发,也可以从事与该区域的勘探和开发相关的其他经济活动,包括水能、波浪能、风能的开发等。

第十四条

国家在专属经济区有权从事以下活动:

(1)建设和使用人工岛礁、设施和构造;

(2)海洋科学研究;

(3)海洋环境的保护和养护。

第十五条

在专属经济区的捕捞权仅限于本国国民。但是,国家主管部门可以根据已有的限制条件和规定,在考虑非本国国民对生物资源的养护方法后,允许其在该区域捕捞。

第十六条

国家在行使其探索、开发、养护和管理专属经济区的生物资源的主权权利时,可以出于确保法律条文被遵守的目的登临渔船,对其进行检查、扣押并提起法律诉讼。被扣押的渔船和船员在未缴纳保释金之前不得被释放。在扣押外国船只时,其船旗国应被通告已采取的行动。

第四章　大　陆　架

第十七条

根据本法第二十三条第 2 款和第二十四条的规定,本国大陆架包括其领海以外依其陆地领土的全部自然延伸,扩展到大陆边外缘的海底区域的海床和底土,如果从测算领海宽度的基线量起到大陆边外缘的距离不到 200 海里,则扩展到 200 海里的距离。

第十八条

国家在其大陆架有权勘探和开发自然资源。这一权利仅限于本国,其他国家在未获得明示同意的情况下不得享有此权利。这些权利并不取决于实际或名义上的占领,也不取决于任何明确的公告。

上一段提到的自然资源包括海床及底土的矿产和其他非生物资源,以及属于定居种的生物,即在可捕捞阶段在海床上或海床下不能移动或其躯体必须与海床或底土保持接触才能移动的生物。

通　　则

第十九条

本法关于大陆海洋区域划定的条款也适用于国家所属海岛的海洋区域的划定。

第二十条

1. 在专属经济区和大陆架,国家有权建设、运营和使用:

(1)人工岛礁;

(2)用于科学研究、环境保护或为其他经济目的的建筑和设施;

(3)使国家有能力实施权利的建筑和设施。

2. 国家对上述人工岛礁、建筑和设施有专属管辖权,对海关、财政、卫生、安全和移民法律法规拥有管辖权。

第二十一条

在必要的情况下,国家可以在人工岛礁、建筑和设施附近设立安全区,在此区采取适当的措施确保人工岛礁、建筑和设施的安全。国家可以根据适用的国际标准确定安全区的宽度。国家在设立安全区时应该确保其与人工岛礁、建筑和设施的属性及功能相匹配。国家应确保安全区的边缘距离人工岛礁、建筑和设施最外缘各点不得超过 500 米,超过该距离的部分必须经由普遍接受的国际标准许可。

第二十二条

国家主管机关可以就以下事项制定规则:

(1)在大陆架或专属经济区建设、安装或运营旨在开发或勘探自然资源的建筑、设施或人工岛屿,前提是这些建筑和设施的位置不影响进入大陆的通道,也不影响国际海上航行;

(2)根据本法第二十一条设立安全区;

(3)建筑和设备的保护说明;

(4)船舶进入安全区的规定和禁止条例;

(5)为了保护专属经济区和大陆架的生物和非生物资源的说明;

(6)环境、科学研究和技术转让;

(7)其他相关事务。

第二十三条

1. 当国家的领海与另一国家的领海相对或者相邻时,国家领海的外部界限为中间线。

2. 如果海域相对或相邻的两个国家未达成协议,其毗连区、大陆架和专属经济区的外部界限为其上各点与两个国家直线基线最近一点的距离相等的点组成的中间线。

第二十四条

国家应该公布能够清晰显示领海、毗连区、专属经济区和大陆架外部界限的官方海图。

第二十五条

1. 本法的实施不影响在其颁布之前签订的旨在勘探和开发海洋区域的生物和非生物资源的合同和所获得许可的有效性。该法也不影响酋长国通过探索海洋区域的生物和非生物资源所获得的宪法权利和其他权利,以及酋长国通过它们之间缔结的关于这些区域的协议或合同所获得的权利。

2. 本法的实施不影响酋长国在该法颁布之前签署的协议的有效性。酋长国有权缔结关于两国海洋边界的协定。

第二十六条

根据国际法的原则和规定,在不妨碍其他法律关于施加更加严厉的惩罚措施或索求赔偿的情况下:

1. 任何违反本法第五条相关规定的行为都应被处以 3 年至 7 年的监禁,以及 100 000 迪拉姆至 2 000 000 迪拉姆的罚款,或者两者中的一种。

2. 任何违反本法第十三条、第十四条、第十八条和第二十条的行为都应被处以 3 年至 5 年的监禁,以及 50 000 迪拉姆至 1 000 000 迪拉姆的罚款,或者两者中的一种。

3. 任何违反本法第九条和第十五条的行为都应被处以 1 年至 3 年的监禁,以及 25 000 迪拉姆至 1 000 000 迪拉姆的罚款,或者两者中的一种。

第二十七条

本法公布在官方公报,于公布之日起生效。

一些国家的反对意见与相应的解释

美国的反对意见

(1994 年 1 月 11 日)

美国驻联合国代表团向联合国致意,并谨此指出:美国政府认真研究了伊朗伊斯兰共和国关于海洋主张的各项立法,包括 1993 年 5 月 2 日《伊朗伊斯兰共和国在波斯湾和阿曼海的海洋区域法案》、波斯历 1352 年 4 月 31 日(即公元 1973 年 7 月 22 日)内阁通过的 2/250 - 67 号法令,并且考虑了将于 1994 年 11 月 16 日生效的 1982 年《联合国海洋法公约》的相应条款。

美国的观点是:上述法案的一些条款与国际法不符合,美国保留其权利及其国民在这方面的权利。

美国认为,正如国际法惯例所认可的以及 1982 年《联合国海洋法公约》所提及的,除非公约另有规定,测量领海宽度的基线通常是沿海国官方认可的大比例尺海图上标注的低水位线。只有当地的海岸线呈锯齿状且深度凹进,或者紧邻海岸有一系列岛屿,沿海国才可以选择连接适当基点的直线基线法绘制领海基线,并以此测量领海的宽度。

美国注意到,虽然伊朗海岸线上很少有凹槽或海岛而且伊朗大部分海岸线相当平滑,但是伊朗伊斯兰共和国在确定领海基线时采用了直线基线法。美国认为伊朗在波斯湾和阿曼海的领海基线应该是普通基线,也就是低潮线。

虽然公约没有对基线线段的长度设定上限,但伊朗法律规定的很多线段的长度太长。事实上,其 21 个线段中有 11 个线段的长度在 30 至 120 英里之间。美国认为一条直线基线线段恰当的长度不能超过 24 海里。

美国认为岛屿不能用于界定内水,除非该岛屿是有效直线基线的一部分,或者是法定海湾的封闭线。伊朗伊斯兰共和国《1993 年海洋区域法案》第三条主张:属于该国的间距不超过 24 海里的岛屿之间的水域构成伊朗伊斯兰共和国的内水。这一主张在国际法上是没有依据的。美国注意到 1982 年

《联合国海洋法公约》的第十九条第 2 款第(7)项指出"违反本公约规定的任何故意和严重的污染行为"即应视为损害沿海国的和平、良好秩序或安全。在其领海从事的具体活动中,伊朗伊斯兰共和国不是没有责任的,《1993 年海洋区域法》第六条中就包括"违反伊朗伊斯兰共和国法律和规则,污染海洋环境的活动"。美国认为伊朗的相关条文不能违背 1982 年《联合国海洋法公约》第十九条第 2 款第(7)项陈述的被接受的国际法条款。

美国认为,根据 1982 年《联合国海洋法公约》第二十一条和第二十四条,只有当外国船只影响到普遍接受的国际规则和标准时,沿海国家才能采用与外国船只的设计、建造、人员或设备相关的无害通过的法律和规则,并且不能采用实质上否定或损害无害通过权的要求,或者在形式或事实上歧视任何国家的船只,以及进出或代表任何国家运输货物的船只。

美国注意到伊朗伊斯兰共和国在第七条主张的"出于保护本国利益和确保无害通过的正当进行而有必要采取其他规章"。美国认为伊朗不应该被授予比国际法授权的权利更大的权利。

美国也注意到国际法允许沿海国出于维护国家安全的必要,在领海的特定区域暂时中止外国船只的无害通过权,这种中止只有在被恰当地公布后才能生效。

伊朗伊斯兰共和国《1993 年海洋区域法案》的第八条不能被接受,因为它去除了以下内容:任何对领海部分区域的无害通过权的取消都是暂时的,以及只有在被恰当地公布之后才能生效。

伊朗伊斯兰共和国《1993 年海洋区域法案》的第九条要求:外国军舰和载有对环境有害的危险或有毒物质的船只,在经过伊朗伊斯兰共和国的领海之前需要获得伊朗伊斯兰共和国的同意。根据 1982 年《联合国海洋法公约》,这一要求是没有根据的,与国际法相悖,因此美国会继续反对任何损害无害通过权的行为。

美国认为伊朗伊斯兰共和国根据《1993 年海洋区域法案》第十条不会对用于商业目的的商业船只或者政府用船以外的船只行使刑事管辖权,也不会根据该法案的第十一条,在 1982 年《联合国海洋法公约》第二十八条没有涉及的情况下行使民事管辖权。

美国进一步指出,沿海国在毗连区(毗邻领海且向海一侧的、具有航行自由和飞越领空自由的权利的海域）的主权范围，仅限于出于避免和惩罚违反海关、财政、移民和卫生法律法规行为的必要，行使管制措施。沿海国在领海以外实施环境法规应遵循 1982 年《联合国海洋法公约》第二百二十条。而伊朗伊斯兰共和国在《1993 年海洋区域法案》第十三条提出"可以在毗连区采取必要的措施，以杜绝对其安全、海事和环境法规的侵犯"，这超出了国际法的许可范围。

虽然 1982 年《联合国海洋法公约》第六十条第 4 款和第 5 款提到，沿海国可以在专属经济区内以人工岛屿或其他设施、装置为中心设立直径不超过500 米的安全区，然而国际法并没有授权沿海国在上述区域设立所谓的安全区。《1993 年海洋区域法案》第十四条第（2）项第（a）目明确表示具有这么做的权利。这一条款似乎对在伊朗伊斯兰共和国大陆架敷设海底电缆和管道方面主张了超出 1982 年《联合国海洋法公约》第七十九条所同意的主权范围。

再者，国际法允许沿海国监管在其专属经济区的海洋科考活动，而非《1993 年海洋区域法案》第十四条第（2）项第（b）目主张的任何类型的研究。尤其是，在毗邻领海且向海一侧的海域从事的水文调查活动不属于海洋科考活动，应不受沿海国的管辖。

美国注意到，《1993 年海洋区域法案》第十六条似乎禁止外国军舰和军用飞机在伊朗专属经济区行使航海自由和飞越领空的自由，这背离了国际法。此前，美国对伊朗伊斯兰共和国的这一主张表达了抗议，并将依据国际法所赋予的权利继续在该区域驾驶船只和飞机。

美国希望伊朗伊斯兰共和国确信，美国的反对意见并非指责伊朗伊斯兰共和国，而是美国在全球范围努力之一部分，旨在保护国际公认的国际社会航行、飞越以及其他使用公海的自由和权利，由此维护《联合国海洋法公约》所反映的利益平衡。

这仅仅是美国向违背了 1982 年《联合国海洋法公约》等国际法的沿海国家所提主张提出抗议的一个例子。

美国政府要求将上述意见作为下一期《海洋法公报》的部分内容在联合国传阅。

伊朗伊斯兰共和国对于美国政府
关于《波斯湾和阿曼海海洋区域法案》
所提反对意见的解释

伊朗伊斯兰共和国政府仔细阅读了美利坚合众国政府在 1994 年 1 月 11 日提供的关于波斯湾和阿曼海海洋区域法案的观点,并对此作如下解释:

美国在提案中多次提及 1982 年 12 月 10 日通过的《联合国海洋法公约》的所规定的习惯法和规则。美国似乎认为该公约的条款属于习惯国际法,各国不论是否为公约缔约方,都有义务遵守。因此,《海洋区域法案》的一些条款被认为与国际法的规则不相符。

伊朗对上述问题有必要进行解释。与美国不同,伊朗伊斯兰共和国不认为该公约的所有条款都是习惯国际法,很多条款是在第三次联合国海洋法大会框架下经多年协商的结果,并以一揽子交易形式而拟定的规则,根据其契约性质,这些条款的强制拘束力取决于《联合国海洋法公约》对缔约方的开始生效。在 1982 年 12 月 10 日公约签署之日,伊朗伊斯兰共和国就已作出如下声明:

"尽管公约的既定属性是普遍适用而且具有造法性质,但是其中一些条款仅仅是利益交换,并不必然地意味着这些条款是现有惯例或已确立的使用(实践),那些是具有必须履行义务的特征。因此,根据 1969 年《维也纳条约法公约》第三十四条,很自然地只有《联合国海洋法公约》缔约方才能享有该公约所设立的契约性权利所产生的利益。"

还需要指出的是,美国在照会中提到公约的生效日期是 1994 年 11 月 16 日,如果公约属于国际惯例的性质,那么就没有必要提及生效日期。

在国际法中区分习惯法和成文法是一项复杂的任务。因为只要对一项特定行为约束力的普遍确信尚未被明确地认可,该行为就不能被视为一项习惯。伊朗伊斯兰共和国认为,缔约方在海洋权利和管辖权方面采用了不同法律,这些法律与1982年《联合国海洋法公约》不一致,恰好证明了一个事实,那就是在这方面尚未形成明确的习惯。

第三次联合国海洋法大会期间对公约部分条款的决策方式也证明了这些条款的惯例性质未定。例如:在大会过程中,二十七国集团(包括伊朗伊斯兰共和国)强调,沿海国为了安全可在领海拥有执行法规的权利,故对公约草案初稿第二十一条提出一个修订案。应会议主席的要求,二十七国集团同意不再坚持对该提案进行投票表决,但是会议主席于1982年4月26日作出如下声明:

"修订案的支持者坚持认为,这个决定不能以任何方式损害沿海国家根据公约建议文本的第十九条和第二十五条采取必要措施保护国家安全利益的权利。"

在伊朗伊斯兰共和国近期颁布的法案中,有几项法律涉及海洋法事务的相关问题,但并未提及有关国家管辖权扩张的规则的变化。因此,拟定并出台海洋区域法案的目的是将所有相关条文汇集成一部综合性法律文本,取代已有的法律,同时纳入海洋法最新的变化。相关法律法规清单附在本解释之后。

波斯历1352年4月31日(公元1973年7月22日)的第2/250-67号法令就是这样一个法规,该法规大约实施于20年前。直线基线法从某个角度上被认为是一个不常用的方法,但是其他国家在类似情况下也会采用此方法。之所以进一步强调1973年的法令是因为作为联合国秘书处传阅的法律文集,该法令自实施以来目前没有收到任何对此法令的反对。因此,伊朗伊斯兰共和国认为这是国际社会对法令内容的认可。

正如美国在意见中提到的,国际法中没有设立标准确定直线基线法中线段的最长距离,因此美国所说的24海里缺乏法律基础。相反,在划线的时候,伊朗努力采纳了国际上被重视的并且在公约中提及的标准,其中包括"直线基线的划定不应在任何明显的程度上偏离海岸的一般方向"(第七条第3款)。国际法还考虑到,沿海国在划定直线基线的时候,可以考虑该区域特有的经济利益,其现实意义和重要性可从长期使用中明显看出。

对于"间距不到24海里的岛屿之间的水域被视为内水"的声明,值得一

提的是,伊朗在于波斯历 1313 年 4 月 24 日(公元 1934 年 7 月 15 日)颁布的
《领海和毗连区法》及波斯历 1338 年 1 月 22 日(公元 1959 年 4 月 12 日)关
于该法律的修正案中,对属于伊朗伊斯兰共和国的岛屿就制定了类似的规
定。在最近的法案中,岛屿之间的距离标准随着领海宽度的扩大而发生了变
化。此外,近年来它的一些条款,如伊朗伊斯兰共和国政府享有在领海以外
进行海洋科学研究的权利,在符合公认的国际法规则的情况下,已得到了其
他国家的承认。例如:在获得事先同意后,在伊朗伊斯兰共和国管辖地区已
经开始实施海洋科学研究。在这一点上,伊朗伊斯兰共和国认为,因为会对
生物和矿产资源的勘探开发和经济利益产生影响,专属经济区的任何海洋科
学研究直接关系到沿海国家的权利,其进行理应得到事先授权。根据《联合
国海洋法公约》,即使科学研究是专为和平目的和增进关于海洋环境的科学
认识以谋求全人类利益的,也不能被排除在沿海国的管辖之外。在正常情况
下,该沿海国在没有合理拖延的情况下给予同意即可(《联合国海洋法公约》
第二百四十六条第 3 款)。因此,水文调查研究即使属于这一类别,也需要沿
海国的授权。

　　在起草本法案的时候,波斯湾的生态和环境条件是另一个被考虑的主要
问题,这个问题应该给予高度重视。从环境角度看,波斯湾是一个半封闭海
域,生态环境脆弱,这也是它在很多与海洋环境相关的国际条约中被视作一
个特殊区域的原因。波斯湾有限的宽度(各海岸相向国家之间的海域最宽距
离不超过 100 英里)、较浅的深度、大量的经济活动尤其是渔业和石油工业领
域的活动、拥挤的船运交通,导致即便最小的事故也会对波斯湾的海洋环境
带来长期的严重污染。几个月前,俄罗斯货运船 Kapitan Sakharov 的沉没给环
境尤其是渔业和航海带来了危害和损失,很好地说明了波斯湾环境问题的重
要性。关于这一点,波斯湾沿岸国家在《科威特公约(1978)》及其议定书的框
架下采取了协调统一的措施以保护海洋环境,相比其他地区采取的措施,这
些措施更加全面。

　　美国对伊朗伊斯兰共和国《海洋区域法案》提出的反对意见中有一部分
涉及出于波斯湾地理特殊性的考虑而颁布的规定,如违反伊朗伊斯兰共和国
的法律条例,对领海造成污染的船只都不能视作无罪。

　　对“某些类别的外国船只,尤其是载有有毒物质的船只,在通行前需征得

同意"这一要求的提出,是为了对这些船只的航行进行更多的监督以及保护该海域的海洋环境。同样的道理也适用于在毗连区实施的环保条例。

对于在石油钻井平台和设施周围 500 米的范围内设立区域,有必要强调的是,由于大量的钻井平台和拥挤的船运交通,设立该区域对于确保设施以及国际航运的安全是完全必要的。关于沿海国敷设海底电缆和管道的权限,应该注意到伊朗伊斯兰共和国出于类似的考虑,认为提前获得许可是必备的要求。比如:伊朗在签署《1958 年日内瓦关于公海和大陆架的公约》时,将这一点作为了保留条款。

至于该法案第十六条,应该注意到这一事实:该区域经济活动具有多样性,有可能受军事行为和演习的影响。因此,那些影响专属经济区和大陆架的经济活动的军事行为和演习应该被禁止。

附　　件

——《1934 年 7 月 15 日(波斯历 1313 年 4 月 24 日)伊朗领海和毗连区法》。

——《1955 年 6 月 18 日(波斯历 1334 年 3 月 28 日)伊朗大陆架自然资源勘探开发法》。

——《1959 年 4 月 12 日(波斯历 1338 年 1 月 22 日)关于〈1934 年 7 月 15 日(波斯历 1313 年 4 月 24 日)伊朗领海和毗连区法〉修订案》。

——第 2/250—67 号法令:《1973 年 7 月 22 日(波斯历 1352 年 4 月 31 日)〈伊朗领海和毗连区法〉修订案》。

——《1973 年 10 月 30 日(波斯历 1353 年 8 月 8 日)伊朗关于波斯湾和阿曼海专属渔业区的公告》。

——《1977 年 5 月 22 日(波斯历 1356 年 3 月 1 日)伊朗关于阿曼海专属渔业区外部界限的公告》。

政府提交的声明

伯　利　兹

Belize

关于伯利兹地区性、一般性关系和政策，尤其是 关于领土（包括海洋）界限的信函①

（迪安·奥利弗·巴罗于 1994 年 3 月 23 日）

我很荣幸地提及一封信，该信是危地马拉外交部部长于 1994 年 3 月 4 日提交给您的。这封姗姗来迟的信件提到了一封由伯利兹联合国常驻代表团临时代办于 1992 年 4 月 22 日提供的信件及其附件（联合国文件 A/47/173 – S/23837）。附件实际上是一份包含伯利兹外交部部长在 1992 年 4 月 3 日发表的声明的摘要的文件。

I

在 1992 年 4 月 3 日的声明中，我的前任提到了 1992 年 1 月 17 日出台的《伯利兹海洋区域法案》中的一条，即伯利兹对 12 英里的领海提出权利主张。

----

① 见联合国 A/49/112 号文件。

我现在想要指出的是,在该法案之前,伯利兹已经明确地保留了这一国际法上的权利,并在 1940 年 7 月和 1961 年 7 月与大不列颠及北爱尔兰联合王国政府的照会中,强烈抗议危地马拉对超过 3 英里领海的主张,因为该主张侵犯了伯利兹的权利。伯利兹在与危地马拉就邻接水域的界限达成协议之前保留其权利,并作为一个友好邻邦,为危地马拉畅通无阻地进入伯利兹南部水域和毗邻危地马拉水域交汇处的公海提供了便利。

在《伯利兹海洋区域法案》中,伯利兹禁止将其特定交汇区域的领海从 3 英里延伸至 12 英里,是在危地马拉于 1991 年 9 月 5 日在法律上承认伯利兹是一个独立国家之后采取的一项临时措施和善意行动。这项法案的第 3 部分明确指出,这种禁止是"为一个明确的划界协议提供一个谈判框架",如果伯利兹未能达成这种协议或在全民公决中获得批准,划界将在国际法的基础上解决。同样地,如果谈判没有进行或尚未结束,伯利兹将继续享有国际法规定的权利。

II

1994 年 3 月 4 日的信件反映了危地马拉对若干问题的立场,这些问题按照原件中的顺序列举如下:

1. 伯利兹感谢危地马拉重申其对伯利兹作为独立国家的认可,并且会在处理国与国之间的关系时在国际规范的基础上回馈相同的情感。和危地马拉一样,伯利兹也看重与邻国共同维护稳定、合作和友谊。

2. 伯利兹同意危地马拉关于遵守联合国宪章主要原则的声明,尤其是要用符合正义、国际惯例和成文法的方式和平解决争端。

3. 伯利兹政府表示热切希望与危地马拉就对方认为悬而未决的领土纠纷或分歧开展直接讨论。

4. 伯利兹享有的海洋权利在国际法中都有明确的说明,并且在伯利兹的法律中得到重申;危地马拉外交部部长于 1992 年 2 月 13 日写的一封信中对此也已认可。在这封信中,他提到在危地马拉能源和矿产部于 1992 年 1 月做的一个关于石油勘探的广告中的地图包含了因不慎("疏忽")导致的错误。这个错误尚未被外交部部长澄清,但是危地马拉无意与伯利兹发生摩擦。因为在 1992 年 7 月同一份杂志的广告中,没有重复 1992 年 2 月 13 日的信中所提到的错误。在 1992 年 7 月 31 日的文件中,两国友好地以法律形式明确:在最终条约达成之前,两国领土界限将"基于现有的参考事物",即正如伯利兹的宪法所规定的。

5. 伯利兹政府不承认任何领土要求的有效性,但将讨论本文件第 3 条和第 7 条所述的任何争端或分歧。

6.《伯利兹海洋区域法案》不适用于与国际惯例和成文法不一致的领域。此外:

(1)伯利兹领海的宽度由国际法规定,或以其他方式由该法案根据专门条款规定,如上述部分 I 所说。

(2)伯利兹坚持其拥有 12 英里领海的权利,遵守国际法规定的等距线规则,并在上文第一部分规定的范围内遵守《伯利兹海洋区域法案》。如前所述,伯利兹对于危地马拉过去、现在和未来的违反国际法的主张以及/或者行为,均已经或者因此提出抗议。

(3)伯利兹政府对危地马拉依据国际法界定的内水不持异议。

(4)在各自根据国际法或伯利兹和危地马拉之间的协议界定的领海中,两国可以行使国际法规定的管辖权。

(5)伯利兹政府欢迎作为 1982 年《联合国海洋法公约》非缔约国的危地马拉承认将公约中对包括专属经济区在内的海洋区域的定义和规定。在这一方面,伯利兹注意到危地马拉引用了公约第五十九条的措辞。任何联合勘探都必须经过谈判和商定。

(6)伯利兹政府欢迎作为《1982 年联合国海洋法公约》非缔约国的危地马拉承认将公约中对大陆架的定义和规定发展为习惯国际法。伯利兹注意到危地马拉引用了公约第七十六条和第七十七条的措辞,并坚持对上述第 II 部分第 4 条中所述的 1992 年 2 月事件的看法。此外,伯利兹随时准备就法律及相关问题进行谈判。

7. 伯利兹政府指出,任何与危地马拉的争议或分歧都不是伯利兹蓄意造成的。伯利兹重申,愿意继续与危地马拉政府谈判,寻求一个和平和公正的解决方案,改善关系,推进合作。为此,伯利兹请求通过您的斡旋,鼓励各方早日召开会议。

危地马拉
Guatemala

危地马拉外交部部长于 1994 年 3 月 4 日就危地马拉和伯利兹之间领土和领海的划界写给秘书长的信函 ①

我谨提及伯利兹常驻联合国代表团临时代办于 1992 年 4 月 22 日写给您的信函（A/47/173 – S/23837），信件中附上了伯利兹外交部部长于 1992 年 4 月 3 日在伯利兹与危地马拉国家咨询委员成立大会上发表声明的相关摘要。这封信要求将此信及其附件作为联合国大会第 36 项议程的官方文件传阅。危地马拉政府认为没有必要对该要求持保留意见，因为在 1992 年 7 月 31 日签署的伯利兹－危地马拉联合声明中，双方承认领土和海洋界限尚未确定，并明确表示联合声明不能被解释为损害其主权权利。

然而，鉴于近期发生的事件已经引起了一系列关于危地马拉对邻国政策的猜测，我认为应该向您呈送此照会，包括以下关于危地马拉对此事官方立

------

① 见联合国 A/49/94 号文件。

场的声明,并请求将此件分发给本组织成员国的代表团:

1. 正如宪法第一百四十九条所要求的,危地马拉与其他国家的关系都受到国际原则、规则和惯例约束;危地马拉维护与世界各国,特别是与邻国间的友谊、团结和合作。

2. 在国际关系中,危地马拉政府按照联合国宪章的原则,不进行武力威胁或使用武力,尊重国家主权平等和民族自决的原则,坚信国家之间的争端应该依据公正原则和国际法,以和平方式解决。

3. 危地马拉政府一直表示愿意继续与伯利兹政府进行直接对话,就两国之间尚未解决的领土争端达成最终解决方案。

4. 在 1992 年 7 月 31 日的联合声明中,危地马拉和伯利兹政府表示愿意继续谈判,以寻求解决目前争议的办法,尤其提到了危地马拉和伯利兹尚未有能明确确定两国领土和领海界限的条约,而这种条约将是谈判的预期结果之一。

5. 危地马拉主张的领土包括目前被伯利兹占用的一块陆地区域和在加勒比海中的海洋空间。

6. 关于联合国海洋法秘书处法律事务办公室于 1992 年 8 月发布的第 21 号《海洋法公报》①中指出的伯利兹 1992 年 1 月 24 日法案规定的领海、内水和专属经济区的海洋空间,危地马拉对任何对其领海、大陆架和专属经济区的主权和管辖权产生不利影响的规定表达了正式的保留意见,这不仅是伯利兹通过上述法案之前危地马拉所明确的,而且也是目前的领土争端解决后可以明确的。危地马拉还明确地提出下列保留意见和声明:

(1)根据领土争端的解决条款,危地马拉领海的宽度从以沿海低潮线决定的基线量起,延伸 12 海里。

(2)作为一个沿海国,尽管危地马拉之前只对不受争端影响的部分海域行使权利,而且这种行使没有发生意外,但危地马拉没有放弃对其海域的主权。在领土争端解决之前,危地马拉不能也不会接受海岸相向或相邻国家所使用的等距线原则,因为这可能影响危地马拉 12 海里的主权。

(3)危地马拉领海基线向陆一侧的水域构成危地马拉的内水。

---

① 《海洋法公报》,第 21 期(1992 年 8 月),第 3 页。

（4）危地马拉保留在争端解决时确定的领海和它历来行使权利的领海采取适当管制措施的权利，以防止和惩罚任何违反其海关、财政、移民或卫生法律和条例的行为。

（5）危地马拉的专属经济区由位于领海以外且邻接领海的区域组成，从测算领海宽度的基线起一直延伸到 200 海里。但是，一旦危地马拉与伯利兹的领土争端得到解决，倘若危地马拉与另一个国家或其他国家发生利益冲突，考虑到危地马拉在该区域利益的重要性，危地马拉可以根据相关情况，依照国际法在公平的基础上解决争端，也可以考虑在该区域内联合开发或共同参与的领域。

（6）危地马拉的大陆架包括其领海以外依其陆地领土的全部自然延伸，扩展到大陆边外缘的海底区域的海床和底土，如果从测算领海宽度的基线量起到大陆边外缘的距离不到 200 海里，则扩展到 200 海里的距离。危地马拉开发大陆架自然资源的主权权利并不取决于任何有效或象征的占领或明文公告。在这方面，特别是因为领土争端尚未解决，危地马拉政府要指出，1992年 2 月 13 日危地马拉当时的外交部部长写给伯利兹外交部的信［伯利兹政府1992 年 4 月 22 日的照会中曾提及此信（ A／47／173 － S／23837 ）］中关于杜绝某一地区进行石油勘探和开发的国际招标的问题，绝不能被解释为危地马拉放弃对加勒比海大陆架的主权或承认伯利兹的任何权利或接受大陆架的划界。

（7）在最终达成双方满意的解决办法之前，危地马拉不承认伯利兹指明的全部或部分海域、领海基线、专属经济区外部界限和航道的海图和（或）地理坐标表。

7. 危地马拉政府重申，愿意与伯利兹继续协商，就目前的争端达成和平公正的解决办法。

泰 国

Kingdom of Thailand

泰国外交部关于在专属经济区内没收外国渔船和监禁
违反渔业法律法规的外国渔民的
声明,并已转交联合国秘书长

(1993 年 5 月 3 日)

外交部注意到,一些国家颁布了法律法规,其法律和(或)事实效力是在各自专属经济区没收渔船和(或)监禁因违反渔业法律法规被捕的外国渔民。外交部愿意就泰国皇室政府对此事的立场声明如下:

1. 这种没收和监禁行为无论是在形式上还是在实质上都明显违反了 1982 年《联合国海洋法公约》的第七十三条的第 2 款和第 3 款。所有该公约的签署国或批准国都有义务真诚地遵守这些条款,特别是鉴于该公约即将于 1994 年 11 月 16 日生效。

2. 因此,泰国皇室政府认为有责任通过秘书长——1982 年《联合国海洋法公约》的委托人——对这种没收和监禁行为提出强烈抗议。泰国皇室政府强烈希望这些国家立即纠正其法律和法规,以符合它们根据公约应承担的义务。

条约和其他法律文件

（一）双边条约

佛得角共和国和塞内加尔共和国
关于划定海域边界的条约

（1993 年 2 月 17 日）

佛得角共和国政府为一方，塞内加尔共和国政府为另一方，在现存于两国间的友谊和合作精神的指引下，希望发展和加强两国间的睦邻关系，希望通过谈判确立划分两国专属经济区和大陆架的统一海域边界，并基于 1982 年《联合国海洋法公约》，协定如下：

第一条

双方将确立中间线作为划分两国专属经济区和大陆架的海域边界，该线各点到两国领海基线上最近点的距离相等。

因简化之实际原因，依据附件 1 所包括的走向和坐标，上述中间线已得以修正。

第二条

上条所述之基线为各方测量领海宽度的佛得角共和国群岛基线和塞内加尔共和国基线。

所述基线是依据 1982 年《联合国海洋法公约》划定的。

第三条

确定两国间海域疆界的统一边界线及其依据第一条确定的地理坐标见本条约附件1。

双方同意在工作中使用美国"导航作业海图"（1/1 000 000 比例尺，ONC，K-O系列，太空中心防御地图局制作出版，密苏里圣路易斯，1986 年 9 月版）。双方已使用该图制作划分其海域边疆的统一边界线。

上款所述地图已由本条约签字国预先准备并收录于附件1 中。①

第四条

佛得角共和国群岛基线及其依据第二条确定的地理坐标见本条约附件2。

第五条

塞内加尔共和国基线及其依据第二条确定的地理坐标见本条约附件3。

第六条

关于本条约的解释或适用的任何争议应通过谈判解决。

在适当的时间内，若谈判未能取得成功，在不损害《联合国海洋法公约》第二百八十七条规定的情况下，可以诉诸双方均赞同的其他任何和平解决方式。

第七条

本条约的附件构成其完整的一部分。

第八条

本条约自最后批准书被另一方收到之日起生效。

第九条

本条约以葡萄牙文和法文两种形式编制，两种文本具有同等效力。

---

① 地图未附于本条约。

附件 1

确定佛得角共和国和塞内加尔共和国海域的
统一边界线

第一条

划分两国专属经济区和大陆架的统一边界线由下列坐标确定:

点	纬　度	经　度
A	13°39′00″N	20°04′25″W
B	14°51′00″N	20°04′250″W
C	14°55′00″N	20°00′00″W
D	15°10′00″N	19°51′30″W
E	15°25′00″N	19°44′50″W
F	15°40′00″N	19°38′30″W
G	15°55′00″N	19°35′40″W
H	16°04′05″N	19°33′30″W

第二条

两国间海域的几何形状及上述海域边界的基线的投影显示在附于此处的地图上。①

附件 2

佛得角共和国基线

第一条

作为两国海域划界参考的佛得角共和国群岛基线已根据下列坐标得以确定,此坐标已由佛得角共和国 1992 年 12 月 21 日的第 60/IV/92 号法律公布:

---

①地图未附于本条约。

点	纬　度	经　度	观测者
O – Pta Casaca	16°50′01.69″N	22°53′50.14″W	Sal
P – ILHEU Cascalho	16°11′31.04″N	22°40′52.44″W	Boa Vista
P1 – ILHEU Baluarte	16°09′05.00″N	22°39′45.00″W	Boa Vista
Q – Pta Roque	16°05′09.83″N	22°40′26.06″W	Boa Vista
R – Pta Flamengas	15°10′03.89″N	23°05′47.90″W	Maio
S –	15°09′02.21″N	23°06′24.98″W	Maio

第二条

上述基线显示在所附地图上。①

附件 3

第一条

作为两国海域划界参考的塞内加尔共和国基线已根据下列坐标得以确定,此坐标已由塞内加尔共和国 1990 年 6 月 18 日第 90 – 670 号法令公布:

直线基线

1. 从 Langue de Barbarie 端点（北纬 15°52′42″,西经 16°31′36″）到 P₁ 点（北纬 15°48′05″,西经 16°31′32″）;

2. 从 P₂ 点（北纬 14°45′49″,西经 17°27′42″）到 Ile de Yoff 北端（北纬 14°46′18″,西经 17°28′42″）;

3. 从 Ile de Yoff 北端（北纬 14°46′18″,西经 17°28′42″）到 Ile de Ngor 北端（北纬 14°45′30″,西经 17°30′56″）;

4. 从 Ile de Ngor 北端（北纬 14°45′30″,西经 17°30′56″）到 feu des Almadies（北纬 14°44′36″,西经 17°32′36″）;

5. 从 Feu des Almadies（北纬 14°44′36″,西经 17°32′36″）到 Ile des Madeleines 的西南端（北纬 14°39′10″,西经 17°28′25″）;

6. 从 Ile des Madeleines 的西南端（北纬 14°39′10″,西经 17°28′25″）到 Cap – Manuel（北纬 14°39′00″,西经 17°26′00″）;

---

① 地图未附于本条约。

7. 从 Cap-Manuel(北纬 14°39′00″,西经 17°26′00″)到 Sud Goree 点(北纬 14°39′48″,西经 17°23′54″);

8. 从 Sud Goree 点(北纬 14°39′48″,西经 17°23′54″)到 Rufisque 灯塔(北纬 14°42′36″,西经 17°17′00″);

9. 从 Sangomer 西端(北纬 13°50′00″,西经 16°45′40″)到 Ile des oiseaux 北端(北纬 13°39′42″,西经 16°40′20″);

10. 从 Ile des oiseaux 南端(北纬 13°38′15″,西经 16°38′45″)到 Djinnak 点(北纬 13°35′36″,西经 16°32′45″);

正常基线

塞内加尔管辖的其他海域的宽度应从低潮线量起。

第二条

上述基线绘制于附件 1 内的地图上。①

---

① 地图未附于本条约。

牙买加和哥伦比亚共和国之间的
海洋划界条约

（1993 年 11 月 12 日）

牙买加政府和哥伦比亚共和国政府鉴于以下内容，签订本条约：

考虑到两国间的友好联系；

认识到两国在考虑合理开发、管理和养护海域问题，包括生物资源开发问题上有着共同利益；

承认两国在缔结海洋边界条约时的利益；

考虑到海洋法的新发展；

希望在相互尊重、主权平等和相关国际法原则的基础上划定两国之间的海洋边界。

第一条

牙买加和哥伦比亚共和国之间的海洋边界由连接以下各点的测地线组成：

点	纬　　度	经　　度
1	14°29′37″N	78°38′00″W
2	14°15′00″N	78°19′30″W
3	14°05′00″N	77°40′00″W
4	14°44′10″N	74°30′50″W

自第 4 点,分界线沿测地线向坐标为北纬 15°02′00″、西经 73°27′30″的一点行进,直至哥伦比亚和海地之间的分界线与有待确定的牙买加和海地之间的分界线相交。

第二条

若在第一条确立的分界线的两侧发现碳氢化合物、天然气矿床或矿田,该矿床或矿田开采的资源总量的分配应与分界线两侧所发现的资源总量成相应的比例,两国应以此方式进行开采。

第三条

1. 在划定的区域,双方搁置划分各方管辖范围界限,议定在此建立共同管理、控制、勘探和开发生物和非生物资源的区域,以下称"共同制度区"。

(1)"共同制度区"是由按其出现先后连接以下各点的各线围成的封闭形状。特别声明的除外,连接所列各点的线为测地线。

点	纬度	经度
1	16°04′15″N	79°50′32″W
2	16°04′15″N	79°29′20″W
3	16°10′10″N	79°29′20″W
4	16°10′10″N	79°16′40″W
5	16°04′15″N	79°16′40″W
6	16°04′15″N	78°25′50″W
7	15°36′00″N	78°25′50″W
8	15°36′00″N	78°38′00″W
9	14°29′37″N	78°38′00″W
10	15°30′10″N	79°56′00″W
11	15°46′00″N	80°03′55″W

"共同制度区"的界线继续沿着以该点(北纬 15°47′50″,西经 79°51′20″)为中心、半径为 12 海里的圆弧行进,以致该线通过塞兰尼拉礁西部,到达北纬 15°58′40″,西经 79°56′40″的点。这样,该区域即被从该点连接到第 1 点的测地线封闭起来。

(2)"共同制度区"不包括塞兰尼拉礁周围的包含于以北纬 15°47′50″,西经 79°51′20″的点为中心、半径为 12 海里的圆的最外圆弧之内的海域,以致"共同制度区"的界线从北纬 15°46′00″,西经 80°03′55″的点和北纬 15°58′40″,西经 79°56′40″的点之间穿过。

(3)"共同制度区"同样不包括 Bajo Nuevo 礁周围的包含于以北纬 15°51′00″,西经 78°38′00″的点为中心、半径为 12 海里的圆的最外圆弧之内的海域。

2. 在"共同制度区",双方可以进行下列活动:

(1)勘探和开发海床上覆水域和海床及其底土的自然资源(不论其为生物或非生物资源),以及在"共同制度区"内进行的其他经济性勘探和开发活动;

(2)人工岛屿、设施和结构的建造和使用;

(3)海洋科学研究;

(4)海洋环境的保护和保全;

(5)生物资源的养护;

(6)本条约许可的措施,或双方为确保遵守和执行本条约而建立的制度中许可的措施。

3. 与非生物资源的勘探和开发有关的活动,包括第 2 款第(3)项、第(4)项所指的活动,应在双方共同许可的基础上进行。

4. 双方不得授权第三国和国际组织或这些国家和国际组织的船舶实施第 2 款所指的任何活动。这不妨碍一方为了促进行使第 2 款所规定的权利,根据第四条设立的程序着手处理或授权安排出租、批准、联合经营和技术协助计划。

5. 双方同意,各方在"共同制度区"对其国民和悬挂该国旗帜的或根据国际法对其进行管理和控制的船舶行使管辖权。

若在任何情况下,一方指称另一方的国民或船舶违反了或正在违反本条约的规定和为执行本条约所采用的任何措施,指称违约的一方应使另一方注意该情况。此后,双方应立即磋商,以便在 14 天内达成友好解决方案。对指称引起注意的一方在收到该指称后,在不妨碍以上条款所指磋商的同时,应:

(1)对于已实施的违反行为的指称,保证此类活动,即指称的主要问题不再发生;

(2)对于正在进行的违反行为的指称,保证此类活动不再继续。

6. 双方同意采取措施以保证第三国的国民和船舶遵守双方所采取的规章和措施,以执行第 2 款所列活动。

第四条

1. 双方同意成立一个联合委员会,以下称"联合委员会"。联合委员会应确定工作方式,以实施和执行第三条第 2 款所列举的活动、根据第三条第 6 款采取的措施,并履行双方为执行本条约的规定而赋予的其他职能。

2. 联合委员会由双方各出一名代表组成,若有必要,可由顾问协助代表。

3. 联合委员会的结论应被一致采纳,并仅作为对双方的建议。委员会的结论被双方采纳时应对双方有约束力。

4. 本条约一经生效,联合委员会即应开始运行;若无其他协议,联合委员会应在其开始工作后 6 个月内,完成本条第 1 款载明的任务。

第五条

大地基准点以《世界大地测量系统》(1984)为基础。

第六条

仅为图示之目的,分界线和"共同制度区"均标示在所附的美国防御地图局第 402 号海图上。若坐标与海图相冲突,以坐标为准。

第七条

双方间因解释或适用本条约所引起的任何争端均应由两国根据国际法规定的和平解决争端的方式加以解决。

第八条

本条约必须经批准。

第九条

本条约自批准书交换之日生效。

第十条

本条约以英文和西班牙文两种形式编制,两种文本具有同等效力。

两国的外务部长已在本条约上签字,以昭信守。

1993 年 11 月 12 日签订于金斯敦。

阿尔巴尼亚共和国和意大利共和国
关于划定两国间各自大陆架的协定

(1992 年 12 月 18 日)

从两国在亚得里亚海和奥特朗托海峡确定双方大陆架区域间的分界线,并为勘探和开发自然资源目的在此区域分别行使主权权利的愿望出发;

决定在等距离原则的基础上,以中间线作为两个大陆架区域间的边界线;

再次重申对各自大陆架的开发不得破坏两国邻接海域的生态平衡的要求,以及双方为此目的进行合作并保持与 1993 年 7 月 13 日在安科纳签署的《亚得里亚海宣言》的有关规定相协调一致的决心,

缔约双方同意缔结以下协定:

第一条

1. 按照本协定序言中述及的、以中间线表达的等距离原则,两国间各自大陆架区域的分界线应是沿连接下列各点的线所确定的测地线。依据《欧洲基准坐标系统》(1950 年),该线上各点的地理坐标如下:

序　号	纬　度	经　度
1	41°16′39″N	18°27′43″E
2	41°11′37″N	18°32′34″E
3	41°08′01″N	18°34′37″E
4	41°06′29″N	18°35′42″E
5	40°55′03″N	18°39′31″E

续　表

序　号	纬　度	经　度
6	40°53′06″N	18°39′34″E
7	40°50′50″N	18°40′16″E
8	40°43′59″N	18°42′40″E
9	40°40′10″N	18°44′23″E
10	40°38′46″N	18°44′43″E
11	40°35′38″N	18°45′35″E
12	40°30′44″N	18°47′45″E
13	40°23′17″N	18°51′05″E
14	40°21′30″N	18°51′35″E
15	40°18′50″N	18°52′48″E
16	40°12′13″N	18°57′05″E
17	40°07′55″N	18°58′38″E

此分界线在本协定所附地图上以指示标题标出。

所采用的基本地图为 1984 年版的阿尔巴尼亚海图"自科孚至杜布罗夫尼克——自罗伊卡的圣玛丽亚角至特罗尼提岛",比例尺为 1∶500 000,以墨卡托投影制作。

2. 缔约双方同意目前对边界线的确定不应超出前款所定的第一点和最后一点。

第 1 点以北和第 17 点以南的划界工作,应留待与其他有关各方在今后分别签署的协定予以完成。

第二条

1. 若一矿产资源(包括砂石矿和砾石矿)被双方大陆架区域间的分界线分开,并且位于分界线一侧的矿藏可以全部或部分地为分界线另一侧的设备所开采,则缔约双方将在与有矿产开采权的特许权人(如果有的话)进行初步协商后,商定矿产资源开发的条件和方式,以获得资源开发的最大效益,同时注意对矿藏的保护,以便各方维护其对在大陆架表层和表层下的矿产资源开发权利的完整性。

2. 若矿产资源部分位于分界线一侧,其状况和开采方式影响到另一部分的状况和开采方式,则尤其应采用上述安排。

第三条

本条约的任何规定均不得影响大陆架上覆水域及其上空的管辖制度。

第四条

1. 缔约双方应采取所有可能的措施确保在各自大陆架上的勘探及自然资源的开发不致破坏海洋生态平衡,或以不正当的方式妨碍另一方对海洋的其他合法利用。

2. 若在缔约一方的领土或大陆架上出现将给另一方的大陆架环境带来消极后果的反常情况,缔约各方承诺立即向另一方提供必要的通知,而后者有权接受提供方要求视为密件的通知。

3. 缔约一方的大陆架可能会为在另一方领土或大陆架上经证实的行为或不行为对环境的消极影响所污染,在收到前款所述的通知或在已经发出通知后,该方有权随时出资设立调查委员会,以澄清和明确形势的基本情况,防止两国间产生任何纷争。

第五条

1. 因解释或适用本条约所引起的任何纠纷,均应由双方通过外交途径尽快解决。

2. 因与本协定第一条确定的分界线有关的设施和装备而引起纠纷的,缔约双方的有关主管当局应本着友好谅解的精神核实大陆架上安装了此类设施和装备的地点。

3. 若缔约一方已将其建议通知对方,启动了本条第 1 款设定的程序,但自此日起 4 个月内纠纷仍未得以解决,且在此期限内双方未能就将此纠纷提交任何国际组织取得一致意见,则缔约一方必须将此纠纷提交国际法院。

第六条

1. 本协定应根据缔约双方的宪法规范得以批准。批准文书应尽早在罗马交换。

2. 本协定于交换批准文书次日生效。

1992 年 12 月 18 日签订于地拉那,原文本为阿尔巴尼亚文和意大利文,两种文本具有同等效力。

德意志民主共和国和丹麦王国
关于大陆架和渔区的划界条约

(1988 年 9 月 14 日)

德意志民主共和国和丹麦王国鉴于以下内容,签订本条约:

决心确定两国间的大陆架边界线;

希望同时确定两国间的渔区边界线;

欲根据《欧洲安全及合作大会最终法案》的原则发展两国间的双边关系与合作。

第一条

德意志民主共和国和丹麦王国在为勘探和开发自然资源而行使主权权利的大陆架部分和渔区之间的边界线为按照顺序连接以下各点的直线(大地测量线):

序 号	纬 度	经 度
1	54°21′53″4N	11°40′14″7W
2	54°22′00″5N	11°56′25″6W
3	54°24′39″9N	12°06′43″5W
4	54°41′15″9N	12°26′35″7W
5	54°45′49″7N	12°44′59″9W
6	54°50′01″7N	12°56′02″4W

续　表

序　号	纬　度	经　度
7	55°00′30″2N	13°08′53″1W
8	54°57′44″8N	13°59′34″2W
9	54°48′45″0N	14°10′22″0W
10	54°48′45″0N	14°24′51″0W
11	54°39′30″0N	14°24′51″0W
12	54°32′10″4N	14°38′12″2W

边界线上各点的坐标依据《欧洲基准坐标系统》(1950 年第一次修订版),以地理纬度和经度列出。

边界线标示于本条约所附的海图上。海图构成本条约完整的组成部分。

第二条

缔约双方应与有关国家就第一条中所规定的德意志民主共和国和丹麦王国大陆架部分和渔区分界线与其他国家的大陆架部分和渔区分界线相交的那些确切的坐标达成协议。

第三条

如果在德意志民主共和国和丹麦王国大陆架部分之间的界线两侧的海底或其底土中发现自然资源,或者如果此种自然资源分布在其中一个国家的大陆架上而另一国家在其一侧能够对此种自然资源进行全部或部分开采,缔约双方应在开采前并且根据缔约国任何一方的请求,就管理这些自然资源的开采的条件达成协议而进行谈判。

第四条

本条约的规定不应影响大陆架的上覆水域或这些水域以上的空间。

第五条

根据《联合国宪章》第一百零二条,本条约应在联合国秘书处登记备案。

第六条

本条约必须经过批准。批准书的交换应在哥本哈根进行。本条约应于批准书交换之日生效。

1988 年 9 月 14 日签订于柏林。本条约原件为德文和丹麦文,两种文本具有同等效力。

苏维埃社会主义共和国联盟政府和朝鲜民主主义人民共和国政府关于苏联－朝鲜国家边界制度的协定

(1990 年 9 月 3 日)

苏维埃社会主义共和国联盟政府和朝鲜民主主义人民共和国政府(以下称"缔约双方"或"双方"),鉴于以下原因,就本协定达成一致:

注意到两国间现存的友好合作关系;

在互相尊重国家主权、独立和自治、权利平等和领土完整的基础上,希望为维持苏联－朝鲜国家边界制度和解决可能引起的任何边界问题确定法律基础。

第一部分　国家边界线、边界界标和参照点

第一条

1. 根据 1985 年 4 月 17 日签署的苏联和朝鲜民主主义人民共和国关于苏联－朝鲜国家边界线的协定,苏维埃社会主义共和国联盟和朝鲜民主主义人民共和国之间的国家边界应始于苏联、朝鲜民主主义人民共和国和中华人民共和国的边界交叉点(A 点),该点位于图们江中部,而后边界沿图们江主航道延伸至江口一点,其地理坐标为:

B = 北纬 42°17′34.34″,L = 东经 130°41′49.16″。

苏联和朝鲜领海在日本海(东朝鲜海)的边界从该点沿直线延伸至该线与苏联和朝鲜领海外部界限的交点,该交点的地理坐标为:

B = 北纬 42°09′,L = 东经 130°53′。

苏联和朝鲜民主主义人民共和国之间在被称为"友谊大桥"的铁路桥上的国家边界,应与沿图们江主航道确定的边界相一致并位于其正上方,并且国家边界应穿过这样一点,此点距该桥苏联一侧的钢筋混凝土桥拱的始点89.1 米,距该桥朝鲜一侧的金属桥拱的始点491.5 米。

苏联和朝鲜民主主义人民共和国之间的国家边界线同样以垂直方向划分领空和底土。

本协定中的国家边界线以下称"边界"或"边界线"。

2. 国家边界线走向的详细说明公布于 1986—1989 年的划定苏联 – 朝鲜边界的文件中。

这些划界文件是:

《苏维埃社会主义共和国联盟政府和朝鲜民主主义人民共和国政府关于划定苏联 – 朝鲜国家边界的议定书》,以下称《划界议定书》;

《苏维埃社会主义共和国联盟和朝鲜民主主义人民共和国之间沿边界河图们江的国家边界图》(比例尺为 1∶25000);

《苏维埃社会主义共和国联盟和朝鲜民主主义人民共和国之间领海边界地图》(比例尺为 1∶100 000);

《图们江河口平面图》(比例尺为 1∶10000);

带有平面图和草图的关于边界及参照点的议定书,以及《划界议定书》附件中所指的其他文件。

第二条

1. 苏联和朝鲜民主主义人民共和国之间的国家边界应以置于图们江两岸的 22 个边界界标和两个参照点标明,在称为"友谊大桥"的铁路桥上的国家边界用一条 15 厘米宽的红色固体带状物标明。在该桥纵向中轴线与此带状物相交处,将设置一直径为 3 厘米的红色十字形标记,其背景是直径 10 厘米的白色圆圈。

2. 各边界界标应由两根分属于苏联和朝鲜民主主义人民共和国的钢筋

混凝土界柱组成,带有单独的序列号,并且国家标志应为规定的颜色。

这些界标将沿河排列,按从 1~20 的次序编号。

在置于苏联领土的边界界柱上,苏联的国家标志应被固定在面向朝鲜民主主义人民共和国的一侧。在置于朝鲜领土的边界界柱上,朝鲜民主主义人民共和国的国家标志应被固定在面向苏联的一侧。

置于苏联领土的边界界柱应漆上红绿交替的平行条纹,置于朝鲜民主主义人民共和国领土的边界界柱应漆上蓝、白、红、白和蓝颜色的平行条纹。

应草拟边界界标议定书和平面图以及草图。

3. 参照点应用金属制成,并安装一个白天可见的护板和一个夜晚可见的发光装置,该装置带有固定的扇形照明区。护板应被涂上橘黄色荧光涂料,其中部应带有一白色的垂直条带。

前部参照点应被安置在苏联领土,后部参照点应被安置在朝鲜民主主义人民共和国领土。

参照点的前侧应装有铜质嵌板。前部参照点的铜质嵌板应表示出苏联国家标志和一个适当的用俄文书写的文本,后部参照点的铜质嵌板应表示出朝鲜民主主义人民共和国国家标志和一个适当的用朝鲜文书写的文本。

置于前部参照点上的一盏红灯提醒来自朝鲜一侧的船只、一盏绿灯提醒来自苏联一侧的船只:它们已接近苏联领海和朝鲜民主主义人民共和国领海之间的边界。

应当草拟一份各参照点的议定书、一幅平面图和一幅草图。

4. 各前部边界界柱和后部参照点的位置以及友谊大桥上标明边界线的红色条纹的位置将由《划界议定书》确定。

5. 在沿图们江部分的国家边界上,岛屿的数目和岛屿所属国家已由《划界议定书》确定如下:1 个岛屿属于苏联,16 个岛屿属于朝鲜民主主义人民共和国。

第三条

1. 若图们江主航道个别部分发生自然变化,除非双方同意更改,否则边界线将保持不变。

2. 缔约双方已同意共同检查苏联和朝鲜民主主义人民共和国之间国家边界线,自本协定生效之日开始应每 10 年进行一次。若有需要,可依据双方间的协定在较短的间隔内沿整个边界或个别部分进行共同检查。

为以上之目的,缔约双方应在地位平等的基础上成立一个联合委员会。

3. 若注意到图们江主航道中心线或个别部分发生变化,联合委员会应为调整边界线准备建议。

4. 对于图们江上的某些部分,缔约双方认为有必要在边界线上做些改变的,联合委员会将起草新的划界文件。

5. 联合委员会将在本协定第一条第 1 款所指的划界文件的基础上,核实边界线的走向。若有必要,联合委员会应就边界线走向的改变提出建议,解决有关所加边界界标的设置或现有边界界标位置变化等问题,并准备相关文件。

6. 双方应就联合检查边界线走向的时间及方式事先达成协议。

第二部分　　边界界标和参照点的维修、看护和重建

第四条

1. 缔约双方负责维修为标明边界而被安置的边界界标和参照点、友谊大桥上漆上的条纹和边界空地。边界界标的位置、类型、形状、大小和颜色以及边界空地的宽度和整洁度均应符合本协定第一条第 2 款所指划界文件所规定的要求。

2. 为标明边界而被安置的边界界标和参照点的维护应由双方按以下方式共同完成:

设置在苏联领土上的前部参照点和边界界柱应由苏联一方维修;

设置在朝鲜民主主义人民共和国领土上的后部参照点和边界界柱应由朝鲜一方维护;

3. 在友谊大桥上的表示边界线的 15 厘米宽的条纹由双方按要求在一年中轮流油漆。

4. 为确保边界界标和参照点的能见度,缔约双方已议定:在边界界柱周围 2.5 米和参照点周围 20 米的区域内,以及在从边界界柱和参照点向河岸朝另一方的边界界柱或参照点的方向延伸 5 米的边界空地上,应清除树木、灌木和其他高大的草木。缔约双方边界主管部门应独立负责清理边界空地。

第五条

1. 缔约双方边界主管部门独立负责各自领土上的边界界标和参照点、友

谊大桥上漆上的条带状图案,以及边界空地的监督和维修。

双方边界主管部门每两年对边界界标和参照点、友谊大桥上漆上的条纹和边界空地进行一次联合调查。双方边界委员应就各次联合调查的开始时间达成协议。

2. 双方边界委员应依据联合调查的结果起草一份报告。报告一式两份,分别用俄文和朝鲜文写成。

3. 若有必要对边界界标和参照点或边界空地增加一次联合调查,一方边界委员应以书面形式将此意通知另一方边界委员。增加的联合调查应在不迟于此类通知书收到之日后 10 日内进行。

第六条

1. 若边界界柱和参照点遭到遗失、毁坏或损坏,据本协定第四条的规定,由分担负责这些界柱和参照点的一方的边界主管部门尽快重建。工作开始前,缔约一方的边界主管部门应以书面形式通知缔约另一方的边界主管部门,此类通知应最晚于工作开始前 10 日发给对方。

2. 边界界柱和参照点、友谊大桥上漆上的条纹的重建工作应根据划界文件进行。主管专家利用控制措施现场核查重建工作的结果,双方边界主管部门的代表参加检查工作。

3. 若边界界标和个别边界界柱遭到遗失、毁坏或损坏,在保持边界线走向不变的情况下,若有必要,可将它们从以前的位置移开,也可在其安全得以确保的地方重新树立。任何此类边界界标位置的改变均应通过双方边界委员之间的协定来进行。

4. 缔约双方边界主管部门应就边界界标和参照点的任何重建工作起草报告,报告一式两份,分别用俄文和朝鲜文写成。

对于移往新位置的各个边界界标或边界界标的个别界柱,应为此界标起草一份新的议定书及其位置的平面图和草图:这些议定书及图件均应根据《划界议定书》起草两份并附于此。

5. 被损坏的边界界柱和参照点的修复工作应由各方在没有另一方边界主管部门的代表参与的情况下独立完成。

6. 缔约双方应采取步骤保护边界界标和参照点、友谊大桥,并对犯有移动、损坏或毁坏界柱和参照点的罪行的人提起诉讼。

第三部分　国家边界过境管理规章

第七条

1. 缔约一方的国民在持有国家主管部门发放的有效旅行文件时可以进入、离开、在运输中通过和暂时居住在另一方的领土上。该国民应符合 1986 年 1 月 22 日关于两国间国民旅行的《苏维埃社会主义共和国联盟政府和朝鲜民主主义人民共和国政府之间的协定》和附于该协定的附加议定文件所规定的条件。

2. 在 1953 年 12 月 18 日达成的《苏联交通部部长和朝鲜民主主义人民共和国交通部部长之间关于边界铁路的协定》和附于该条约的附加议定文件的基础上,应准许双方的铁路服务人员穿过国家边界和停留在边界铁路站范围内或两国铁路站之间的指定居住区。

第八条

1. 缔约双方的国民及其交通工具仅在双方为国际和双边交通开放的过境点并在持有必要文件时方可穿过边界。

2. 缔约双方为卫生或其他原因,有权暂时对双方国民及其交通工具穿越国家边界颁布完全或部分禁令。双方在限制过境时应立即彼此通报。

第九条

若边界附近出现火灾或其他自然灾害,消防队或其他救援小组凭借双方边界委员或其助理证明的名单或证明文件,在不论昼夜的任何时间均可穿越边界。缔约双方边界委员应就来自两个方向的此类小组的过境地点和特殊的过境时间达成协定。

第十条

双方已同意以缔约双方之间独立的协定来确定居住在边界地区各地的国民穿越国家边界的简明规章。

第十一条

应由双方间单独的协定来确定铁路交通和使用其他用于穿越边界交通

工具的管理规章。

第十二条

在设定的过境点从一方领土穿越边界的人员,若未持必要的文件给予其进入另一方领土的权利,应使其返回到已穿越的领土上。

第四部分　防止非法穿越国家边界

第十三条

以下是侵犯苏联和朝鲜民主主义人民共和国之间国家边界的罪行:

不从过境点而以其他方式穿越或试图穿越国家边界或在过境点违反过境规章、搭乘或试图搭乘用于穿越边界路线上的车辆以图非法离境而穿越国家边界;

民用船舶和海军船舶未经一方主管部门的许可,进入该方领海或内水,或违反为进入这些水域制定的规章;

飞机或其他航空器未经双方主管部门的批准或犯有其他违反国家边界飞越管理规章的行为。

未经双方主管部门批准以任何其他技术或其他方式或违反已建立的规章穿越国家边界,也构成对国家边界的侵犯。

第十四条

1. 为保护两国共同的国家利益,缔约双方的边界主管部门应采取必要措施防止非法越境并应按所述情况通知另一方边界委员。若上述违法者自一方领土跨越至另一方领土,第一方的边界委员应按所述情况通知另一方的边界委员。后者应采取措施以确保将违法者及时移交至他们所穿越的一方领土。

2. 拘留一非法越境人员的一方若发现有必要进行深入调查,在通知另一方拘留之事后,可在进行该调查所需时间内拘留此人。

3. 此类人员应在白天仅由边界委员或其助理移交。边界委员或其助理在每个事件中应就移交此类人员的时间达成协定。根据共同协定,他们应制订表格供移交人员时填写。

4. 对于步行或乘车时无意中非法越过边界的人员,且其车辆和财产被留置在缔约一方的领土内,此类人员应尽快移交给另一方的边界主管部门。

任何一方均无权拒绝接受此类遣返的人员、车辆和财产。

5. 非法越境的人员若符合以下条件不必移交给另一方:

(1)他们为已扣留他们的一方的国民;

(2)除非法越境外,根据已扣留他们一方的法律,他们还触犯了另一项法规。

6. 若非法越境的人员因第5款载明的原因不被移交,或因其他任何原因不能被立即移交,应通知另一方的边界委员。

7. 非法越境人员和其他犯罪人员在其服刑后应被移交给所属一方的边界主管部门。

第五部分 界水利用和国家边界经济活动管理规则

第十五条

为此协定之目的,"界水"一词是指图们江部分河段,苏联和朝鲜民主主义人民共和国之间的国家边界沿该河段延伸。在界河图们江上,缔约双方为经济和家庭日用之目的享有利用水流的平等权利。在界水利用中,缔约双方应采取适当措施以确保本协定所规定的上述水流利用权得到遵守和尊重。

第十六条

若有必要,缔约双方的边界主管部门应在互惠的基础上适时交换有关图们江水平面和冰情的情报,以避免洪水和浮冰带来的损害。

第十七条

缔约双方的船舶仅可沿国家边界线航行,不得在国家边界线上抛锚,也不得系于被称为"友谊大桥"的桥墩上,除非发生意外情况(事故)。

第十八条

缔约各方的船舶在发生意外情况(事故、自然灾害等)时,可以系于另一方的河岸。在此情况下,应尽快通知该方边界委员。

第十九条

若发生诸如洪水、浮冰等自然现象,缔约双方的边界主管部门应向双方国民提供尽可能的协助和援助。此类措施应依据双方边界主管部门之间的协定来执行。

第二十条

若在边界水域或界河河岸发现物主不明物或动物尸体,双方的边界主管部门应采取措施确定物主身份。作为一项规则,应根据规定的形式和边界委员签订的事前协定在白天将属于另一方的财产进行移交。

第二十一条

1. 若在边界水域或河岸发现人的尸体,如有必要,应由双方边界主管部门的代表共同查明其身份。在事先议定后,边界委员或其助理应进行必要的现场调查以解决此类问题。尸体发现地所属一方的边界委员应指导此调查。

2. 应草拟关于调查结果的适当报告。

3. 现场共同调查不应被视作任何一方司法或行政主管部门权限范围内的行为。

第二十二条

1. 缔约双方的国民可以根据其领域内的现行规章,在国家边界一侧的水域内捕捞,禁止利用爆炸、投毒、麻醉和其他大面积毁坏鱼类和损伤鱼类资源的捕捞方式。

2. 缔约双方应分别签订协定,以规定边界水域内的鱼类养护和繁殖以及其他渔业措施等问题。

第二十三条

缔约双方的边界主管部门应保证其领域内的有关捕猎野生动物和野生鸟类的法规在边界线附近得以严格遵守。进行捕猎活动时,严禁朝边界方向射击或越界追逐动物和鸟类。

第二十四条

1. 在毗连边界线的地区,缔约各方进行的工业、农业、林业和采矿业活动不得损害另一方的经济利益。

2. 缔约一方的经济活动不得对另一方的环境产生有害影响。

3. 若存在传播林业和农业害虫的危险,出现害虫的一方的边界主管部门应立即通知另一方的边界主管部门,并尽全力采取所有措施防止害虫越界蔓延。在实施这些措施时,缔约另一方的边界主管部门应提供所有可能的帮助。

第二十五条

对于在边界附近开掘或其他有关移动岩石和泥土的活动,应至少提前两天通知另一方边界主管部门后始得进行。在开采活动期间,必须采取安全措施,以免伤及另一方的人员和损害另一方的财产。

第二十六条

1. 界河图们江主航道的状况和方向尽可能保持不变。为此,缔约双方均不得通过修建可能影响水流、水力的水电设施或其他设施而改变主航道的自然水流和高潮时没于水中的自然水流,导致有损于另一方。

2. 边界水域上的堤坝和其他设施可以维持和使用,缔约双方认为因改变水制度产生的负面影响并有必要拆除者除外。

3. 界河图们江上新建的桥梁、水坝、堤岸和其他水电设施的兴建及其各自情况下的用途,必须得到缔约双方仅以共同条约的形式批准。

4. 双方得就向界河排放或从界河排出的管理规则以及其他所有关于边界水域制度的问题达成协议。若有必要重新装备或移动各种设施,并且将引起另一方河岸水平面的变化,这些工作只有在对方同意后始得进行。

5. 若双方均认为有必要,应清理河道的个别部分。河道清理期间,挖掘出的泥土应倾倒在特别规划的地方。必须采取谨慎措施以确保河道防污堤岸不致发生塌陷以及在高水位时阻塞水流。

6. 双方应采取必要措施以防故意损坏界河河岸、防止在维修铁路桥及为其提供技术服务期间污染河道、防止化学物质污染河水或未经处理的污物带来的污染,以及其他任何形式的污染。

7. 若因缔约一方的过错,未能遵守本协定第二十三条、第二十四条、第二十五条和第二十六条的规定,给另一方造成物质损失,引起损失的一方应为此进行赔偿。

第二十七条

缔约双方在必要时应另行制定协定,就边界地区森林、水源和其他自然资源的养护及其经济性开发、森林管理和农业害虫控制等有关问题作出规定。

第二十八条

有关苏联和朝鲜民主主义人民共和国之间领海的边界制度问题应由本协定的条款和缔约双方的相关立法加以规定。

第六部分　边界委员的权利和义务及其工作规章

第二十九条

本协定所称边界主管部门是指苏维埃社会主义共和国联盟和朝鲜民主主义人民共和国的边界委员及其助理。

第三十条

1. 苏联政府和朝鲜民主主义人民共和国政府为解决有关维持国家边界的制度问题和可能引起的任何边界问题,应任命一名边界委员和两名助理边界委员。缔约双方应通过外交渠道相互交流各自边界委员及其助理的名单。助理以该国代表身份行使职权时享有与边界委员相同的权利。

2. 各方边界委员有权任命一名助手以及所需数量的秘书和翻译,必要时有权调用胜任的专家。

3. 边界委员的助手应执行边界委员关于维持边界秩序的特殊指示。

第三十一条

1. 各方边界委员负责的国家边界部分始于位于图们江中部的苏联、朝鲜民主主义人民共和国和中华人民共和国的边界交叉点(A 点),直至日本海(东朝鲜海)中的一点,其地理坐标的纬度为北纬 42°09′、经度为东经 130°53′。

2. 苏联边界委员的常驻地设在 Posyet 村,朝鲜民主主义人民共和国边界委员的常驻地设在罗津镇。

第三十二条

1. 用俄文和朝鲜文印制的证件,应:

(1)由苏联指挥边防武装力量的官员颁发给苏联的边界委员及其助理;

(2)由朝鲜民主主义人民共和国边防军中央司令部首脑颁发给朝鲜民主主义人民共和国的边界委员及其助理;

(3)由双方边界委员颁发给助手。

缔约双方的边界委员应相互交流其助理和助手的常驻地址。

第三十三条

1. 在本协定确定的权责范围内,双方边界委员应采取措施确保正确维护和养护国家边界以及执行穿越国家边界的管理规章,以防止非法越境,并确保管理边界水域的利用和国家边界上的经济活动的规章得以执行。

2. 为了迅速并最适当地解决边界问题,双方边界委员有义务在下列事件中进行调查并采取措施:

（1）越界开火;

（2）使国民致死或受伤,由越境行为导致的身体伤害或其他对其健康的伤害,以及针对另一方领土上的人员的人身暴力行为;

（3）个人的非法越境;

（4）通过海上舰艇、船只和筏子穿越内河,乘坐飞机在为飞越而设的空中走廊以外的地方穿越边界,该走廊由特殊的协定建立;

（5）越境转移牛群或其他家畜;

（6）移动、损坏、毁坏和丢弃边界界标或用于标明边界线的个别边界界柱;

（7）使自然灾害越境蔓延至另一方领土;

（8）非法形式的越境交通;

（9）越境运送违禁货物;

（10）盗窃、毁坏或损坏另一方边境地区的国家财产或其他财产;

（11）大规模越境转移农业害虫;

（12）边界上的其他侵害行为。

3. 双方边界委员应制订措施以确保边境地区居民遵守边界制度,以便共同控制走私行为,正确维护边界、参照点和边界空地,以及提供有关界河洪水或浮冰影响的警报。

4. 双方边界委员应交换以下方面的情报:侵害国家边界、有关人员及车辆过境通行的事项和为避免洪水及浮冰影响的适时警报。

5. 双方边界委员应考虑本协定相关条款所列的所有损害赔偿问题并采取行动。这些问题事关一方的国民、组织或行政主管部门因违反边界制度给另一方带来的损害。

关于损害赔偿的决定必须经双方主管部门的同意。

第三十四条

1. 双方边界委员在通知另一方边界委员后,可以主动将严重的边境事件(杀人或严重的人身伤害)的有关事宜及其他特别严重的情况通过外交途径提交处理。

在此情况下,双方边界委员应联合进行必要的调查,并将其结果在报告中载明。

双方边界委员未能解决的问题应通过外交途径提交解决。

本条的任何规定并不妨碍将通过外交途径商讨的问题返回给双方的边界委员会处理。

第三十五条

1. 应在双方领土上轮流举行正式的边界委员会议。每次会议应做好会议纪要,以表明会议进程、作出的决议和执行决议的期限。

会议纪要应分别用俄文和朝鲜文制成,边界委员应签名并加盖公章。

2. 个别问题由边界委员之间以直接通信的方式解决,或以其他交流方式解决,除非一方边界委员坚持此类问题应由正式会议加以处理。

3. 第一次边界委员正式会议的举行时间不得迟于本协定生效后 3 个月。

第三十六条

1. 若边界委员及其助理中的一人有召开正式和非正式会议的要求,若有可能,应在所要求的时间召开。要求收到后应在两天内予以答复。若所提议的开会时间不可接受,应在答复中另行提议。

2. 若一方边界委员要求召开一次正式或非正式会议,另一方的边界委员应亲自参加,不得缺席,除非有可以缺席的正当原因(疾病、公差或公休)。在缺席情况下,边界委员可由其助理代为参加,并应在适当的时间将该情况通报另一方的边界委员。

3. 根据边界委员之间的协议,助理之间可召开非正式会议。

第三十七条

1. 本协定第三十六条所指的正式和非正式会议应在提出开会动议的一方的领土上举行。

2. 正式或非正式会议应由会址所在一方的边界委员或其助理主持。

3. 双方可通过商讨、交换信件或其他方式就正式会议议程达成一致意见。在例外情形下,议程未包括的事项可经相互协商来处理。

第三十八条

双方的边界委员、助理和助手应尽快将其对有关问题采取的措施通知对方。关于这些问题,先前的正式或非正式会议已通过决议。

双方边界委员及其助理就有关侵犯边界制度的问题作出的决议应于有关问题报告的签署之日生效。

助手在非正式会议上作出的决定在经边界委员批准后生效。

第三十九条

1. 边界委员及其助理和助手将依据本协定规定的书面证件(附件 1 和附件 2 略)穿越边境以履行其职能。

2. 秘书、翻译员和服务人员将依据其所属方的边界委员颁发的通行证穿越边境。通行证上应贴有照片、盖上印章并有持有者的签名,还需要另一方边界委员的印章和签名(附件 3 略)。

3. 为澄清任何情况而需要到场的专家和其他人员可以凭借由任一方一次性有效的通行证穿越边境。通行证应由一方边界委员颁发,并由另一方边界委员签名和盖章(附件 4 略)。

4. 双方的边界委员应最晚在 3 日内签署提交给他们的本条第 2 款和第 3 款规定的文件。

5. 本条所指人员仅能在双方边界委员确定的地点过境。另一方的边界主管部门应在适当的时间(至少提前 12 个小时)通知过境日期和时间。

6. 若过境通行证遗失,持有者应立即通知边界主管部门,边界主管部门应依次通知另一缔约方的边界主管部门。

双方边界委员应让对方知悉此类过境通行证的注销情况。

自边界委员接到通知之时起,遗失的通行证应视作无效。在遗失的通行证随后被发现的情况下,应将该证归还至颁发该证一方的边界主管部门。

第四十条

缔约双方应支付因执行此协定在其领土上所需的所有费用。举行正式和非正式会议的有关费用应由召集会议的一方承担。

第四十一条

为交换信件和接收及移交人员和财产,应建立以下会合点:苏联领土上的卡山村和朝鲜民主主义人民共和国领土上的图曼根工人社区。

边界委员或其助理应就每次的移交时间和地点达成协议。

边界委员通过双方同意,可以在边界上另建会合点。

信件接收不拘于昼夜的任何时间,包括节假日和其他非工作日。

第四十二条

1. 应保证本协定三十九条所指边界委员和其他人员享有人身、工作文件和所持财产的豁免权。他们在过境时应有权着制服。

2. 此类人员不得携带除以下物品外的其他物品:在随后将被再带出国境的情况下带入的交通工具和工作所得材料,以及个人消费所得的食物和烟草。此类材料和食物过境时应免除关税和其他费用。

第四十三条

缔约各方应为在其领土上的与根据本协定履行义务有关的另一方人员提供必要的协助,尤其是关于住宿、交通和通信方面的便利。

第七部分 最后条款

第四十四条

因解释和适用本协定的规定所引起的任何问题,应本着友好、互相尊重和谅解的精神通过协商加以解决。

第四十五条

本协定自其生效之日起 10 年内有效。在其期满前 6 个月,若缔约双方均未表达终止该协定的愿望,在后继的 10 年内继续有效。

第四十六条

因本协定自其生效之日开始实施,1957 年 10 月 14 日的《苏维埃社会主义共和国联盟政府和朝鲜民主主义人民共和国政府关于解决边界问题的制度的条约》应终止生效。

第四十七条

本协定必须经批准,并自批准书交换之日生效。

批准书应尽快在莫斯科交换。

1990 年 9 月 3 日签订于平壤,原文本用俄文和朝鲜文两种形式制成,具有同等效力。

（二）地区条约和其他法律文书

北太平洋溯河种群保护公约

（1992 年 2 月 11 日）

本公约各方鉴于以下原因，就本公约内容达成一致：

认识到北太平洋的溯河种群主要原产于加拿大、日本、俄罗斯和美国的海域；

认识到这些种群在北太平洋某些水域混合生活在一起；

认识到溯河种群原产地的国家对这些种群有基本的利益和责任；

认识到对溯河种群的捕捞仅限距领海测量基线 200 海里以内的海域；

认识到溯河种群起源地的国家应支出经费并放弃经济发展机会，从而为种群的保护和管理创造优良的条件；

强调对北太平洋溯河种群的养护进行科学研究的重要性；

希望推动北太平洋溯河种群及其生态相关种群的科学信息的获得、分析和传播；

希望协调各方力量，养护北太平洋溯河种群；

希望确立有效的国际合作机制，推动北太平洋溯河种群的养护。

第一条

本公约适用的地区（以下简称"公约区"）应为北纬 33 度以北，从领海基线算起 200 海里以外的海域。本着科学的目的，本公约框架下开展的活动可以在北太平洋及邻近海域,即从领海基线算起 200 海里以外的海域向南延伸。

第二条

为本公约的目的:

(1)"溯河鱼类"指附件第 1 部分列举的洄游至公约区的溯河种类,溯河鱼群指的是这些鱼的鱼群。

(2)"鱼"指带鳍的鱼、软体动物、甲壳类动物以及其他所有除海洋哺乳和鸟类以外的海洋动植物类群。

(3)"捕鱼"指:

(a)捕捉、捕获或者收获鱼,或者任何有理由可以预期捕捉、运输或者收获鱼的活动;或者

(b)任何为了准备或者直接支持上述活动所从事的海上活动。

(4)"定向捕鱼"指以某一特定鱼类或鱼群为目标的捕鱼活动。

(5)"偶然捕获"指在执行某一种类鱼或者鱼群的捕捞活动时,捕捉、捕获或者收获的其他鱼类或者鱼群。

(6)"生态相关种类"指与公约区溯河鱼群相关的活着的海洋种类,包括但不限于溯河鱼群的捕猎者和被捕猎者。

(7)"原产缔约方"指本公约第十七条第 1 款列举的作为公约缔约方的国家。

第三条

1. 在公约区:

(1)针对溯河鱼的定向捕鱼是被禁止的;

(2)溯河鱼的偶然捕获应该根据附件第 2 部分最大限度地减少;

(3)禁止渔船上留存针对非溯河鱼的捕鱼行为而附加捕获的溯河鱼,一旦有此情况应立即放生大海。

2. 根据本公约第七条,本条第 1 款的规定不适用于为科研目的的捕鱼。

3. 各缔约方,不论是单独还是集体,应根据国际法和各自国内法律采取适当措施,防止违反本公约规定的溯河鱼贩运行为,对从事此类贩运的人员应予以惩罚。

第四条

1. 缔约方同意请各个非公约缔约国或实体关注在公约区可能会对溯河鱼造成不利影响的由其国民、居民或渔船从事的捕鱼活动。

2. 缔约方同意鼓励任何非公约缔约国或实体制定与公约条款相一致的关于国民、居民或渔船从事捕鱼活动相关的法律和规则,合作实现本公约的目标。

3. 每一缔约方应采取恰当措施避免按其法律和规则注册的船只出于规避本公约条文的目的转让许可证。

4. 各缔约方应按照国际法和国内法律,合作采取行动,防止任何非公约缔约方的国家或实体从事定向捕鱼,并将这些国民、公民或渔船在公约区偶然捕获的溯河鱼降到最低值。

第五条

1. 各缔约方应采取一切必要的措施,确保其国民和渔船按照本公约规定悬挂国旗。

2. 各缔约方应在公约区内按照如下规则执行公约条款:

（1）任何一方的正式授权官员可以登上其他缔约方的船只,前提是这些船只被有理由地相信从事了定向捕鱼或偶然捕获溯河鱼类。正式授权官员可以出于执行本公约规定的目的,搜查设备、标识、文件、渔获物和其他物品,并审问船上的人员。

这样的搜查和审问应该尽量减少对船只的干扰和造成的不便。如遇船东要求,被授权的官员有义务提交各自政府办理的许可。

（2）当任何人或船只的确从事了违反公约条款的行为,或者被授权官员有理由认定在其登船前该船只或船员从事了违反公约的活动,被授权官员可以逮捕或扣押该人或船只,并在有必要的情况下作进一步调查。被授权官员所属的缔约方应该及时通知被逮捕或扣押人员或船只所属的缔约方,并尽快将该人员或船只移送至其所属的缔约方,移送地点是双方缔约方商定的地点。若收到通知的一方不能立即接受移送的人员或船只,发送通知的一方可将逮捕或扣押的人或船只保留在公约区内,或者是发送通知的一方已经告知另一方且另一方在收到通知后的 60 天内没有表示反对的任何方便的港口,直到接受人员或船只所属缔约方的被授权官员受理为止。

（3）当收到通知的一方接收移送的人员或船只，该方的授权官员应当进行必要的调查，以获得所需的证据并采取适当行动，在触犯法律的情况下可以进行且不限于审判。他们也应在之后的其他捕鱼季节，在必要的情况下立即采取措施，防止有关的人员或船只出现违反本公约的进一步的行为。采取的措施包括安排执法人员登船，限制船只可以捕鱼的区域，或将船只驱逐出公约区。

（4）只有上述人员或船只所属的缔约方的授权官员有资格量刑，并执行处罚。用于确定犯罪的必要的证人和证据，只要是在任何本公约缔约方的控制下，应当尽快提交给对量刑拥有司法权的缔约方，并应得到该缔约方的行政机关的恰当考虑和使用。本公约缔约方相关法律制定的处罚程度应该依据违法行为的严重程度，并根据第九条第3款考虑委员会提出的建议。

3. 各缔约方应采取适当措施，确保他们的渔船允许和协助本条第2款规定的任何缔约方的正式授权官员登上渔船并进行检查，并在需要执行的执法行动中给予配合。

第六条

1. 各缔约方应该合作交换与违背本公约条款的活动有关的信息。

2. 各缔约方应该合作交换与违反本公约条款捕获溯河鱼类相关的执法行动以及案件处理有关的信息。

3. 各缔约方应该合作交换与非公约缔约国或实体的国民、公民和船只在公约区对溯河鱼类进行定向捕鱼和偶然捕获相关的信息。

第七条

1. 各缔约方应该在从测量领海宽度的基线算起200海里以外的北太平洋和邻近海域合作从事科研活动，目的是保护溯河鱼类，并酌情对其他生态相关物种进行科学研究。

2. 关于公约区的渔业和科研活动，各缔约方在适当情况下应合作收集、报告和交换生物统计资料和渔业数据，其中包括渔获量的统计，以及生物样品和其他与公约目的相关的数据。

3. 虽然有第一条的规定，各缔约方应该按照委员会的要求，提供捕获量的信息、生物样品等资料以及其他与生活在公约区附近海域并会迁移至公约区的溯河鱼类及生态相关物种有关的技术数据或信息。

4. 各缔约方应制订相应的合作计划(包括科学观察员计划),搜集公约区的鱼类信息,以服务于对溯河鱼类的科学研究,以及在适当情况下对生态相关物种的科学研究。

5. 双方应努力合作开展研讨会、培训班等科学交流,以及在适当情况下为实现本公约的目标交换科研人员。

6. 各缔约方应向委员会提交由其国民或船只制订的关于在公约区进行溯河鱼类定向捕鱼或大量偶然捕获的科研计划,该计划应该在实施日期前足够多的时间提交,以便各缔约方进行充分的科学审查。如果所有作为原产国的缔约方,除了提出要求的那一方,在收到委员会提供的方案之后30天内告知委员会他们认定涉及该项目的捕鱼行为违背了第三条第1款第(1)项和第(2)项,则该方案不得实施,提出要求的一方等待委员会的决定。

7. 缔约方同意出于科研目的对溯河鱼类的捕捞应符合科研项目的要求和本公约的条款。出于科研目的在公约区捕获的溯河鱼类的数量应在9个月内向委员会报告。

第八条

1. 现设立名为"北太平洋溯河鱼类委员会"的国际组织,以下简称"委员会"。

2. 委员会的目标是促进对公约区溯河鱼类的养护。

3. 委员会应该考虑公约区生态相关物种养护的有关问题。

4. 委员会具备法人资格,并在与其他国际组织处理关系时以及在缔约方的领土上拥有履行其职责、实现其目的的法律行为能力。委员会及其官员在某缔约国的领土范围内享有的豁免权和特权受委员会与该缔约方之间的协议约束。

5. 委员会的总部设在加拿大温哥华,或其他由委员会决定的地点。

6. 委员会的官方语言为英语、日语和俄语。

7. 每一缔约方都应该是委员会的成员,可委任不超过3名代表参加委员会,并在列席委员会会议时由专家和顾问陪同。

8. 委员会可根据需要设立下属机构。

9. 委员会应该设立秘书处,包括一位执行主任及适当的工作人员。

10. 每一缔约方在委员会有一票:

(1)委员会对所有重要问题的决定均应由迁移进入公约区的溯河鱼类原

产国的所有缔约国协商一致通过;

（2）委员会对其他所有事务的决定应采取大多数原则,所有缔约方只能投赞成票或反对票;

（3）任何作为会迁移至公约区的溯河鱼类原产国的缔约方认为重要的问题都应被认为是重要的。

11. 委员会应选出一名主席和一名副主席。主席和副主席任期两年,可以连任,但在同一个职位不能连续任职超过 4 年。主席和副主席不得为同一缔约方的代表。

12. 委员会主席应每年定期召开委员会年会,地点在委员会本部或其他由委员会决定的地点。

13. 委员会应每年会面至少一次,具体时间和地点由委员会决定。

14. 委员会除例行年会以外的任何会议由主席召集,召集条件是根据某一缔约方的要求并得到了另一缔约方的同意,且双方至少有一方是原产国缔约方。会议时间和地点由主席决定。

15. 委员会应该制定财务规则。

第九条

委员会有权:

(1)建议缔约方在公约区养护溯河鱼群和生态相关物种的措施;

(2)促进与违反本公约活动相关信息的交流,尤其是违反第三条对溯河鱼类进行的捕捞和贩卖、缔约方采取的应对行动以及由非公约缔约方的国家或实体采取的行动;

(3)考虑并向缔约方提出建议,对违反公约规定的行为进行公平的处罚;

(4)考虑可能的方法缓解由违反本公约的捕鱼行为给原产国缔约方造成的损失,并为此寻找新方法,辨别违反本公约所捕获的鱼的产地;

(5)审查并评估缔约方根据第五条采取的行动,向缔约方推荐其他可以采取的行动,确保本公约的各项规定得到有效、认真的执行;

(6)促进与缔约方的捕获量相关信息的交换,以及在适当情况下与非公约缔约方国家或实体进行溯河鱼群及生态相关物种的科研活动,科学数据的搜集、交换和分析相关的信息交换,其中包括用以确定溯河鱼群原产地的数据,并提供一个促进缔约方之间关于此类溯河鱼群和生态相关物种合作的平台;

（7）考虑并向缔约方提出建议，实施原产地证明项目或者颁布原产地证书，证明溯河鱼产品是合法捕获的鱼类；

（8）向任何缔约方提出在公约区从事与溯河鱼类或生态相关物种有关的科研活动的建议；

（9）根据具体情况，与国际组织合作，尤其是获得最好的可获得资料，包括科学建议，以更好地实现公约目标；

（10）在适当情况下，邀请非公约缔约方的国家或实体与委员会就公约区内溯河鱼群和生态相关物种养护有关的事务协商；

（11）对本公约及其附件提出修改建议；

（12）向缔约方提出进一步实现本公约目标的建议措施。

第十条

1. 执行主任应由委员会任命，负责监督秘书处的工作。

2. 秘书处应该：

（1）负责委员会的行政事务；

（2）搜集和发放本公约相关溯河鱼群和生态相关物种的数据和报告；

（3）执行本公约其他条款明确的职责或委员会决定的职责。

3. 执行主任和员工的聘用条件由委员会决定。

4. 执行主任应根据委员会通过的聘用标准雇用秘书处员工。

第十一条

1. 每一缔约方应支付由其代表、专家和顾问产生的费用。委员会产生的费用由各缔约方的会费支付。

2. 委员会制订年度预算。执行主任应在预算会议之前 60 天内将预算草案和会费明细发至各缔约方。

3. 预算由各缔约方平摊。

4. 执行主任应告知每一缔约方其会费金额。缔约方在收到会费通知后 4 个月内缴纳会费，币种是委员会本部所在国的货币。

5. 一缔约方连续两年没有缴纳会费将无权拥有第八条第 10 款的决策权，直到该方履行义务为止。

6. 委员会的财务情况每年由委员会选定的外部审计机构进行审计。

第十二条

1. 任何一缔约方可以在任何时候就本公约及其附件提出修订案。

2. 如果三分之一的缔约方要求召开会议,讨论本条第 1 款提到的修订案,公约受托方应召开会议。

3. 公约受托方收到各缔约方关于批准、接收或通过修订案的文书后,修订案即正式生效。

第十三条

1. 本公约附件应构成公约组成部分。所有对公约的参考均应结合附件内容理解。

2. 本公约附件在得到所有溯河鱼群原产缔约方的政府认可时,并且这些溯河鱼群会迁移至委员会根据第九条第 11 款提出的附件修订案所规定的公约区,附件正式生效:

(1)委员会收到所有会迁移至公约区的溯河鱼群的原产缔约方发出的表示接受修订案的通知后,附件修订案正式生效,生效日期为收到缔约方的通知日;

(2)在上述生效日,非原产国的缔约方表示接受附件修订案时,修订案对该缔约方生效。如果非原产国的缔约方在生效日期之后表示接受附件修订案,那么修订案对该缔约方的生效日为委员会收到该缔约方表示接受修订案的日期;

3. 委员会在收到各缔约方关于接受附件修订案的通知时,应告知各方。

第十四条

任何缔约方可以在正式告知公约受托方退出公约之日起的 12 个月后正式退出本公约。

第十五条

本公约的任何内容都不构成对缔约方在其他条约和国际协定框架下对其权利与义务相关立场和观点的歧视,也不构成对缔约方关于海洋法事务立场或观点的歧视。

第十六条

本公约的原本托管在俄罗斯联邦政府,即公约受托方。公约受托方应将真实的影印本发给其他签约国和参加国。

第十七条

1. 本公约的签约国包括加拿大、日本、俄罗斯联邦和美国,均为迁移至公约区的溯河鱼群的原产国。

2. 本公约必须经上述 4 国按照各自国内法律程序批准、接受或同意,在第 4 份批准、接受或同意的文书托管之日起 90 天后生效。

第十八条

本公约生效后,经原产地缔约方全票同意,其他国家可以加入。其他国家加入公约的文书正式托管后,本公约对该国正式生效。

兹证明,本协议经签字后生效。

莫斯科,1992 年 2 月 11 日,原文以英语、法语、日语和俄语制成,4 种语言文本均有效。

附　　件

Ⅰ 物种

大麻哈鱼

银大麻哈鱼

细鳞大麻哈鱼

红大麻哈鱼

大鳞大麻哈鱼

马苏大麻哈鱼

虹鳟

Ⅱ 偶然捕获

1. 确定非溯河鱼类的捕鱼时间、地点和方式时,应最大限度地将溯河鱼类的偶然捕获降到最低值,达到可以忽略不计的程度。

2. 当两个或多个缔约方认为某一缔约方的国民或船只在公约区违反本附件进行了捕鱼且将该事实通知根据第八条设立的委员会,委员会应立即召开专门会议考虑此事。向委员会发出通知的缔约方有责任提交他们发出此通知的信息根据。可能进行违规捕鱼的国民或船只所在缔约国有责任证明其从事的捕鱼没有违反本附件。

如果委员会裁定该缔约方的证明缺乏说服力,捕鱼行为应停止,直到可以证明该捕鱼行为没有违反附件规定为止。

关于北大西洋海洋哺乳动物研究、保护和管理的合作协议

（1992 年 4 月 9 日）

缔约方由于以下原因，就本协议的内容达成一致：

根据 1990 年 4 月 19 日在挪威特罗姆斯郡签署的《北大西洋周边国家关于海洋哺乳动物的研究、保护和管理合作的谅解备忘录》所设定的目标；

考虑到他们共同关心对海洋生物资源进行合理的管理、保护和优化利用，按照 1982 年《联合国海洋法公约》体现的普遍接受的国际法原则；

希望加强对海洋哺乳动物及其在生态系统作用的研究的合作，包括在适当情况下，采用多种方法对海洋污染和其他人类活动产生的影响进行的研究；

认识到需要开发能够考虑海洋哺乳动物和其他海洋生物资源关系的管理程序；

考虑到世界环境和发展委员会报告指出的保护和可持续利用自然资源的普遍原则；

认为北大西洋的地区机构可以确保海洋资源得到有效保护、可持续利用和开发，同时兼顾沿海社区和当地居民的需求。

第一条

兹确定，建立名为"北大西洋海洋哺乳动物委员会"的国际组织。

第二条

委员会的目的是通过地区协商与合作致力于对北大西洋海洋哺乳动物

的保护、合理管理和研究。

第三条

委员会包括：

（1）理事会；

（2）管理委员会；

（3）科学委员会；

（4）秘书处。

第四条

1. 每一缔约方都应该是理事会成员。

2. 理事会的职责包括：

（1）提供一个供各缔约方就北太平洋海洋哺乳动物事务进行研究、分析和信息交换的平台；

（2）建立合适的管理委员会并协调他们的活动；

（3）建立指导管理委员会的工作标准和目标；

（4）与国际海洋考察理事会和其他合适机构制订工作安排；

（5）协调对科学建议的需求；

（6）与非协议缔约国建立合作关系，进一步实现本协议第二条确定的目标。

3. 理事会的决定必须经在场成员的一致同意后才能执行。

第五条

1. 管理委员会应针对在其各自管理范围内的海洋哺乳动物群：

（1）向成员提出保护和管理的措施建议；

（2）对理事会提出科研活动建议。

2. 管理委员会的决定必须经在场成员一致同意后执行。

第六条

1. 科学委员会应该包括缔约方任命的专家。

2. 理事会同意后，科学委员会可以邀请其他专家参与工作。

3. 应理事会的要求，科学委员会应提供科学建议，并尽量运用已有的科学信息。

第七条

1. 理事会应该成立秘书处。

2. 秘书处负责处理理事会交办的事务。

第八条

如果与第二条确定的目的一致,理事会可以允许观察员国参加委员会会议。

第九条

本协议不妨碍缔约方在其他国际协议下的义务。

第十条

1. 本协议由法罗群岛、格陵兰、冰岛和挪威于 1992 年 4 月 9 日签署,签署后 90 天生效。

2. 在征得已有缔约方同意的情况下,其他缔约方可签署加入本协议。

3. 任何缔约方在提出书面申请 6 个月后可退出本协议。

1992 年 4 月 9 日签署于努克。

波罗的海海洋环境保护公约

（1992 年 4 月 9 日）

缔约方由于以下原因，就本公约的内容达成一致：

认识到波罗的海海域海洋环境的重要价值、其特殊的水文地理和生态特征以及它的生物资源对环境变化的敏感性；

认识到波罗的海海域过去和现在的经济、社会和文化价值对该地区居民的福祉和发展的重要性；

认识到应高度关注波罗的海海域仍在继续的污染问题；

宣布他们确保波罗的海生态修复、海洋环境自我修复能力和维护生态平衡的坚定决心；

认识到波罗的海海域海洋环境的保护和提升无法通过一国力量有效完成，只能通过地区合作和其他恰当的国际合作实现；

赞赏《1974 年波罗的海海洋环境保护公约》框架下保护环境取得的成果以及波罗的海海洋环境保护委员会所发挥的作用；

注意到《1972 年斯德哥尔摩人类环境大会宣言》以及《1975 年欧洲安全与合作会议最终法案》的重要条款和原则；

希望加强与国际波罗的海渔业委员会等重要地区组织的合作（该委员会根据《1973 年关于波罗的海和沿岸地区生物资源的捕鱼和保护的格但斯克公约》设立）；

非常认可 1990 年波罗的海诸国和其他感兴趣的国家、欧洲经济共同体及合作的国际金融机构在龙讷比发布的《波罗的海宣言》，以及旨在发起联合行动计划以恢复波罗的海生态平衡的《联合全面计划》；

注意到透明度和公共意识的重要性以及非政府机构为了保护波罗的海所做的工作；

非常认可欧洲近期的政治变化所带来的基于和平合作和相互理解的更多促进合作的机会的到来；

决定将现有国际海洋政策和环境法律整合成一部新的公约，以发展、加强并创新法律框架，保护波罗的海海域的海洋环境。

第一条 公约区

本公约适用于波罗的海海域。为了实现本公约的目的，"波罗的海海域"包括波罗的海以及被位于斯卡格拉克海峡的纬度为北纬57°44.43′的斯卡恩角平行线包围的波罗的海入海口。它包括内水，即为实现本公约的目的，根据缔约方的规定自测算领海的基线算起到陆地基线之间的大陆侧水域。

在批准、同意和接受的法律文书被托管时，缔约方应该告知受托方其为了实现本公约目的界定的内水范围。

第二条 定义

为实现本公约的目的：

（1）"污染"指人类直接或间接向海洋（包括河口）排放的物质和能源，有可能对人类健康造成危害，损害生物资源和海洋生态系统，对捕捞等合法的海洋使用行为造成隐患，损害海水的质量，破坏自然环境。

（2）"陆源污染"指陆地上产生的污染物通过水路、空气或直接从沿海进入海洋后对海洋环境造成的污染。它包括在海底通过使用连接陆地的隧道、管道或其他方式而人为造成的污染。

（3）"船只"指任何类型的在海洋环境中操作的船舶，包括水翼船、气垫船、潜水船、浮动船艇和固定的或浮动的平台。

（4）"垃圾倾倒"指：

（a）任何将垃圾或者从船只及其他海上人造设备或飞机排放的物质人为处理至海上或者海底；

（b）任何人为对船只、其他海上人造设备或飞机的处置。

"垃圾倾倒"不包括：

（a）海上处理垃圾或者对船只、其他海上人造设备或飞机及设备因为正常运行所附带的或者排放的物质的处理,不包括船只、其他海上人造设备或飞机为了运输这些船只、设备或飞机上的垃圾或其他物质而产生的垃圾或其他物品;

(b)不违背公约目的所放置的属于非处理垃圾的物质。

(5)"焚烧"指对海上垃圾或其他物质的故意燃烧,目的是完成对它们的热破坏。船舶或其他人造设备的正常经营活动所附带的活动排除在本定义范围之外。

(6)"油"指任何形式的石油,包括原油、燃料油、油泥、油渣和炼制产品。

(7)"有害物质"指任何排至海洋后有可能导致污染的物质。

(8)"危险物质"指任何具有持久、有毒或生物可累积性的有害物质。

(9)"污染事件"指出现一例或者一系列因为同一个原因而导致石油泄漏或者其他有害物质的排放并对波罗的海的海洋环境、海岸线或者一个甚至多个缔约方的利益造成或者可能造成威胁的事件,且是需要立即采取紧急措施或应对方案的事件。

(10)"地区经济一体化组织"指任何由主权国家组成的组织。组织中的成员国应彼此交换本公约规定事务的缔约能力,包括就这些事务加入国际协议的缔约能力。

(11)"委员会"指第十九条提到的波罗的海海洋环境保护委员会。

第三条 基本宗旨和义务

1. 缔约方应各自或者共同采取合适的立法、行政或其他相关办法,避免和减少污染,以促进波罗的海海域的生态修复和生态平衡的维护。

2. 缔约方应该采取谨慎的原则。比如:如果有理由相信直接或间接排放至海洋环境的物质或能源会危害人体健康,损害生物资源和海洋生态系统,破坏自然景观或影响海域的合法使用,即使没有确凿证据证明排放的物质和所认为的产生的影响之间的因果关系,也应该采取防御措施。

3. 为了减少波罗的海海域的污染,缔约方应该鼓励使用"最佳环境实践"和"最佳可行技术"。如果采用最佳环境实践和最佳可行技术所减少的污染排放量,正如附件2所说,没有带来保护环境的效果,应该采取其他措施。

4. 缔约方应该采取"谁污染,谁付费"的原则。

5. 缔约方应该确保对水体和空气的点源污染和片源污染的测量和计算

方法是科学的,从而能够评估波罗的海海域的海洋环境情况和确保本公约的具体实施。

6. 缔约方应该努力确保实施本公约不会对波罗的海海域以外的地区造成跨界污染。此外,相关措施不应该对空气、大气或水体、土壤和地下水造成不可接受的环境污染,增加垃圾处置量,达到不可接受的有害的程度或增加对人体健康的风险。

第四条 适用

1. 本公约适用于对波罗的海海域海洋环境的保护,包括对水体、海底及其生物资源和其他形式的海洋生物的保护。

2. 在不损害主权的情况下,缔约方的国家主管部门在其领海和内水实施本公约条款。

3. 本公约不适用于任何由国家经营和使用的军舰、海军辅助器、军用飞机或其他船舶和飞机,目前只适用于政府非商业服务。

但是,缔约方应通过采取不影响由其拥有或操作的船舶和飞机的运行和运行能力的恰当方式,确保这些船舶和飞机在本公约范围内以合理恰当的方式运转。

第五条 有害物质

缔约方承诺根据本公约条款,采取措施避免和减少由各种原因产生的有害物质而导致的对波罗的海海域海洋环境的污染,为此采取附件1的程序和方法。

第六条 陆源污染的相关原则和义务

1. 缔约方承诺防止和减少波罗的海海域因陆源污染导致的污染,方法包括但不限于对所有污染源采用最佳环境实践,对所有点源采用最佳可行技术。为实现这一目的,缔约国可在其波罗的海捕鱼区在不影响其主权的情况下实施其他措施。

2. 缔约方应该执行附件3的程序和措施。为此,它们应该在合适的情况下共同合作,研究和制定与水和空气的排入和排出、环境质量和含有有害成分和物质的产品及其使用相关的具体项目、指导原则、标准或规则。

3. 点源导致的有害物质,除非其排放量可以忽略不计,在直接或间接排放至波罗的海海洋环境之前,必须在排放前获得特殊许可。该许可由各国相关的主管部门根据附件3的原则发放,并定期检查。缔约方应确保经许可的对水和空气的排放量得到控制和监管。

4. 如果一条水道流经两国或更多缔约方,或构成缔约方之间的国界,其内的污染物有可能导致对波罗的海海域海洋环境的污染,有关缔约方应该共同采取措施,在可能的情况下,与感兴趣或有关的第三国合作,采取合适的措施避免和减少此类污染。

第七条 环境影响评估

1. 如果某一缔约方发起的活动有可能对波罗的海海域的海洋环境造成明显的负面影响,且根据适用该缔约方的国际法和超国家组织的法规需要对该活动进行环境影响评估,缔约方应该告知委员会或者任何波罗的海海域可能受到跨国界影响的缔约方。

2. 根据适用于活动发起缔约方的国际法或超国家组织的法规,当有必要进行协商的时候,活动发起缔约方应该与任何有可能收到跨国界影响的缔约方进行协商。

3. 当两个或更多缔约方在波罗的海捕捞区内有共同拥有的跨界水域,这些缔约方应合作,确保对波罗的海海洋环境的潜在影响按照本条第 1 款所指的环境影响评估得到全面调查。相关缔约方应该共同采取合适措施避免和减少污染,包括可累积的有害影响。

第八条 避免船舶导致的污染

1. 为了使波罗的海免受船舶带来的污染,缔约方应该采取附件 4 所列的措施。

2. 缔约方应该在船舶产生垃圾接收站的相关条款中制订和应用统一要求,并考虑在波罗的海海域行驶客船的特殊需求。

第九条 游船

除实施本公约中适用于游船的条款之外,缔约方应该采取特别措施减少游船活动给波罗的海海洋环境造成的损害,尤其是为应对空气污染、噪音和水力的影响,以及建设足够的游船垃圾处理站。

第十条 禁止焚烧

1. 缔约方应该禁止在波罗的海海域进行的焚烧行为。

2. 缔约方承诺通过如下船只确保符合本条款的要求:

（1）在其领土境内注册或悬挂其国旗的船只；

（2）在其领土或领海范围内运载需要焚烧的物质的船只；

（3）被认为在其内水和领海范围内参与焚烧的船只。

3. 如果涉嫌焚烧,缔约方应该根据附件9第二条对事件进行合作调查。

第十一条　禁止倾倒

1. 除了本条第2款和第4款列明的特殊情况,缔约方应该禁止向波罗的海海域倾倒。

2. 倾倒疏浚物之前,必须经由有关国家官方机构按照附件5的规定颁发的特别许可。

3. 每一缔约方承诺将通过如下船只和飞行器确保符合本条要求:

（1）在其领土境内注册或悬挂其国旗；

（2）在其领土或领海范围内运载需倾倒的物质；或者

（3）被认为在其内水和领海范围内参与倾倒。

4. 本条不适用于海上船只或飞行器上的人员的生命安全因船只或飞行器的完全破坏或彻底折损而受到威胁的情况,如果倾倒显然是唯一避免此种威胁的办法,而且倾倒产生的损失很有可能比不倾倒少。这种倾倒应该执行,以最大限度地减少给人类或海洋生命可能造成的损失。

5. 第4款所指倾倒应该根据附件7上报和处理,而且应该根据附件5相关规定立即上报委员会。

6. 如果涉嫌违反本条规定进行倾倒,缔约方应根据附件4相关规定合作调查此事件。

第十二条　对海底及其底土的勘探、开发

1. 每一缔约方应采取一切措施避免因其对海底和底土的勘探、开发及相关活动所带来的对波罗的海海域海洋环境的污染,确保做好足够的准备以及时应对此类活动所导致的污染事件。

2. 为了避免和消除此类活动产生的污染,缔约方承诺执行附件6规定的适用的程序和措施。

第十三条　污染事件的通知和协商

1. 一旦缔约方的领土内发生的污染事件有可能污染其领土之外的波罗的海海域海洋环境以及其根据国际法行使主权和管辖权范围之外的相邻海

域,该缔约方应该立即告知利益受到影响或者可能受到影响的缔约方。

2. 第 1 款提到的缔约方认为有必要的情况下,应进行协商,避免、减少和控制此类污染。

3. 第 1 款和第 2 款同样适用于受到第三国领土的污染影响的缔约方。

第十四条 合作应对海洋污染

缔约方应该按照附件 7 的规定分别和共同采取一切必要的措施保证有足够能力应对污染事件,以消除或尽量减少该类事件对波罗的海海域海洋环境的影响。

第十五条 自然保护和生物多样性

缔约方应分别和共同采取一切针对波罗的海海域和受该海域影响的沿海生态系统的适当措施,保护自然生境和生物多样性以及生态过程,还应采取措施确保波罗的海海域自然资源的可持续利用。为此,缔约方应着眼于采用随后的包含适当指导方针和标准的文书。

第十六条 信息汇报和交流

1. 缔约方应定期向委员会报告:

(1)为了执行本公约及其附件和建议的条文所制定的法律、规章或其他措施;

(2)为执行第(1)项所指条文采取措施的有效性;

(3)为执行第(1)项所指条文遇到的问题。

2. 经缔约方或委员会要求,缔约方应尽可能提供有关排放许可、排放数据或环境质量数据方面的信息。

第十七条 向公众开放的信息

1. 缔约方应确保向公众开放如下信息,包括波罗的海及捕捞区的水质情况、为了防止和消除污染已采取的和计划采取的措施以及这些措施的有效性:

(1)办法的许可及要符合的条件;

(2)为检测和评估选取的水和废水的取样结果,检查水质目标的达标情况和许可证情况;

(3)水质目标。

2. 每一缔约方都应确保公众能够在任何合理的时间获得信息,并且通过收取合理的费用,让公众获得信息文件。

第十八条 信息保护

1. 本公约的条款不影响任何缔约方按其国内法和适用的超国家组织法规保护与知识产权相关信息的权利或义务,包括工业或商业秘密、国家安全和个人数据的保密。

2. 如果一缔约方仍决定将上述保护信息提供给另一缔约方,接收信息的一方应尊重信息的保密性以及信息的使用条件,且信息只能用于其提供的目的。

第十九条 委员会

1. 为此公约目的,成立波罗的海海洋环境保护委员会,简称"委员会"。

2. 根据《1974 年波罗的海海域海洋环境保护公约》成立的波罗的海海洋环境保护委员会构成"委员会"。

3. 该委员会的主席由缔约方根据英文名字母先后顺序轮流担任。主席每届任期两年,且担任主席的人员不能是该缔约方的代表。

如果主席无法完成任期,担任主席的缔约方应指定一名继任者,直到主席任期届满。

4. 委员会应每年至少召开一次会议,会议由主席负责召集。如果任何一缔约方和另一缔约方共同有要求,主席应立即召开特别会议,会期不得迟于提出要求后 90 天。

5. 除非本公约另有说明,委员会应一致通过其决定。

第二十条 委员会的职责

1. 委员会的职责应该包括:

(1)确保本公约的实施一直受到监管。

(2)对实现公约目的所实施的措施提供建议。

(3)保持对包括附件在内的公约内容的审查,并向缔约方提出建议,修订附件内容,如改变物质和材料的清单,制定新的附件等。

(4)制定污染控制标准,减少污染的目标以及与措施有关的目标,尤其是附件 3 包括的内容。

(5)为了推动与合适的政府部门的更紧密的合作,考虑到本条第(6)项

的内容,应采取其他保护波罗的海海洋区域的海洋环境的措施:

(a)接受、处理、总结和分发从可用来源获得的科学、技术和统计相关信息;

(b)推动科学和技术研究。

(6)在合适的情况下,寻找主管的区域和其他国际组织合作开展科学与技术研究以及其他对于实现本公约目的非常重要的相关活动。

2. 必要时委员会可以为实现本公约目的承担其他职责。

第二十一条 委员会的行政条款

1. 委员会的工作语言为英语。

2. 委员会应制定运行规则。

3. 委员会办公室称为"秘书处",设在赫尔辛基。

4. 委员会应该指定执行秘书,并在需要的情况下制定任命其他工作人员的法则,确定执行秘书的职责、任期和履职条件。

5. 执行秘书是委员会的首席行政官,应该行使出于管理委员会的必要应有的职责,负责委员会的工作、由委员会委托给执行秘书的其他工作,遵守委员会运行规则。

第二十二条 委员会财务条款

1. 委员会应制定财务规则。

2. 委员会应该为预计花费制订年度或半年度预算,并考虑之后每一财务期的预算估计。

3. 预算总额,包括任何由委员会通过的补充预算,应该由除欧洲经济共同体外的所有缔约方平均分担,另有约定且由委员会全票通过的情况除外。

4. 欧洲经济共同体对预算的承担额度不超过行政经费的2.5%。

5. 每一缔约方应该承担其代表、专家和顾问参加委员会产生的相关费用。

第二十三条 投票权

1. 除本条第 2 款规定外,每一缔约方在委员会均有一票。

2. 欧洲经济共同体和任何其他经济一体化组织,在处理其职权范围内的事务时,拥有投票权的数量是其作为公约缔约方的成员国的总和。如果成员国已经行使了投票权,这些组织将不能行使投票权,反之亦然。

第二十四条　科学和技术合作

1. 缔约方可以直接或者在合适的时候通过主管的区域或其他国际组织间接在科学、技术和其他研究领域开展合作,交换数据和其他科学信息,以实现本公约的目的。为了推动波罗的海海域的研究和监测活动,缔约方承诺协调、许可关于此类活动程序方面的政策。

2. 在不影响本公约第四条第2款的情况下,缔约方直接进行或在适当时候通过主管区域或其他国际组织推动研究,承诺支持或致力于发展项目,制订评估波罗的海海域污染的性质、程度、原因、暴露、风险和补救的方法。尤其是,缔约方承诺将研究处理、处置和消除有可能污染波罗的海海域海洋环境的物质和成分的其他方法。

3. 在不影响本公约第四条第2款的情况下,基于根据本条第1款和第2款获得的信息和数据,缔约方可以直接进行或在合适时候通过主管区域或其他国际组织合作制订可比较的观测方法,合作进行基线研究以及互补性和共同的监测项目。

4. 与执行本条上述任务相关的工作机构和工作范围应首先在委员会说明。

第二十五条　对于损害的责任

缔约方承诺共同制定和接受有关损害责任的规则,这些损害产生的原因是违背本公约的行为或排放,包括但不限于责任范围、确定责任和可采取补救措施的标准和程序。

第二十六条　争端的解决

1. 缔约方对本公约的解释或适用有不同意见时,应通过协商解决。如果无法通过协商解决,缔约方应寻找其他机构或共同要求第三缔约方、有资格的国际组织或有资格的人员进行调停。

2. 如果相关缔约方不能通过协商解决纠纷,或者无法通过上述方式达成共识,在双方均同意的情况下,应将纠纷提交给专门仲裁法庭、永久仲裁法庭或海牙国际法院。

第二十七条　对某些自由的保障

本公约的任何内容都不能视为对航行自由、捕捞自由、海洋科研自由和其他合法使用公海自由的侵犯,也不能视作对领海无害通过权的侵犯。

第二十八条 附件的地位

本公约的附件是本公约不可缺少的一部分。

第二十九条 与其他公约的关系

本公约的所有条款不影响缔约方在已有或者未来根据本公约海洋法的普遍原则发展和制定的法规中规定的责任和权利,尤其是关于防止海洋环境污染的条款。

第三十条 公约修订和修正大会

对本公约进行一般性修改或提交修正案的会议可以经缔约方同意或应委员会的要求召开。

第三十一条 关于公约条款的修订

1. 所有缔约方均可以对该公约的条款提出修订要求。任何此类要求都应提交给受托方,并由其向所有缔约方公布。各缔约方在收到通知之时应尽快告知受托方对该修订要求表示接受还是拒绝。

委员会需要考虑由缔约方提出的修订要求,适用第十九条第 4 款。如果某项修订经委员会采用,适用第十九条第 2 款。

2. 委员会可以就关于该公约条款的修订意见提出建议。任何此类修订意见都应提交给受托方,并由其向所有缔约方公布。各缔约方在收到通知之时应尽快告知受托方对该修订要求表示接受还是拒绝。

3. 修订应于受托方收到所有缔约方接受修订的通知后 90 日内生效。

第三十二条 关于附件的修订及修订的采纳

1. 任何由缔约方提出的关于附件的修订都应经由受托方通知其他缔约方,并由委员会考虑。如果得到委员会采纳,该修订应通知各缔约方,并建议采用。

2. 任何由委员会推荐的关于附件的修订意见都应经受托方通知给其他缔约方,并建议采用。

3. 除非有缔约方在委员会所规定的期限内向受托方提交反对该修订的书面通知,否则在该期限结束之时,默认该修订已被接受。被接受的修订将于委员会确定的日期生效。

如果某缔约方在委员会所确定的截止日期前告知受托方,虽然它想要接受该修订,但是还没有满足作出该接受的章程要求,在这种特殊情况下,委员会所决定的期限可以延长 6 个月,该修订的生效时间也顺延。

4. 该公约的附件可以在符合该条款规定的条件下采纳。

第三十三条　保留条款

1. 该公约的规定不适用于保留条款。

2. 该条第 1 款不阻止缔约方将本公约中的附件、部分附件、对于所涉及附件的修订或已经生效的附件的应用延长不超过 1 年的时间。如有《1974 年保护波罗的海地区海洋环境公约》的缔约方在该公约生效之后,推迟应用附件或部分附件,应在推迟期间采用 1974 年公约的相应附件或部分附件。

3. 如果有缔约方在本公约生效后援引该条第 2 款,必须在委员会采纳附件修订或新附件的时候,告知其他缔约方根据该条第 2 款所需延迟的规定。

第三十四条　签名

本公约于 1992 年 4 月 9 日至 1992 年 10 月 9 日在赫尔辛基向参加 1992 年 4 月 9 日在赫尔辛基召开的保护波罗的海地区海洋环境外交会议的各国和欧洲经济共同体开放签字。

第三十五条　批准、认可及加入

1. 该公约经批准和认可后方可生效。

2. 该公约生效后向所有对履行该公约规定的目标和目的感兴趣的国家和区域经济一体化组织开放加入,前提是这些国家或组织受到所有缔约方的邀请。在区域经济一体化组织能力有限的情况下,其加入该公约的条款和条件可以由委员会和相关组织共同决定。

3. 批准、认可或加入的文书应存放在受托方处。

4. 欧洲经济共同体和其他任何成为该公约缔约方的区域经济一体化组织都要根据其能力以组织自身的名义行使公约赋予其成员国的权利并履行职责。鉴于此,这些组织的成员国不具备单独行使此类权利的能力。

第三十六条　生效

1. 该公约在所有和波罗的海接壤的签约国及欧洲经济共同体将其批准或认可文书存放两个月后生效。

2. 对于每个在该条第 1 款中所述于最后批准或认可文书存放日之前或之后批准或认可该公约的国家,该公约于该国存放其批准或认可文书之日起两个月后生效,或者于该公约生效之日起生效,以两者中较晚之日为准。

3. 对于每个申请加入国或区域经济一体化组织的国家,该公约都在该国或该区域经济一体化组织存放其加入文书之日起两个月后生效。

4. 该公约生效后,1974 年 3 月 22 日在赫尔辛基签署的《1974 年保护波罗的海地区海洋环境公约》修订版将不再适用。

5. 上述公约所采用的建议和决定如果可以兼容,或者没有被该公约或任何据此采纳的决定明确终止,则可以无视该条第 4 款继续使用。

第三十七条 退约

1. 自该条约生效日起 5 年期满后的任何时间,任何缔约方都可以在向受托方递交书面通知后从该公约中退出。该缔约方的退约于受托方收到退约通知的次年 6 月 30 日生效。

2. 收到缔约方的退约通知后,受托方应召开缔约方会议,考虑退约带来的影响。

第三十八条 受托方

芬兰政府作为受托方,应该:

(1)通知所有缔约方和执行秘书下述情况:

(a)签名;

(b)任何批准、认可或加入文书的存放;

(c)该公约生效的任何日期;

(d)关于任何条款或附件的任何提议或建议的修订,或者对新附件的采纳,以及该修订或新附件的生效日期;

(e)第三十一条和第三十二条下的任何通知及其接收日期;

(f)任何退约的通知以及该退约的生效日期;

(g)任何其他与该条约相关的行为或通知。

(2)向加入该条约的国家和区域经济一体化组织传送经核准的条约副本。

兹证明下列经授权的签字人在该公约上签字,以昭信守。

1992 年 4 月 9 日在赫尔辛基签署,共一份英文原件,由芬兰政府保管。芬兰政府应将经核准的副本传送给所有签约方。

附件 **1**

有 害 物 质

第一部分 总 则

1. 简介

为了达到该公约相关部分的要求,各缔约方应使用下列程序进行有害物质的鉴定和评估,见该公约第二条第 7 款。

2. 物质分配标准

物质的鉴定和评估应基于物质的内在属性,即:

(1)持久度;

(2)毒性或其他有害属性;

(3)生物累积倾向。

物质的鉴定和评估还应基于容易导致污染的特征,如:

(1)已观测浓度和最大无影响浓度之比;

(2)跨界或长距影响;

(3)海洋生态系统不良变化的风险以及影响的不可逆转性或持续性;

(4)放射性;

(5)对海产品捕捞或其他合法利用海洋行为的严重干预;

(6)分布结构(如包括的数量、接触海洋环境的使用模式和责任等);

(7)在海洋环境内部或通过海洋环境的已被证明具有致癌、致畸或致突变的特性。

这些特征对于某一特定物质或某组物质的鉴定和评估来说不一定同等重要。

3. 重点有害物质

缔约方应该在其预防性措施中,重点关注以下通常被认作是有害物质的类别:

(1) 重金属及其化合物;

(2) 有机卤素化合物;

(3) 磷和锡的有机化合物;

（4）农药如杀真菌剂、除草剂、杀虫剂、杀黏菌剂，以及用于保护木材、木料、木浆、纤维素、纸张、兽皮和纺织品的化学物；

（5）石油和源于石油的碳氢化合物；

（6）其他有机化合物，尤其是对海洋环境有害的有机化合物；

（7）氮磷化合物；

（8）放射性物质，包括废物；

（9）可能会漂浮、停止不动或下沉的持久性物质；

（10）会给供人类食用的海产品的味道或气味带来严重影响的物质，或者会给水的味道、气味、颜色、透明度或其他特征带来影响的物质。

第二部分　违　禁　物　质

为了保护波罗的海免受有害物质的侵害，缔约方应该全面或部分禁止在波罗的海及其流域使用下列物质或物质群组：

1. 除用于药物外全面禁止使用的物质

DDT（双对氯苯基三氯乙烷）及其衍生物 DDE 和 DDD。

2. 除在现有的封闭系统设备中未到终止使用年限的物质，或用于研究、开发、分析目的的物质以外全面禁止使用的物质

（1）PCB（多氯联苯）；

（2）PCT（多氯三联苯）。

3. 禁止用于某些应用的物质

长度少于 25 米的游船的防污涂料和捕鱼网箱使用的有机锡化合物。

第三部分　杀　虫　剂

为了保护波罗的海免受有害物质的侵害，缔约方应该最大程度上降低或者在合适的时候禁止在波罗的海及其流域使用下列物质或物质群组：

名　称	CAS 号
丙烯腈	107131
艾氏剂	309002
杀螨特	140578

续 表

名 称	CAS 号
镉化合物	—
氯 丹	57749
十氯酮	143500
杀虫脒	6164983
三氯甲烷	67663
1,3 - 二溴乙烷	106934
狄氏剂	60571
异狄氏剂	72208
氟乙酸及其衍生物	766393,144490
七 氯	76448
碳氯灵	297789
异艾氏剂	465736
氯戊环	4234791
铅化合物	–
汞化合物	–
伐草快	4636833
除草醚	1836755
五氯苯酚	87865
多 菧	8001501
五氯硝基苯	82688
硒化合物	–
2,4,5 - 三氯苯酚代乙酸	93765
毒杀芬	8001352

附件 **2**

最佳环境实践和最佳现有技术的使用标准

第一章 总 则

1. 按照该公约相关部分的规定,缔约方应采用下述最佳环境实践和最佳现有技术标准。

2. 为了预防并消除污染,缔约方应对所有污染使用最佳环境实践,对点源污染使用最佳现有技术,通过提供控制策略将来自所有源头的对水和空气的污染输入最小化或者消除。

第二章 最佳环境实践

1. "最佳环境实践"是指应用最合适的措施组合。在选取个别案例时,至少需要考虑下列分层渐进措施:

(1)为公众和用户提供关于选择某种特定活动和产品、其使用过程及最终处置所带来的环境影响方面的信息和教育;

(2)发展并应用包括产品生命周期中各个方面的最佳环境实践准则;

(3)强制在标签上向公众和用户注明与产品相关的环境风险、使用方法和最终处置办法;

(4)收集和处理系统的可用性;

(5)节约资源,包括能源;

(6)循环、回收、再利用;

(7)避免使用有害物质和产品,以及产生有害废物;

(8)对活动、产品或产品群组和排放使用经济手段;

(9)包括一系列限制或禁令的许可系统。

2. 在总体或个别考虑那些措施组合构成最佳环境实践时,尤其需要考虑:

(1)预防原则;

(2)与产品及其生产、使用和最终处置相关的生态风险;

(3)替代材料或活动的潜在环境效益或处罚;

(4)科学知识和理解上的进步和改变;

(5)实施中的时间限制;

（6）社会和经济影响。

第三章　最佳现有技术

1."最佳现有技术"是指工艺、设施或者操作方法发展的最新阶段（最先进水平），意味着某种特定的限制排放的方法是切实可行的。

2. 在认定某种工艺、设施和操作方法是否从整体上或个例上符合最佳现有技术时，需要特别考虑以下几点：

（1）最近成功试验过的对比工艺、设施或操作方法；

（2）科学知识和理解上的进步和改变；

（3）该技术的经济可行性；

（4）应用的时间限制；

（5）相关排放的性质和总量；

（6）无废物、低废物技术；

（7）预防原则。

第四章　未 来 发 展

由此可见，由于技术进步、经济社会因素以及科学知识和理解的变化，"最佳环境实践"和"最佳现有技术"将会随着时间的推移而改变。

附件3

预防来自陆地污染的标准和措施

第一章　总　　则

按照该公约相关部分的规定，缔约方应在所有流域实施该附件中的标准和措施，并考虑到附件2提出的最佳环境实践和最佳现有技术。

第二章　特殊要求

1. 城市污水至少要经过可以同样有效降低重要参数的生物或其他方法处理，对于营养物要进行实质性的降低。

2. 工厂的水管理应致力于构建封闭式水系统或者提高循环率，以尽量避免在任何地点产生废水。

3. 工业废水在混入稀释用水前应单独处理。

4. 含有有害物质或其他相关物质的废水不能和其他废水一同处理，除非与每个废水流的单独净化相比,能够对污染物负荷达到同样程度的降低。废水质量的提高不能带来有害污泥数量的剧增。

5. 向水和空气中排放有害物质的极限值需要在特别许可证中加以注明。

6. 与城市污水处理厂相联系的工厂和其他点源污染应使用最佳现有技术,以避免带来城市污水厂无法处理的危险物质,或者可能干扰污水厂工艺的危险物质。除此之外,也应采取最佳环境实践措施。

7. 需要通过推广并实施最佳环境实践和最佳现有技术来预防并消除鱼类养殖业的污染。

8. 需要通过推广并实施最佳环境实践消除包括农业在内的散源污染。

9. 所使用的杀虫剂应符合委员会设立的标准。

第三章 向工厂发放许可的原则

缔约方承诺在发放该公约第六条第 3 款所述许可时遵循以下原则和程序。

1. 工厂的经营者需要向国家相关主管部门提交数据和信息的申请表。建议该经营者在提交申请前先与国家相关主管部门协商好申请所需的数据(就所需信息和调查的范围达成一致)。

申请至少应该包括以下数据和信息:

基本信息

废水、废气排放地点;

生产种类、生产数量和(或)工艺;

生产过程;

原材料的种类和数量、代理和(或)中间产品;

所有相关来源的未处理废水和未净化气体的数量和质量(如工艺水、冷却水);

关于废水和未净化气体的预处理和(或)最终处理的种类、过程和效率;

关于废水处理和气体净化的预处理和(或)最终处理设施排放口的数量和质量;

在废水处理和气体净化过程中产生的固体和液体废物的数量和质量;

固体和液体废物的处理;

预防工艺失效和事故性溢漏措施的信息;

现有状况以及可能对环境造成的影响。

如有需要,备选方案和其他各种相关影响,如生态、经济和安全方面

其他可能的生产过程;

其他可能使用的原材料、代理和(或)中间产品;

其他可能使用的处理技术。

2. 国家相关主管部门需要对现有状态以及计划采取的活动可能对环境造成的影响进行评估。

3. 国家相关主管部门在对上述各方面进行认真考量并作出综合评估后发放许可,许可至少应包括以下几点:

(1)会对污水排放和(或)废气排放数量和质量造成影响的各部分的特征描述(如生产能力)。

(2)直接和间接污水和废气排放数量和质量(负荷和/或浓度)的极限值。

(3)下列相关说明:

(a)施工和安全;

(b)生产过程和(或)代理;

(c)处理设施的操作和维护;

(d)材料、物质以及废物处理的回收;

(e)经营者将采取的控制种类和程度(自我控制);

(f)如发生工艺失效和事故性溢漏所采取的措施;

(g)准备使用的分析方法;

(h)经营者计划进行的改造、翻新和调查的日程安排;

(i)经营者监督和(或)自我控制、翻新和调查措施报告的日程安排。

4. 国家相关主管部门或经国家相关主管部门授权的某独立机构应:

(1)通过抽样和分析检查废水和(或)废气排放的数量和质量;

(2)控制许可要求的达标;

(3)安排监督废水排放和废气排放的各个方面;

(4)必要时复审许可。

附件 4

预防来自船只的污染

第一章　合　作

缔约方应在保护波罗的海水域免受来自船只的污染方面进行合作：

（1）在国际海事组织内部，特别是在推动基于该公约的基本原则和义务方面的国际规则方面进行合作，同时也包括推动使用附件 2 中定义的最佳现有技术和最佳环境实践。

（2）高效协调地实施国际海事组织采用的规则。

第二章　协助调查

缔约方应在不对该公约第四条第 3 款带有成见的情况下，酌情互相帮助调查在波罗的海水域已经发生或疑似已经发生的违反现有反污染措施法规的行为。这种协助可能包括但并不限于相关部门调查油类记录簿、货物记录簿、航海日志和轮机日志，以及将油类拿去用于分析识别。

第三章　定　义

1. "管理部门"是指许可该船只运营的缔约方政府。对于有权悬挂任何国旗的船只，管理部门是指该国政府。对于固定式或漂浮式平台以及对临近海岸进行海床和底土开发的船只，而沿海国家在勘探开发本国自然资源方面行使主权的情况，管理部门是指相关沿海国家的政府。

2.（1）和有害物质或含有此类物质的污水有关的"污水排放"，是指所有来自船只的排放，包括任何泄漏、处理、溢出、渗漏、抽水、喷散或排空行为。

（2）"污水排放"不包括：

（a）1972 年 12 月 29 日在伦敦签署的《预防倾倒废物和其他海洋污染物公约》中所允许的倾倒；

（b）勘探、开发和处理相关的近海海床矿物质资源直接带来的有害物质；或者

（c）合法科学研究降低或控制污染所排放的有害物质。

3. "从最近的陆地"是指从该国根据国际法所设的领海基线开始。

4. "管辖"的解释应符合该附件采纳或解读时有法律效力的国际法。

5. "MARPOL 73/78"是指 1973 年的《预防船只污染国际公约》，该公约于

1978 年由协议修订。

第四章　MARPOL73/78 附件的采用

在第五章的范围内,缔约方应采用 MARPOL73/78 附件的规定。

第五章　污　　水

缔约方应遵守该条约下第一条至第四条以及第五条、第六条关于在波罗的海作业船只污水排放的规定。

1. 定义

在本章中定义如下:

(1)"污水"是指:

(a) 任何形式的厕所、小便池和厕所排水管排出的污水和其他废物;

(b) 医疗设施(药房、医务室等)通过洗脸盆、洗衣盆和在此类场所的排水管排出的污水;

(c) 存放活体动物地点的污水;或者

(d) 其他废水和上述污水的混合物。

(2)"存储器"是指用于收集并存储污水的容器。

2. 应用

本章的规定应适用于:

(1) 总吨位在 200 吨及以上的船只;

(2) 总吨位不足 200 吨,但允许搭载超过 10 人的船只;

(3) 没有测量吨位且允许搭载超过 10 人的船只。

3. 污水排放

(1)按照本章第四条的规定,除以下情况外,禁止向海洋中排放污水:

(a)船只距离最近的陆地超过 4 海里时,使用经管理部门许可的系统排放经粉碎和消毒的污水,或者在确保存储器中的污水不会瞬间排出,而是在船只航行速度不超过 4 海里/小时的情况下沿途匀速排出的前提下,可在距离最近的陆地超过 12 海里时排放未经粉碎和消毒的污水;或者

(b)船只配有在运行中的经管理部门批准的污水处理系统,并且污水处理系统的检测结果记录在船只文档中。

另外,排出的污水不应产生可见的固体漂浮物,也不应导致周围水域变色。

（2）当污水和废物或符合不同排放标准的废水混合在一起时,需要采取更为严格的标准。

4. 例外

该附件的第3条不适用于:

（1）为了保证船只和船上人员的安全或者海上救援而必须排放污水的情况;

（2）因为船只或其设备受损而排放污水的情况,并且在此情况下所有合理的防范措施都已经在损坏发生前后采取,以预防或最大程度减少排放。

5. 接收设施

（1）每个缔约方都承诺确保在波罗的海水域的港口和终端设置接收污水的设施,不会造成船只的不当延误,能够满足船只使用的要求。

（2）为了确保接收设施的管道和船只的排水管道相连,两条管道都要按照下表标准连接:

排放连接法兰的标准尺寸	
描　　述	尺　　寸
外直径	210 毫米
内直径	根据管道外直径设定。
螺栓圆直径	170 毫米
法兰槽	4 个 18 毫米直径的孔等距分布在上述直径的螺栓圆周上,在法兰边缘开槽,槽宽为 18 毫米。
螺栓和螺母的数量和直径	4 个,每个直径为 16 毫米,数量足够,长度合适。
法兰的设计要能容纳内直径最大为 100 毫米的管道,其材料应为平面的钢材或其他等效材料。该法兰和配套的垫圈一起,应该能承受 6 千克/厘米的工作压力。	

对于型深小于等于 5 米的船只,排放连接的内直径应为 38 毫米。

6. 检测

（1）通过波罗的海的国际航线的船只应经过下列检测:

（a）船只交付使用之前或者在第一次获得本章第 7 条所要求的证书之前进行初始检测时,需要确保:

（ⅰ）当船只上配备有污水处理系统时,该系统应该满足基于委员会所建议的标准和检测方法的操作要求,并应得到管理部门的批准;

（ⅱ）当船只上配备有粉碎消毒污水系统时,该系统应该满足基于委员会所建议的标准和检测方法的操作要求,并应受到管理部门的批准;

（ⅲ）当船只上配备有存储器时,考虑到船只作业、船上人员数量和其他因素,该存储器的容量应该满足管理部门关于保留所有污水的规定。存储器应该满足基于委员会所建议的标准和检测方法的操作要求,并应受到管理部门的批准;

（ⅳ）当船只配备有向接收设施排放污水的管道时,该管道应该按第四条要求安装标准接头,或者对于贸易船只来说,需要有能被管理部门所接受的其他标准装置,如快速连接耦合。

该检测应该能够确保设备、装置、安排和材料完全符合本章的应用要求。

管理部门应该承认其他缔约方授权颁发的污水处理系统"典型试验证书"。

（b）管理部门应按不多于 5 年的时间间隔进行定期检测,以确保设备、装置、安排和材料完全符合本章的应用要求。

（2）关于船只对本章规定执行情况的检测应由管理部门官员进行。但是,管理部门可以委托任命专门检验员或者经认证的机构来进行检测,不管哪种情况,相关管理部门都应保证检测的完整性和效率。

（3）每次船只检测完毕后,都不应在没有得到管理部门批准的情况下对检测所涉及的设备、装置、安排或材料进行大的变动,除非直接更换这些设备或装置。

7. 证书

（1）如果在波罗的海水域准载超 50 人的国际航线的船只通过了本章第六条规定的检测,应向其颁发《预防污水污染证书》。

（2）该证书应由管理部门或者经管理部门正式授权的个人或组织颁发,不管何种情况,管理部门都对证书负有全责。

（3）《预防污水污染证书》应按 MARPOL 73/78 中附件 4 所给的模板格式起草,如果语言不是英语,文本有效期不能超过 5 年。

（4）如果设备、装置、安排或材料未经委员会批准而发生重大改变,该证书宣告无效,除非直接更换这些设备或装置。

附件5

全面禁止向波罗的海倾倒废物和其他物品的豁免

第一章

根据该公约第十一条第2款的规定,如在海上倾倒疏浚弃土,倾倒的禁令不适用于下列情况:

(1)只有在符合委员会采纳的指南时才可以倾倒含有附件1中所指的有害物质的疏浚弃土。

(2)倾倒应在获得国家有关部门事先颁发的特别许可的情况下进行,应满足下列条件之一:

(a)内陆水内部和缔约方领海;

(b)任何必要的时候在事先征询过委员会后,在内陆水和领海外部倾倒。

当颁发此类许可时,缔约方应遵照本附件第3章的规定。

第二章

1. 该公约第十一条第2款所指的国家有关部门应该:

(1)颁发该附件第一章所规定的特别许可;

(2)记录允许倾倒的物质的性质和数量,以及倾倒的地点、时间和方法;

(3)如果所涉及的倾倒物品有可能对波罗的海的水质或有机物造成污染、被捕鱼工具捕获,或者带来环境破坏的话,应收集关于最近一直到该公约生效前倾倒入波罗的海水域物品的性质和数量的有效信息,并同时收集该倾倒的地点、时间和方法的相关信息。

2. 国家有关部门应该按照该附件第一章的规定向倾倒入波罗的海的物品颁发特别许可:

(1)在该国领土装货;

(2)在于该国领土注册的船只或飞机上装货,或在悬挂该国国旗的船只或飞机上装货,而装货过程发生在非该公约缔约方国家的领土。

3. 每个缔约方都应向委员会汇报,并在合适的时候向其他缔约方汇报该附件第二章第1条第(3)款规定的信息。接下来所应采取的程序和报告的性质将由委员会决定。

第三章

当国家有关部门按照该附件第一章的规定颁发特别许可时,应考虑到:

(1)将要倾倒的疏浚弃土的数量。

(2)附件 1 中提到的有害物质的内容。

(3)地点(如倾倒区域的坐标、离海岸的深度和距离等)以及其和特殊利益区域的关系(如环境美化带、产卵区、育苗区、渔区等)。

(4)如果倾倒发生在领海以外,水分特征包括以下内容,且有关以下内容的数据应该包括该段所述属性的年平均水平和季节变化:

(a)水文属性(如温度、盐度、密度、横截面);

(b)化学属性(如酸碱度、溶解氧、营养物);

(c)生物属性(如初级生产和底栖动物)。

5. 其他可能在倾倒区域已经发生的其他倾倒及其产生的影响。

第四章

根据该公约第十一条第 5 款作出的报告,应该包括待委员会决定的报告形式的待提交信息。

附件 6

预防近海活动污染

第一章　定　　义

该附件规定:

(1)"近海活动"是指在任何固定或漂浮的近海装置或结构上进行的所有油气勘探开发活动,包括所有在此之后的相关活动;

(2)"近海单元"是指任何从事油气勘探、开发或生产活动以及石油的装货和卸货活动的固定或漂浮的近海装置或结构;

(3)"勘探"是指任何钻井活动,但是不包括地震勘察;

(4)"开发"包括任何生产、试井或模拟活动。

第二章　最佳现有技术和最佳环境实践的使用

缔约方承诺通过使用附件 2 中定义的最佳现有技术和最佳环境实践,来预防并消除近海活动造成的污染。

第三章　环境影响评估和监控

1. 环境监测应该在某项近海活动允许开始之前进行。在第五章提到的开发中,需要在近海活动获准开始之前将监测结果通知委员会。

2. 与环境影响评估相关的有关近海单元的附近海域环境敏感度应从以下几个方面评估:

(1)该区域对鸟类和海洋哺乳动物的重要性;

(2)该区域作为鱼类、贝类和水产养殖业渔场或产卵场的重要性;

(3)该地区的娱乐价值;

(4)沉积物的构成测定,包括粒度分布、干物质、烧失量、总烃含量,以及钡、铬、铅、铜、汞、镉的含量等;

(5)底栖动物的丰富和多样性以及选择的脂肪族烃和芳烃的含量。

3. 为了监测近海活动研究勘探阶段的最终后果,作业前至少应该执行上述第(4)款和第(5)款的工作,作业过程中监测频率为每年一次,作业后监测结束。

第四章　勘探阶段的排放

1. 只有在出于必要的地理、技术或安全原因,并且经国家有关部门预先授权后,方可使用油基钻井泥浆和包含其他有害物质的泥浆。在这种情况下,需要采取合适的措施,提供合适的装置,从而避免将此类泥浆排入海洋环境。

2. 使用油基钻井所产生的油基钻井泥浆和钻屑不能排入波罗的海,而是要在最终处理之后带上岸,或者用一种环境可以接受的方式处置。

3. 水基泥浆和钻屑的排放应该获得国家有关部门的授权,在获得授权之前,必须证明水基泥浆的成分是低毒性的。

4. 不允许将水基钻井泥浆产生的钻屑排放在波罗的海的特别敏感地带,如有水交换的封闭区或浅水区,以及有珍稀、有价值或特别脆弱的生态系统的地区。

第五章　开发阶段的排放

除了附件4的规定,排放还应遵守下列规定:

(1)每次单独作业中,所有的化学品和材料都应带上岸,并且只有在获得国家有关部门的授权后方可排放;

（2）禁止排放生产用水和排水用水,除非可以通过委员会采用的采样和分析方法证明其含油量少于15毫克/升;

（3）如果通过使用最佳环境实践和最佳现有技术无法达到该极限值,国家有关部门可以要求适当采取补充措施来预防可能给波罗的海海洋环境造成的污染。如有必要,可以允许提高极限值,但是要尽量保持在低数值,决不能超过40毫克/升,含油量应按照上述第（2）款的规定测量;

（4）在任何情况下,允许的排放都不能给海洋环境带来不可接受的影响;

（5）为受益于未来清洁技术和生产技术的发展,国家有关部门必须定期复审排放许可,并相应修改排放极限值。

第六章　报告程序

每个缔约方都应要求作业者或任何负责近海单元的个人根据该公约附件7第五章的规定进行报告。

第七章　应急预案

每个近海单元都应有经国家有关部门设立程序批准的应急方案。该方案需要包括关于预警和通信系统的信息、应对措施的组织、预装设备清单以及在发生污染事件时准备采取的不同种类措施的描述。

第八章　废弃近海单元

缔约方应确保完全移除废弃不用的近海单元和意外失事的近海单元,由所有者负责移到岸上,并且堵住废弃的钻井。

第九章　信息交换

缔约方应持续通过委员会交换信息,内容涉及所有计划中或已完成的近海活动地点和性质、排放量以及采用的应急措施。

附件7

污染事件的应对

第一章　总　则

1. 缔约方承诺保持对波罗的海海洋环境造成威胁的污染事件作出回应的能力,该能力包括为海岸水域和公海作业准备足够的设备、船只和人力。

2.（1）除了第十三条所述的事件,当发生在缔约方响应区域的污染事件影响到或可能影响到其他缔约方的利益时,该缔约方应立即通报此污染事件。

(2)在发生重大污染事件时,其他缔约方和委员会应该以最快速度得到通知。

3. 一旦发生严重污染事件,各缔约方同意根据自己的能力和相关资源的可得性合力应对。

4. 除此之外,缔约方还应采取其他措施用于:

(1)在其海岸线外定期进行监测;

(2)与其他缔约方合作并交换信息,以提高应对污染事件的能力。

第二章 应 急 方 案

各缔约方应该拟订国家应急方案,并酌情与其他缔约方在双边或多边方案上合作,以合力应对污染事件。

第三章 监 测

1. 为了防止违反现有的关于预防来自船只污染的规章,各缔约方应单独或合作发展并应用覆盖波罗的海的监测活动,从而识别并监测在该海域排放的石油和其他物质。

2. 各缔约方应采取适当措施来进行第 1 条规定的监测,尤其是带有遥感系统的空中监测。

第四章 响 应 范 围

各缔约方尽快达成双边或多边共识,规定应该在波罗的海水域进行监测活动的范围,以及在一旦发生重大污染事件或有可能发生重大污染事件时应采取的应对措施。此类协议不能损害缔约方之间曾就此事达成的任何其他协议。各缔约方应知会其他缔约方和委员会。

第五章 报 告 程 序

1.(1)每个缔约方都应要求悬挂该国国旗船只的船主或负责人报告在其船上发生的任何与石油和其他有害物质排放或可能排放相关的事件,不得延误。

(2)报告应提交给最近的沿海国家,并符合 1973 年的《国际预防船只污染公约》中的协议 I 第八条的规定,该条约经由 1978 年协议修订(MARPOL 73/78)。

(3)缔约方都应要求悬挂该国国旗船只的船主或负责人以及飞机的飞行员根据该系统报告在海上观察到的重大石油或其他有害物质的泄漏,不得延误。该报告应该尽可能多地包括下列数据：事件、位置、风况、海况以及所观察到泄漏的种类、范围和可能来源。

2. 上述第（2）款的规定也适用于在该公约第十一条第 4 款规定下的倾倒。

第六章　船上的应急措施

1. 按照 MARPOL 73/78 的要求，每个缔约方应该要求有权悬挂该国国旗的船只有船上石油污染应急方案。

2. 根据有关部门的要求，如果发生污染事件，每个缔约方应该要求悬挂该国国旗船只的船主提供关于船只和货物的详细信息，或者要求在该国辖区内作业的固定或漂浮平台的负责人提供和预防或响应该区域污染行动相关的生产信息，并配合这些部门工作。

第七章　响应措施

1. 当污染事件发生在缔约方的响应区时，缔约方应对形势进行必要的评估，采取合适的响应，从而避免随后带来的环境影响或最大程度降低该影响。

2.（1）根据第（2）款的规定，各缔约方应采用机械设备来应对污染事件。

（2）只有在特殊情况并经授权后方可使用化学剂，并且应经国家相关部门按情况逐一决定。

3. 如果泄漏物质漂流或者有可能漂流到其他缔约方的响应区域，应将情况以及已经采取的措施尽快告知相应的缔约方。

第八章　协　　助

1. 根据第一章第 3 条的规定：

（1）缔约方有权在应对海上污染事件时要求其他缔约方协助；

（2）各缔约方应该尽最大努力提供协助。

2. 各缔约方应该采用必要的法律或行政措施来推动：

（1）在其领土范围内响应污染事件或者运输应对该事件所需人员、货物、材料和设备的船只、飞机或其他交通工具的到达、使用和离开；以及

（2）第 1 条第（1）款中所提到的人员、货物、材料和设备进入、通过和离开其领土的迅速行动。

第九章　协助费用的偿付

1. 各缔约方应该根据第八章和本章的规定承担协助费用。

2.（1）如果一个缔约方在另一个缔约方的明示请求下采取行动,则提出请求的一方应为提供协助的一方支付行动费用。如果取消请求,提出请求的一方应承担提供协助的一方已经产生的费用。

（2）如果某缔约方主动采取行动,则该缔约方应承担行动所产生的费用。

（3）除非相关方就具体情况另外达成协议,否则要遵循上述第（1）款和第（2）款规定的原则。

3. 除非另有协议,否则在某缔约方应另一缔约方请求采取行动产生费用时,应按照法律和提供协助方的现行做法公平计算。

4. 本章的规定不能以任何方式损害缔约方在其他国际法和国内或超国家组织规章的可适用规定和规则下从第三方收回应对污染事件所产生的行动费用的权利。

第十章　定期合作

1. 每个缔约方都应向其他缔约方和委员会提供以下信息:

（1）其处理海上石油和其他有害物质泄漏的组织;

（2）与海上石油和其他有害物质污染准备和应对直接相关的规章和其他事务;

（3）负责接收和分发关于海上石油和其他有害物质污染报告的主管部门;

（4）根据该附件处理缔约方之间相互协助、信息和合作相关问题的主管部门;

（5）根据该附件第 7 章和第 8 章所采取的行动。

2. 各缔约方应交换关于研究和发展项目的信息,这些项目的结果事关海上石油和其他有害物质污染的可能的处理方法,以及此类污染的监测活动经验和响应。

3. 各缔约方应定期安排联合实战演习和警报演习。

4. 各缔约方应在与《石油污染预警、响应与合作国际公约》的执行和进一步发展相关的问题上与国际海事组织展开合作。

第十一章　HELCOM 应对手册

各缔约方同意在可行的情况下应用《预防海洋污染的合作手册》中所列的原则和规则（在该附件中有详细阐述）,并为此目的经委员会或委员会授权的另一委员会采用。

保护黑海免受污染公约

（1992 年 4 月 21 日）

缔约当事国由于以下原因，签订本公约：

决定采取行动，以期在保护黑海海洋环境及其生物资源方面取得进步；

认识到黑海海洋环境的经济、社会和健康价值的重要性；

相信主要通过黑海周边国家的共同努力，黑海的自然资源和优美环境得以维护；

考虑到普遍接受的国际法规章制度中有保护和维护海洋环境及其生物资源的一般国际法的原则、习惯和规则；

考虑到经修正的《1972 年防止倾倒废物及其他物质污染海洋公约》、经修正的《经 1978 年议定书修订的 1973 年国际防止船舶造成污染公约》、《1989 年控制危险废物越境转移及其处置公约》和《1990 年国际石油污染防备、响应和合作公约》的相关规定；

认识到在欧洲安全与合作会议通过的原则的重要性；

考虑到他们在维护、开发和发展黑海生物生产潜力的利益；

牢记黑海沿岸是重要的国际度假区，黑海国家在沿岸为公众健康和旅游事业进行了大量投入；

考虑到黑海特殊的水文地理和生态特征及其动植物对海水温度及成分变化的敏感性；

注意到黑海海洋环境也被欧洲其他国家主要通过河流带来的陆源污染物污染；

重申他们愿意在维护黑海的海洋环境和保护黑海的生物资源免受污染方面进行合作;

注意到为实现本公约的目标,有必要进行科学、技术和科技方面的合作;

注意到现有国际协定并未囊括第三国的污染物对黑海海洋环境造成污染的各个方面;

认识到有必要统筹地区保护和提升黑海海洋环境的做法,与相关国际组织紧密合作。

第一条 适用范围

1. 本公约适用于黑海,南部界限为适用于本公约目的的 Kelagra 角和 Dalyan 角的连接线。

2. 基于公约的目的,本公约所指黑海包括各缔约方在黑海的领海和专属经济区。然而,为本公约的目的,本公约的任何议定书可能另有规定。

第二条 定义

基于本公约的目的:

(1)"海洋环境污染物"指人类活动直接或间接带来的进入海洋环境(包括河口)的,能导致或可能导致危害生物资源和海洋生物、危害人类健康、妨碍包括捕鱼和其他合法利用海洋的活动、减损海水利用的质量以及损害环境等的物质或能量。

(2)(a)"船舶"指任何类型的海洋环境营运的船舶,包括自动与人工的水翼船、气垫运载工具、潜水器、浮船以及平台和其他海上人工构造物。

(b)"航空器"指任何类型的空中环境营运的航空器。

(3)(a)"倾倒"是指:

(i)从船舶和航空器上对废物或其他物质做的任何故意处置;

(ii)对船舶或航空器做的任何故意处置。

(b)"倾倒"不包括:

(i)将船舶、航空器及其设备的正常运作所伴生或产生的废物或其他物质处置到海洋中,但为处置此种物质而运作的船舶、航空器所运输或向其运输的废物或其他物质除外;

(ii)并非为单纯物质处置的物质放置,但此种放置不应违背本公约的宗旨。

（4）"有害物质"指任何有毒、有害的物质或其他物质。其进入海洋环境将导致污染或因其有毒性、持久性或生物聚集性对生物进程带来不利影响。

第三条　一般规定

缔约方在权利义务完全平等、尊重国家主权与独立、不干涉他国内政、互利和其他国际法有关原则和准则的基础上加入该公约。

第四条　主权豁免

本公约不适用于任何军舰、海军辅助船或由国家拥有或使用并在当时用于政府非商业性服务的其他船舶。

但是，每一缔约方应确保在采取不影响其拥有或使用的这类船舶或航空器操作的措施时，这些船舶或航空器的行为方式，应尽量与本公约的目标一致。

第五条　一般承诺

1. 每一缔约方应确保公约在黑海的此范围内的适用，即行使主权和主权权利、管辖权，不损害其他缔约方根据国际法规则产生的权利和义务。

为实现本公约目的，每一缔约方应注意其内水水域的污染对黑海海洋环境的不利影响。

2. 在适当的情况下，缔约方应该单独或共同采取一切必要的、符合国际法和本公约规定的防止、减少、控制污染物以保护、维护黑海海洋环境的措施。

3. 为了执行本公约，如有必要，缔约方可以在本公约已有议定书和附件之外，细化添加其他议定书和附件。

4. 各缔约方加入黑海海洋环境保护、维护的双边或多边协定时，应努力确保这些协定与本公约一致。这些协议的副本应通过本公约第十七条所界定的委员会转交其他缔约方。

5. 缔约方将在他们成立的主管国际组织内，合作推进拟定促进黑海海洋环境保护、维护的措施。

第六条　有害成分和物质的污染

每一缔约方应防止本公约附件所列明的成分或物质对黑海海洋环境的污染。

第七条　陆源污染

鉴于《保护黑海海洋环境免受陆源污染议定书》应成为本公约的有机组成部分,各缔约方应防止、减少和控制陆源污染物对黑海环境的污染。

第八条　来自船舶的污染

各缔约方应根据普遍接受的国际规则和标准,单独采取或在必要时联合采取一切适当措施,防止、减少和控制船舶对黑海海洋环境造成的污染。

第九条　紧急情形下联合应对污染

鉴于《紧急情形下联合应对黑海石油污染或其他有害物质污染议定书》构成本公约的有机组成部分,各缔约方应合作防止、减少和应对紧急事件对黑海海洋环境的污染。

第十条　倾倒导致的污染

1. 鉴于《保护黑海海洋环境免受倾倒废物污染议定书》构成本公约有机组成部分,各缔约方应采取一切适当的措施,防止、减少和控制因倾倒带来的污染。

2. 各缔约方在各自的管辖范围内,不得允许非黑海国家的自然人或法人倾倒废物。

第十一条　大陆架上活动造成的污染

1. 每一缔约方应尽快制定法律和规章,并采取措施以防止、减少和控制由大陆架上的活动(包括大陆架资源的勘探和开采)导致的对黑海海洋环境的污染。

各缔约方应通过委员会告知其他缔约方在此方面通过的法律、规章和措施。

2. 各缔约方应在该领域适当合作,努力实现本条第 1 款所指的措施的协调统一。

第十二条　来自或通过大气传播的污染

各缔约方应通过法律、规章和采取单独或协同的措施防止、减少、控制来自大气的污染物对黑海海洋环境的污染。该法律、规章、措施应适用于其领空、悬挂其国旗的船舶以及在其领土范围内登记的船舶或航空器。

第十三条　海洋生物资源的保护

当缔约方按照公约采取措施防止、减少和控制对黑海海洋环境的污染时,应特别注意避免对海洋生物和生活资源的伤害,特别是避免改变其生境或对黑海捕鱼和其他合法用途造成障碍。在此方面,应充分考虑主管国际组织的建议。

第十四条　越境转移危险废物导致的污染

缔约方应按照其共同通过的议定书,在防止越境转移危险废物带来的黑海海洋环境污染和打击越境非法贩运废物方面采取一切符合国际法的措施及合作。

第十五条　科学技术合作及监测

1. 各缔约方应在旨在保护、维护黑海海洋环境的科学研究方面展开合作,并承诺在适当范围内联合开展科研项目,交换相关科学数据和信息。

2. 各缔约方应在旨在实现以下目的的研究方面开展合作:

发展评估污染性质和程度的方法以及评估污染物在水柱和沉积物方面对生态系统的影响,检测污染区域,检查评估风险及寻求补救方法,寻找替代性方法以处理、处置、消除和利用有害物质。

3. 各缔约方应通过委员会合作设立适当的科学标准,以制定和细化规则、标准和可推荐的做法和程序,防止、减少和控制黑海海洋环境的污染。

4. 各缔约方应通过委员会或其他方式(在适当时候,可以同其认为合格的国家组织合作)建立涵盖所有污染源的互补或联合监测项目,并建立黑海污染监测系统。该系统应视具体情况观测、测量、评估和分析对黑海海洋环境有污染风险或影响的双、多边项目。

5. 当缔约方有合理理由相信,在其管辖或控制下的活动可能对黑海的海洋环境造成重大污染或重大有害的变化,其应在该活动开始前,根据所有相关资料和监测数据,评估潜在影响,并向委员会通报该评估的结果。

6. 各缔约方应视具体情况在开发、获得、引进清洁、低污染的技术上合作,特别是通过采用促进此类技术交流的方式。

7. 每一缔约方应指定国家主管部门负责科学活动和监测。

第十六条　责任和赔偿

1. 缔约方有责任履行其保护和维护与黑海海洋环境相关的国际义务。

2. 每一缔约方应制定规则和条例,对其根据国际法行使主权、主权权利及管辖权的黑海区域造成海洋环境损害的自然人、法人追究法律责任。

3. 每一缔约方应确保在其管辖范围内,自然人或法人对黑海海洋环境所造成的损害能诉诸其司法系统,并得到及时、充分的赔偿或其他救济。

4. 各缔约方应在完善和协调有关黑海海洋环境污染所致损害的责任、评估和赔偿的法律、法规和程序方面开展合作,确保黑海作为一个整体得到最高程度的保护,最大限度地防止被污染。

第十七条　委员会

1. 为了实现本公约的目的,缔约方应建立"保护黑海免受污染委员会",以下简称"委员会"。

2. 每一缔约方向委员会指定一名代表。该代表可由副代表、顾问和专家陪同。

3. 委员会主席由缔约方按照英文字母排序轮流担任。委员会首任主席应由保加利亚共和国代表担任。

主席的任期为1年,在其任期内,不能担任该国代表的职务。如果主席一职空缺,主持该委员会的缔约方应任命继任者主持工作,直至其主席任期届满。

4. 委员会每年应至少召开一次会议。应缔约方任何一方的要求,主席应召开特别会议。

5. 委员会的所有决定和建议案必须由黑海国家一致通过。

6. 委员会在其活动中应由一个常设秘书处辅助。委员会提名委员会秘书处执行主任和其他官员。执行主任应按照委员会的既定规则委任技术人员。秘书处应由所有黑海国家的国民组成。

委员会和秘书处的总部设在伊斯坦布尔。经缔约方协商一致,总部的位置可以改变。

7. 为履行职能,委员会应根据本公约的规定,通过议事规则,决定组织的活动和建立附属机构。

8. 缔约方的代表、副代表、顾问和专家,根据国际法规则在其他缔约方的领土上享有外交特权和豁免权。

9. 秘书处官员的特权和豁免权,应由缔约方协议决定。

10. 委员会应有为行使其职能所必需的法律行为能力。

11. 委员会应与东道国缔约方缔结一项总部协定。

第十八条　委员会职能

委员会应：

（1）促进本公约的实施，并向各缔约方通报其工作；

（2）为实现本公约的宗旨所必须采取的措施提出建议案；

（3）考虑与本公约的执行相关的问题，并且在需要时提出对公约和议定书及其附件的修正建议案；

（4）制定有关预防、减少、控制黑海海洋环境污染物及消除污染物影响的标准，并提出应对该影响的建议措施；

（5）推广缔约方为保护黑海环境所采取的其他措施，并为此接收、处理和向缔约方传播相关的科学、技术和统计信息，推进科学技术研究；

（6）为实现本公约的目标，与相关国际组织合作，特别是注重开发合适的项目或获得支持；

（7）考虑缔约方提出的任何问题；

（8）执行本公约其他条款可能涉及的职能，或缔约方协商一致分配给委员会的其他职能。

第十九条　缔约方会议制度

1. 在委员会提出建议案时，缔约方应举行会议。某一缔约方提出会议要求的情况下，应在 10 日内召开会议。

2. 缔约方召开会议的主要目的是根据委员会的报告审查公约和议定书的执行情况。

3. 非黑海国家加入本公约，可以以顾问的身份参加缔约方会议。

第二十条　公约修正案和（或）议定书修正案的通过

1. 任一缔约方均能对公约条文提出修正案。

2. 任一缔约方均能对任何议定书提出修正案。

3. 任何建议的修正案都应送交保存，并经外交渠道向所有缔约方和委员会通报。

4. 本公约和任何议定书的修正案，必须在保管的修正案经各缔约方参阅后 90 天内召开的缔约方外交会议上协商一致通过。

5. 修正案必须在保管处收到所有的缔约方表示同意的通知的 30 天后

生效。

第二十一条　附件及其修订

1. 公约的附件及任何议定书的附件视情况应成为公约或该议定书的有机组成部分。

2. 任一缔约方均可通过其在委员会的代表提出对公约附件或任意议定书附件的修正案。该修正案应基于协商一致的原则在委员会通过。保管方在收到委员会主席的决定后,应立即将已通过的修正案通报所有缔约方。受托方收到各缔约方表示同意修正案的通知的 30 天后,修正案正式生效。

3. 本条第 2 款的规定适用于本公约或任何议定书的新附件的通过和生效。

第二十二条　修正案生效的通知

受托方必须经外交途径,通知所有缔约方根据公约第二十条和第二十一条通过的修正案的生效日期。

第二十三条　财务细则

缔约方在一致的基础上决定所有财务事项,并考虑委员会的建议。

第二十四条　与其他国际文书的关系

本公约的任何规定不得以任何方式影响各国按照国际法对其领海建立的主权、对其专属经济区和大陆架的主权权利和管辖权,也不得影响船舶和航空器根据国际法和相关国际文书享有的航行权利与自由。

第二十五条　争端的解决

缔约方对公约的解释和执行存在争议时,应通过谈判或其他自愿的和平方式解决。

第二十六条　附加议定书的通过

1. 根据某一缔约方的要求或委员会的建议,可召集缔约方外交会议,经缔约方全体同意后通过附加议定书。

2. 附加议定书的签署、批准、接受、核准、加入、生效和废止应遵照公约第二十八条、第二十九条、第三十条规定的程序完成。

第二十七条　保留条款

本公约不制定保留条款。

第二十八条　签署、批准、接受、核准和加入

1. 本公约向黑海国家开放签署。

2. 本公约必须经签署的国家批准、接受或核准。

3. 本公约对有兴趣实现公约目的,对黑海海洋环境的保护和维护作出重大贡献的非黑海国家开放。公约受托方负责向该国发放关于加入公约的邀请。

4. 批准、接受、核准或加入文书应交存于受托方。本公约的受托方为罗马尼亚政府。

第二十九条　生效

公约将在批准、接受、核准的第四份文书交存于受托方之日的 60 天后生效。

对于按照第二十八条加入本公约的国家,公约将于其加入书交存后 60 天生效。

第三十条　公约的退出

在本公约生效之日起 5 年届满后,任何缔约方均可以书面通知保管处,退出本公约。退出公约通知将于该年 12 月 31 日生效。在接下来的一年,受托方将得到通知。

本公约于 1992 年 4 月 21 日在布加勒斯特以英文写成。

附件

1. 有机锡化合物。

2. 有机卤素化合物,如 DDT、DDE、DDD、PCB。

3. 持久性有机磷化合物。

4. 汞和汞化合物。

5. 镉和镉化合物。

6. 被证明有毒的、致癌的、致畸的或致突变的持久性物质。

7. 废旧的润滑油。

8. 能漂浮、下沉或停留在悬浮液中的持久性合成材料。

9. 放射性物质、废物,包括废旧的放射性燃料。

10. 铅及铅化合物。

关于保护黑海海洋环境免受陆源污染议定书

第一条

按照公约第七条规定,缔约方应采取一切必要措施,防止、减少和控制来自其领土陆地如河流、运河、沿海建筑、其他人工构建物、排水口或其他陆上污染源的物质(包括排放于大气的物质)对黑海海洋环境造成的污染。

第二条

基于本议定书的目的,淡水线系指连接黑海水道的左右两岸的终点所形成的向内陆部分的直线。

第三条

本议定书适用于公约第一条所定义之黑海、内陆水域基线(测量领海宽度的基线)、在有淡水水道情形下的淡水线。

第四条

缔约方承诺负有防止和消除本议定书附件 1 所列的陆地来源物质对黑海海洋环境的污染的义务。

缔约方承诺负有减少和尽可能消除本议定书附件 2 所列的陆地来源物质对黑海海洋环境的污染的义务。

对于黑海支流的水道,缔约方应酌情与他国努力合作,以实现本条之目的。

第五条

根据公约第十五条的规定,每一缔约方应尽早开展监测活动,特别是在监测本议定书附件 1 和附件 2 所列的物质方面,以评估污染水平、污染来源和对沿岸生态的影响。对上游河段应进行更多的研究,以调查淡水和盐水的相互作用。

第六条

根据公约第十五条的规定,缔约方应合作制定处理具有特殊特性海洋排污口的共同准则或标准。在研究废水处理的具体要求时,需要单独处理,并考虑附件 1 和附件 2 中列出的排放物质及其数量、它们在废水中的浓度以及排放它们的方法。

缔约方应修订旨在防止、减少、尽可能消灭陆地来源污染的实施方案和措施中的普通排放标准和时间表,并定期审查本议定书附件 1、附件 2 所列举的污染物。

委员会应确定污染防治标准,并建议采取适当措施,以减少、控制和消除陆地来源所带来的黑海海洋环境的污染。

各缔约方应考虑以下情形:

(1) 城市污水处理系统排放的污水应以此种方式进行处理,以减少对黑海海洋环境的污染;

(2)工业废物的污染负荷应较少,以符合本议定书附件 1、附件 2 所列举物质的公认的浓度;

(3)核电站或其他需要大量水冷却的工业企业排放的冷却水,必须以此种方式进行处理,以防止对黑海海洋环境的污染;

(4)农业和森林地区产生的,影响黑海海洋环境水质的污染负荷应减少,以符合本议定书附件 1、附件 2 所列物质公认的浓度。

第七条

缔约方应通过委员会知会彼此其在适用本议定书时所采取的措施、取得的成果、遇到的困难。此种资讯的收集和传输程序由委员会决定。

附件1

有 害 物 质

以下物质或物质群排列不分先后,主要基于其毒性、残留持久性、生物蓄积特性等特点而被挑选出来。

本附件不适用于含有下列物质,但其浓度在缔约方共同规定的浓度线以下,且不超过环境背景浓度的排放物。

1. 有机锡化合物。

2. 有机卤素化合物,如 DDT、DDE、DDD、PCB。

3. 持久性有机磷化合物。

4. 汞和汞化合物。

5. 镉和镉化合物。

6. 被证明有毒的、致癌的、致畸的或致突变的持久性物质。

7. 废旧的润滑油。

8. 能漂浮、下沉或停留在悬浮液中的持久性合成材料。

9. 放射性物质、废物,包括废旧的放射性燃料。

10. 铅及铅化合物。

附件 2

有 毒 物 质

主要基于附件 1 的标准,同时考虑到它们危害较小或更容易被自然进程无害回收的事实,特将以下物质、化合物挑选出来:

1. 未列入附件 1 的杀菌剂及其衍生物。

2. 氰化物、氟化物、磷元素。

3. 病原微生物。

4. 非生物溶解性的洗涤剂和表面活性物质。

5. 碱性和酸性化合物。

6. 热排放。

7. 虽然无毒,但由于大量排放可能危害海洋生物的物质,如无机磷、氮、有机物质和其他营养物质,也包括对海洋环境中的氧含量产生不利影响的物质。

8. 以下元素及其化合物:

锌、硒、锡、钒、铜、砷、钡、钴、镍、锑、铍、铊、铬、钼、硼、碲、钛、铀、银。

9. 原油和任何源头的碳氢化合物。

本附件中提到的物质,其倾倒的控制和严格限制的实施应按照本议定书附件 3 的规定进行。

附件 3

本议定书附件 2 所列物质,其排放应遵守以下限制:

1. 当前物质排放前容许的最高浓度。

2. 该物质每年(或更短期限)最大容许量(负荷、流入物)。

3. 在上述第 1 条和第 2 条之间,有差异的情况下,应适用更严格的限制。

当发出许可证,允许排放含有本议定书附件 1、附件 2 所列举的物质的废物时,国家有关部门应视情况,特别考虑以下因素:

A. 废物的特性及构成

1. 废物源的类型和大小(如工业过程)。

2. 废物类型(原产地、普通成分)。

3. 废物类型(固体、液体、污泥、泥浆)。

4. 总额(如每年的排放量)。

5. 排放模式(连续、间歇性、季节性的变量,等等)。

6. 主要成分的浓度,该成分含有附件 1 所列举物质、附件 2 所列举物质和其他有害物质。

7. 具有物理、化学和生物特性的废物。

B. 废物成分危害性的特性

1. 在海洋环境中的(物理、化学、生物)持久性。

2. 毒性和其他有害影响。

3. 在生物材料和沉积物中的积累。

4. 生化反应产生的有害化合物。

5. 对氧容量和氧平衡的不良影响。

6. 海洋环境中和其他海水成分产生物理的、化学的、生化的变化及相互作用,可能对 E 部分所列举对此种变化有敏感性的任何用途产生有害的生物影响或其他影响。

C. 排放地点及承受处海洋环境的特点

1. 沿海地区的水文、气象、地质和地形特征。

2. 排放的位置及类型(河口、管道、排水口等),及其与其他区域(如市容美化地带、产卵、育苗和捕鱼区、贝类场)的关系和其他排放物。

3. 进入海洋环境承受处时,在排放点完成初始稀释。

4. 污染物疏散的特点,如洋流、潮汐、水平运动和垂直运动处风的影响。

5. 在排放处承受水的物理、化学、生物、生态条件等方面的特性。

6. 海洋环境承受处承受污染物排放,无不良影响的能力。

D. 可用的废物处理技术

选择减少废物、工业污水、家庭污水排放的方法,应考虑其可用性和可行性:

1. 可供选择的处理程序。

2. 回收、再利用或消灭方法。

3. 陆上处理的替代性方法。

4. 合适的清洁和低污染技术。

E. 对海洋生态系统和海水用途的潜在损害

1. 污染通过影响以下方面进而影响人类生活:

(1)可食用的海洋生物;

(2)浴场水域;

(3)美感。

含有附件1、附件2所列举的物质的废物排放,必须服从国家主管部门的自我监督和控制系统的监控。

2. 对海洋生态系统的影响,特别是对生物资源、濒危物种、重要栖息地的影响。

3. 对海洋其他合法用途的影响。

紧急情形下联合应对黑海油污染或
其他有害物质污染议定书

第一条

根据公约第九条的规定,在偶然原因或少量排放物(其造成了污染或有造成污染的危险)积聚时,导致黑海海洋环境或一个以上缔约方的海岸存在严峻或急迫的污染危险时,缔约方必须采取必要措施,并竭诚合作。

第二条

缔约方应单独或通过双边、多边合作,致力于维护和努力完善应对石油及其他有害物质造成海洋污染的应急计划。应急计划应特别包括在紧急情形下备用的设备、船舶、航空器和人力。

第三条

为实施本议定书相关规定,缔约方应在其管辖权范围内,采取必要措施查处违法行为。此外,各缔约方应保证悬挂其国旗的船只遵守本议定书的规定。

缔约方应推进有关本议定书执行事项资讯的交流,包括第一条中的报告和紧急资讯的送达。

第四条

任一缔约方在发现黑海海洋环境处于急迫危险(正在被污染损害或已经被污染造成重大损害)时,必须立即通知有可能被此种损害影响的其他缔约方(包括委员会)。

第五条

每一缔约方应向其他缔约方和委员会说明其主管控制和应对石油及其他有害物污染的国家机关。根据有关的国际文书的规定,每一缔约方应指定一个传达和接收排放石油和其他有害物质的事件报告(该报告已经形成或可能形成)的联络点。

第六条

1. 每一缔约方应发布指示,要求悬挂其国旗的船舶的船长和登记在其领

土上的航空器的飞行员根据本议定书的附件进行报告,并经最迅速和最可靠的渠道,将该指示传达给可能受影响的缔约方及委员会:

(1)有可能威胁黑海海洋环境或一个以上缔约方的海岸的,可在海上观测到的石油泄漏或其他有害物质的存在、特点、程度;

(2)石油和其他污染物正在造成或可能造成的所有紧急情况。

2. 根据第 1 款收集的资讯,应与其他可能受污染影响的缔约方交流:

(1)通过收到资讯的缔约方;

(2)通过委员会。

附件

根据第六条制订的报告内容

1. 每一份报告一般应包含:

(1)污染源的确认;

(2)事件发生或观测的地理位置、时间、日期;

(3)该地主要的地况和海况;

(4)污染海面船只状况的有关细节。

2. 每一份报告应尽可能包含,特别是:

(1)所涉有害物质的清晰迹象或说明,包括纠正此类物质的技术名称;

(2)对排放或可能排放进入海洋的有害物质的数量、浓度、可能状况的评估书;

(3)包装和识别标志的说明;

(4)发货人、收货人、制造人的姓名。

3. 每一份报告应尽可能清晰地表明排放或可能排放的有害物质是油,还是有害液体、固体或气体物质,以及该物质是散装或包装,还是集装箱、便携式灌装或公路和铁路车厢装。

4. 每一份报告应在收件人要求补充相关信息时,或发件人认为合适时,进行必要的补充。

5. 本议定书第六条第 1 款所提及的任何人应:

(1)必要时尽可能地根据进展资讯补充初始报告;

(2)尽量满足受影响的缔约方的其他资讯需求。

保护黑海海洋环境免受倾倒污染物污染议定书

第一条

根据公约第十条,为实施本议定书,缔约方应单独或共同采取所有适当措施。

第二条

禁止在黑海中倾倒含有本议定书附件 1 所列物质的废物或其他物质。

前款规定不适用于疏浚泥,考虑到它们含有的附件 1 所列举的微量污染物浓度低于公约生效之日起 3 年任期的委员会限定的浓度线。

第三条

每次在黑海中倾倒含有本议定书附件 2 所列举的有毒物质的废物或其他物质,均需要提前获得国家主管部门的特别许可。

第四条

在黑海中倾倒其他任何废物、物质需要提前获得国家主管部门的普通许可。

第五条

相关沿岸国的主管部门必须经认真考虑本议定书附件 3 所设定的所有因素后,才能颁发以上第三条和第四条所指的许可证。委员会必须获得此种颁发证书的记录。

第六条

第二、三、四条不适用于当人的生命安全以及船只、飞行器的安全受到威胁时,该威胁可能来源于船舶、航空器的完全损毁、失踪或其他威胁人生命的场合。第二、三、四条也不适用于当倾倒可能是避免上述危险的唯一方法时。如果通常情形下,倾倒产生的损害小于其他,则此种倾倒应实施,以尽量减少对人类或海洋生物的损害的可能性。此种情形下,委员会应获得及时通报。

第七条

1. 每一缔约方应指定一个或多个主管部门,以:

（1）颁发第三条、第四条规定的许可证；

（2）记录允许被倾倒的废物或其他物质的性质、数量、地点、日期、倾倒方式。

2. 各缔约方的主管当局应对拟倾倒的废物或其他物质，颁发第三条、第四条所规定的许可证：

（1）在其领土范围内装载的；

（2）当装载发生在他国时，被悬挂其国旗或登记在其境内的航空器装载的。

第八条

每一缔约方应在以下方面采取被要求的措施，实施本议定书：

（1）悬挂其国旗的船只或在其境内登记的航空器；

（2）船只或航空器在其境内装载即将被倾倒的废物或其他物质；

（3）位于其领海或专属经济区内的平台或其他人造海上构建物；

（4）在其领海或专属经济区内倾倒。

第九条

缔约方应在与第五、六、七、八条相关的资讯交流上进行合作。在怀疑有违反本议定书的条款的倾倒已经发生或将要发生时，每一缔约方应知会其他可能受影响的缔约方。

附件 1

有害成分和物质

1. 有机卤素化合物，如 DDT、DDE、DDD、PCB。

2. 汞和汞化合物。

3. 镉和镉化合物。

4. 有机锡化合物。

5. 能漂浮、下沉或停留在悬浮液中的持久性合成材料。

6. 废旧的润滑油。

7. 铅及其化合物。

8. 放射性物质、废物，包括废旧的放射性燃料。

9. 原油和烃源。

附件 2

有 毒 物 质

主要基于附件 1 所采用的标准,同时考虑到它们危害较小或更容易被自然进程无害回收的事实,特将以下物质、化合物挑选出来:

1. 未列入附件 1 的杀菌剂及其衍生物。

2. 氰化物、氟化物、磷元素。

3. 病原微生物。

4. 非生物溶解性的洗涤剂和表面活性物质。

5. 碱性和酸性化合物。

6. 虽然无毒,但由于大量排放可能危害海洋生物的物质,如无机磷和氮、有机物质和其他营养物质,也包括对海洋环境中的氧含量产生不利影响的物质。

7. 以下元素及其化合物:

锌、硒、锡、钒、铜、砷、钡、钴、镍、锑、铍、铊、铬、钼、硼、碲、钛、铀、银。

8. 污水和污泥。

本附件中提到的物质,其倾倒的控制和严格限制的实施应按照本议定书附件 3 的规定进行。

附件 3

在颁发允许海上倾倒的许可证时,应考虑以下因素:

A. 污染物质的特征和成分

1. 倾倒的污染物总量(如每年的排放量)。

2. 倾倒的污染物的通常成分。

3. 属性:物理属性(如溶解度、密度)、化学和生化属性(如需氧量、营养素)、生物属性(如细菌存在等)。

数据应包括有关所提的属性的年度平均水平和季节变化的足够信息。

4. 长期的毒性。

5. 物理、化学、生物的残留持久性。

6. 在海洋环境中的积累和转化。

7. 对物理、化学、生化方面的变化以及与其他溶解物相互反应的敏感性。

8. 导致降低资源(如鱼类、贝类)市场销量的影响的概率。

B. 倾倒位置和处理方式的特点

1. 地点(如倾倒地点的坐标、深度、从海岸量起的距离)及其与具有特殊利益的区域(如市容美化地带、产卵、育苗和渔场)的关系。

2. 物质的包装和处理的技术和方法。

3. 污染物疏散的特点。

4. 这些特征中的水文特征及其季节性变化(如温度、pH、盐度、分层、浊度、可溶解氧、生化需氧量、化学需氧量、营养物、繁殖能力)。

5. 底土特征(如地形、地球化学、地质和生物繁殖能力)。

6. 其他倾倒的情形与后果。

C. 总体考虑

1. 对自然环境的可能影响(如漂浮或搁浅的物质、水混浊、恶臭、变色以及泡沫)。

2. 对海洋生物、鱼群、海洋文化区、传统捕捞区、海藻收割和栽培区可能造成的影响。

3. 对其他海洋利用可能造成的影响(如损害工业供水的水质,水下设施腐蚀,漂浮物或堆积的海底垃圾或物体影响船舶的运行,难以保护有重要科研或自然保护价值的区域)。

4. 其他陆地处置方法的实际可获得性。

一号决议书
拟定一项关于危险废物越境转移和在打击
非法贩运危险废物方面合作的议定书

保护黑海免受污染的外交会议，

已经通过《保护黑海免受污染公约》；

注意到公约第十四条"越境转移危险废物污染"的规定：

"按照通过的议定书，各缔约方应在防止越境转移危险废物带来的黑海海洋环境的污染和打击越境非法贩运废物方面采取一切符合国际法的措施及合作。"

注意到由俄罗斯联邦制定的议定书草案在此方面所起的作用；

决定应优先制定和通过一项关于危险废物越境转移和在打击非法贩运危险废物方面合作的议定书。

二号决议书
与多瑙河国家建立合作，以促进
《保护黑海免受污染公约》的目标实现

《保护黑海免受污染公约》缔约方，因为以下原因，决定公约缔约方将密切关注多瑙河国家就改善多瑙河生态条件的行动，并为实现公约的目的，致力于开展包括与多瑙河国家进一步会谈在内的合作：

已经通过《保护黑海免受污染公约》；

考虑到流入黑海的河流支流构成对黑海海洋环境污染的主要来源；

注意到多瑙河国家为改善多瑙河生态条件，在相关国际协议制定准备方面所做的努力；

回顾1990年11月21日通过的《新欧洲巴黎宪章》，其规定所有国家在保

护环境方面的共同责任,他们承诺加快努力,保护和改善环境,以恢复和保持空气、水、土壤中的良好的生态平衡;

进而回顾,所有国家(无论是否是沿海国)根据国际法均有义务保护、维护海洋环境;

意识到考虑多瑙河国家承担的工作的必要性。

三号决议书
与政府间组织合作

鉴于以下原因,本决议书得到通过:

保护黑海免受污染的外交会议已经通过《保护黑海免受污染公约》;

考虑到公约第五条第 5 款"一般承诺"的规定——缔约方将在他们成立的主管国际组织内,合作推进拟定促进黑海海洋环境保护、维护的措施;

希望与处理海洋污染领域取得丰富经验的 UNEP – OCA/PAC 区域海洋规划署建立富有成效的合作。

1. 决定邀请 UNEP – OCA/PAC 区域海洋规划署与缔约方或委员会,合作制订黑海行动计划,包括提供帮助和设备、以环境问题作为优先考虑的初步工作方案。例如:缔约方为防止海洋污染所做的监测和研究方案的准备,环境专家的培训,濒危物种的保护,最实用的清洁和低污染技术的转让和使用,为缔约方实现可持续发展所作努力提供支持。

2. 决定通过制订和实施具体项目、方案,邀请其他政府间组织与缔约方或委员会合作,以践行公约目标。

四号决议书
有关《保护黑海免受污染公约》的体制安排

1. 根据公约第十七条设立的委员会和秘书处总部位于伊斯坦布尔。

　　缔约方注意到,为达成此目的的相关财政手段和设施由土耳其共和国提供。(安卡拉会议 WP/5/C,1991 年 3 月 26 日。)

　　2. 公约及其所附议定书执行框架下的国家项目,将根据委员会建立的标准和指引,由缔约方合适的研究机构实施。

　　3. 此外,根据委员会的方案,有关技术问题的某些行动,如组织培训课程、制订联合污染控制指引、合作相互校准、相互演练等,应由缔约方的研究所作为行动中心开展。缔约方注意到保加利亚和罗马尼亚双方在瓦尔纳(海洋研究所)和康斯坦察(海洋研究所)分别提供用于此目的的设施。

东北大西洋海洋环境保护公约

（1992 年 9 月 22 日）

缔约方由于以下原因，达成了本公约中的协议内容：

意识到海洋环境及依存于海洋的动植物群对所有国家至关重要；

意识到东北大西洋海洋环境的内在价值及采取联合保护行动的必要性；

意识到在国家、地区以及全球层面上进行合作对避免及消除海洋污染，实现海洋的可持续发展至关重要；可持续发展是指合理管理人类活动以保证海洋生态系统可以继续满足人类对海洋的合理使用，使其既满足当代人需求又不危及后代人满足其需求的发展；

注意到污染已影响到生态平衡以及对海洋的合理使用；

考虑到 1972 年 7 月于斯德哥尔摩召开的联合国人类环境会议所做的建议书；

考虑到 1992 年 7 月于里约热内卢召开的联合国环境与发展会议的成果；

谨记《联合国海洋法公约》第七部分中相关国际法惯例规定，尤其是第一百九十七条关于采取全球与地区性合作以保护与保全海洋环境的相关规定；

考虑到同一海域下各国享有的共同利益可以引导不同国家进行地区或亚地区合作；

谨记 1972 年 2 月 15 日签署的《防止船舶和飞机倾倒废物污染海洋奥斯陆公约》及其 1983 年 3 月 2 日和 1989 年 12 月 5 日的修正案，与 1974 年 7 月 4 日签署的《防止陆源污染物污染损害海洋环境巴黎公约》及其 1986 年 3 月 2 日修正案达成的积极成果；

坚信采取进一步国际行动以预防及消除海洋污染刻不容缓,这将作为进一步保护海洋环境及协调措施的一部分;

意识到预防及消除海洋环境污染,保护海洋环境免于人类活动影响,在地区层面采取更加严厉的措施比在国际层面签署国际公约或同意书更加有效;

意识到渔业管理相关问题已在国际及区域性专门处理此类问题的协议中得到妥善处理;

考虑到现行的《奥斯陆巴黎公约》已不足以控制部分污染源。因此,有理由用此公约来进行替换。

此公约讨论了所有海洋环境污染源,以及人类活动的负面影响,并且考虑到了预防原则,同时加强了区域合作。

第一条 定义

基于本公约宗旨:

(1)"海域"指缔约方的内水及领海,(受国际法规则的限制,在群岛国的情形下,包括领海以外邻接的一带海域)以及公海,包括位于下列范围内的海床和底土:

(a)大西洋与北冰洋的部分海域及其位于北纬36°、西经42°至东经51°之间的附属海域,但是不包括:

(i)位于从 Hasenore Head 到格尼本角点,从 Korshage 到斯波斯比约,从 Gilbjerg head 到 Kullen 海域线的南部和东部的波罗的海及贝尔特海峡部分;

(ii)地中海及其远至北纬36°与西经5°36′子午线相交的附属海域。

(b)大西洋北纬59°以北及西经44°之间的部分。

(2)"内水"指领海基线向陆一面的水域(领海基线是作为基点测量领海宽度的线),有河道时延伸到淡水界限。

(3)"淡水界限"指在退潮期及低淡水流时期,由于海水倒灌,河水含盐度有显著增长的区域。

(4)"污染"指由于人类活动,海域中直接或间接地混入了会损害生物资源、破坏海洋生态平衡、危害人类健康、破坏便利设施、妨碍人类在海上的其他活动、影响对海洋的合法利用的其他物质或能量。

(5)"陆地污染源"指点源或者扩散源直接从陆地向海洋排放,或者通过空气到达海域。污染源包括任何可通过隧道、管道或者其他方式从陆地有意倾弃在海底的污染源，以及在缔约方管辖范围的海域内，由人造建筑物引起的污染。基于海上作业目的的除外。

（6）"倾倒"是指：

（a）任何有意地从以下场所在海上倾弃废物或其他物质的行为：

（i）船舶、航空器；

（ii）近海平台或其他海上人工构筑物上。

（b）任何有意地从以下场所在海上弃置废物或其他物质的行为：

（i）船舶、航空器；

（ii）近海平台及近海海底管道。

（7）"倾倒"不包括：

（a）船舶、航空器、平台或其他海上人工构筑物及其设备的正常操作所附带发生或产生的废物或其他物质的处置，但为了处置这种物质而操作的船舶、航空器、平台或其他海上人工构筑物所运载或向其输送的废物或其他物质，或在这种船舶、航空器、平台或构筑物上处理这种废物或其他物质所产生的废物或其他物质除外。

（b）并非为了弃置，而是基于不同于其设计或建造初衷的操作，但这种操作必须符合相关公约条例。

（c）基于附件3意图，弃置已经废弃的全部或部分近海设施或近海海底管道，此类操作应符合此公约相关条例及其他相关国际法律规定。

（8）"焚烧"是指任何以热解为目的，在海域内故意燃烧废弃物的行为。

（9）"焚烧"不包括船舶、航空器、平台或其他海上人工构筑物及其设备的正常操作所附带发生或产生的废物或其他物质的热解，但为了热解此类废物而进行的船舶、航空器、平台或其他海上平台的操作除外。

（10）"海上作业"是指在海域勘探、评估或利用液态与气态碳氢化合物的活动。

（11）"近海污染源"是指能够使物质或者能源到达海域的近海设施或者近海海底管道。

（12）"近海设施"是指为海上作业服务、建设在海域且漂浮或者固定在海床上的任何人造建筑物、工厂或者船舶及其组成部分。

（13）"近海海底管道"是指任何为海上作业服务而敷设在海域的管道。

（14）"船舶或者飞行器"是指用于水运或者空运的任何形态的设施及其零件等配件,包括气垫船、自动及非自动浮动艇筏以及其他在海域建设的人造设施及其配件,但这其中不包括近海设施及近海海底管道。

（15）"废弃物及其他物质"不包括:

（a）人体残骸;

（b）近海设施;

（c）近海海底管道;

（d）渔船弃置的未加工鱼类及鱼类废弃物。

（16）"公约"是指《东北太平洋海洋环境保护公约》及其附件和附录,除非文中明确指出是其他公约。

（17）"奥斯陆公约"是指 1972 年 2 月 15 日在奥斯陆签署的《防止船舶和飞机倾倒废物污染海洋公约》以及 1983 年 3 月 2 日与 1989 年 12 月 5 日的修正案。

（18）"巴黎公约"是指 1974 年 7 月 4 日在巴黎签署的《防止陆源污染物污染损害海洋环境公约》以及 1986 年 3 月 2 日的修正案。

（19）"区域经济一体化组织"是指由某一特定地区的主权国家组成的组织。该组织有权处理本公约所规定的事项,按照其内部程序获得正式授权签署、批准、接受、核准或加入有关文书。

第二条 一般职责

（1）缔约方应当按照公约条款采取一切可能的措施来防止及消除污染,并且采取一切必要措施来保护海域免受人类活动的影响,以保障人类健康、保护海洋生态系统、修复被人类活动影响的海域。

（2）基于此,各缔约方应当独立或联合开展项目,采取行动,保证各方政策及战略协调一致。

2. 各缔约方将遵循以下原则:

（1）预防原则。根据该原则,当有合理依据说明直接或间接排放到海洋环境的物质及能源将会危害人类健康、影响海洋生物及海洋生态系统、破坏便利设施、影响其他对海洋资源的合法利用时,应采取预防措施,尽管其中的因果关系并未有决定性的证据。

（2）污染者付费原则。根据该原则,污染者承担用于防止、控制及减少污染而采取措施带来的成本。

3.（1）通过实行此公约,缔约方应当开展项目,采取措施,明确完成时限,充分考虑应用最新技术进步成果,充分防止及减少污染。

（2）基于此,缔约方应当:

（a）考虑到附件1中针对项目及措施的应用设立的标准,尤指:

（ⅰ）最佳可行技术;

（ⅱ）针对点源及扩散污染源的最佳环保实践,包括清洁技术。

（b）通过开展项目,采取行动,确保应用最佳可行技术及最佳环保实践,包括清洁技术。

4. 缔约方进行操作过程中,应当防止对海域之外或者其他环境的污染扩散。

5. 公约的所有条款并不妨碍缔约方采取更为严格的独立或联合行动,防止及消除海洋污染,保护海洋免于人类活动的影响。

第三条 陆地污染源

缔约方应当根据公约,尤其是附件1内容,尽可能采取一切独立或联合行动来防止及消除陆地污染源。

第四条 倾倒或焚烧污染

缔约方应当根据公约,尤其是附件2内容,尽可能采取一切独立或联合行动来防止及消除由倾倒或者焚烧废弃物产生的污染。

第五条 近海污染源

缔约方应当根据公约,尤其是附件3内容,尽可能采取一切独立或联合行动来防止及消除近海污染源。

第六条 海洋环境质量的评估

缔约方应当根据公约,尤其是附件4内容:

（1）定期联合开展地区或者亚地区的海洋环境质量及其发展的评估,并公布结果。

（2）此类评估应包括措施有效性评价及行动优先性的确认。

第七条　其他污染源

除第三条至第六条所述附件外,缔约方应合作采取附件中规定的措施、程序及标准保护海域免受其他污染源污染,在这种程度上,此类污染已经不是其他国家或其他国际公约规定的有效措施的主题。

第八条　科学与技术研究

1. 为更好地实现公约目标,缔约方应当根据标准程序,开展补充或者联合科技研究项目,并向委员会提交:

(1)补充的、联合的或其他相关研究成果;

(2)其他相关科研项目的详细资料。

2. 通过采取以上措施,缔约方将会获得相关国际组织机构在该领域的研究成果。

第九条　信息的获得

1. 缔约方应当保证其主管部门酌情向自然人或法人提供本条约第2款所提到的信息,该需求方无须提供任何利益证明、缴纳不合理收费,主管部门应在两个月内及时提供以上信息。

2. 本条第1款提到的信息涵盖所有以书面形式、视觉形式、听觉形式和资料库存在的信息,内容涉及海洋状态、人类活动措施已经产生或有可能产生的负面影响,以及公约中涉及的活动及措施。

3. 此条内容不得影响依据缔约国国内法律体系或适用国际条约规定的缔约国权利,在此类信息影响到以下方面时,请求会被拒绝:

(1)政府当局、国际关系以及国家防御进程的保密性;

(2)公共安全;

(3)经受审判,或者接受调查中(包括纪律调查)的事件,或者是初步调查进程的主题;

(4)商业或者企业机密,包括知识产权;

(5)个人信息资料保密性;

(6)并非由第三方基于法律义务提供的资料;

(7)资料的公开将很有可能使与其有关联的环境遭到破坏。

4. 若拒绝提供该信息,则必须提供拒绝提供的原因说明。

第十条　委员会

1. 委员会由各成员国代表组成。委员会定期举行会议,并且在特殊情况下,可根据议事法则随时举行会议。

2. 委员会的职务包括:

(1) 监督公约实行;

(2) 监察海洋情况,评定措施有效性、优先性,及是否需要采取其他额外或者不同措施;

(3) 根据公约一般职务规定,拟定针对防止、消除污染,以及控制直接或间接影响到海洋环境的人类活动而开展的项目及措施内容,此类项目及措施包括经济工具;

(4) 确定项目各阶段内容;

(5) 必要时建立下属机构,规定下属机构职权范围;

(6) 考虑并采纳第十五条至第十九条及第二十七条的修正;

(7) 下放第二十一条和第二十三条授予下属机构及其他基于公约规定适行的职责。

3. 由此,委员会尤其应当根据第十三条规定通过决定书和意见书。

4. 委员会应当起草其议事法则,采取缔约方全票通过制。

5. 委员会应当起草其财务条例,采取缔约方全票通过制。

第十一条　观察员

1. 委员会在缔约方全票通过的情况下,可决定接受一位观察员:

(1)来自任何非公约缔约方国家;

(2)来自任何与公约有关的国际政府或非政府组织。

2. 此类观察员可参加委员会会议,但不享有投票权,可向委员会提交任何与公约目标有关的信息或报告。

3. 观察员的准入及参与条件将在委员会议事法则中有所规定。

第十二条　秘书处

1. 设立一个永久性秘书处。

2. 委员会可指定一个行政秘书并且规定该岗位的职责及职权范围。

3. 行政秘书的职责范围包括保证公约实施及委员会工作的必要职责,由委员会根据其议事法则及财务条例委托给行政秘书的任务及工作。

第十三条　决定书和建议书

1. 决定书和建议书的通过需缔约方全票通过。一旦未能达成全体一致，除非在公约中说明，委员会可以通过缔约方 3/4 多数票通过决定。

2. 决定书应于保管者向公约的所有投赞成票的缔约方发出关于通过该附件的通知之日起 200 天内对所有缔约方生效，但在此期间以书面形式通知保管者不接受该决定书的缔约方除外。在有效期满之时，3/4 的缔约方为其投票并且未撤销决定，或者以书面形式通知秘书处接受该议定书。对于任何其他缔约方，决定书应在该缔约方以书面形式通知秘书处接受该议定书之日当天对其生效，或在该决定书通过后的 200 天有效期结束之后对其生效，两者相较，较晚之日为生效日。

3. 本条第 2 款中提到的缔约方以书面形式通知秘书处不接受该决定书的通知中，必须明确指出此决定书牵涉其在公约适用范围内的一个或多个境外领土或自治领土。

4. 所有委员会通过的决定书应当包括具体实行的时间规划。

5. 建议书无任何约束力。

6. 涉及任何附件及附录内容的决定书，应当仅对受该附件或附录制约的缔约方有约束力。

第十四条　附件和附录的地位

1. 附件和附录构成公约的一部分。

2. 附录应当具有科学性、技术性及行政性。

第十五条　公约的修正

1. 在不妨害第二十七条第 2 款规定及任何适用于通过或修正附件及附录的规定的情况下，公约的任何修正都将遵循此条的规定。

2. 任何缔约方均可对公约提出修正。对本公约提出的任何修正案文应由行政秘书在拟议通过该修正的会议之前至少 6 个月送交各缔约方。行政秘书还应将提出的修正案文送交本公约各签署方。

3. 委员会应按缔约方全票通过制通过该修正案。

4. 通过的修正案应由保管者转送所有缔约方供其批准、接受或核准。任何批准、接受或核准都必须以书面形式通知保管者。

5. 应于保管者收到至少 7 个缔约方对本公约的批准、接受或核准文书之日后第 30 天起对批准、接受或核准该修正的缔约方生效。对于任何其他缔约方,修正应在该缔约方向保管者交存接受、批准或核准该修正的文书之日后第 30 天起对其生效。

第十六条　附件的通过

对公约附件的提出、通过和生效,应按照第十五条对公约修正的统一程序进行,除非委员会按第七条由受该附件制约的缔约方 3/4 多数票通过附件。

第十七条　附件的修正

1. 对公约附件的修正,应按照第十五条对公约修正的同一程序进行,除非委员会按第三、四、五、六、七条规定由受该附件制约的缔约方 3/4 多数票通过附件的修正。

2. 如果对附件的修正涉及对本公约的修正,则对附件的修正应依照对公约修正规定的统一程序进行。

第十八条　附录的通过

1. 如果附录的通过涉及对本公约或附件的修正,该附录的提出、通过和生效应依照第十五条和第十七条对该修正的提出、通过和生效规定的统一程序进行。

2. 如果附录的通过涉及本公约的附件,该附录的提出、通过和生效应依照第十六条对公约附件的提出、通过和生效规定的统一程序进行。

第十九条　附录的修正

1. 任何受附录约束的缔约方均可对附录提出修正。对附录的修正文案应按照第十五条第 2 款规定,通过委员会行政秘书送交全体缔约方。

2. 该修正应以受该附录约束的缔约方 3/4 多数票通过。

3. 对附录的修正应于保管者向受该附录制约的缔约方发出关于通过该修正的通知之日起 200 天内对缔约方生效,但在此期间以书面形式通知保管者不接受该修正的缔约方除外。在有效期满之时,3/4 的缔约方为其投票并且并未撤销决定,或者向保管者交存接受对附录修正的文书。

4. 本条约第 3 款中提到的缔约方以书面形式通知保管者不接受该项修正的通知中,必须明确指出此项修正涉及其在公约适用范围内的一个或多个境外领土或自治领土。

5. 对于受该附录制约的其他任何缔约方,对附录的修正应在该缔约方以书面形式通知保管者接受该议定书之日当天对其生效,或者在该项修正通过后的 200 天有效期结束之后对其生效,两者相较,较晚之日为生效日。

6. 保管者应及时将任何此类通知通报所有缔约方。

7. 如果对附录的修正涉及对本公约或附件的修正,则对附录的修正应按对公约或公约附件规定的统一程序进行。

第二十条　投票的权利

1. 每一缔约方在委员会享有一个投票权。

2. 尽管本条约第 1 款对投票权进行了说明,欧洲经济共同体及其他区域经济一体化组织在其竞争优势领域内,享有与作为公约缔约方的成员国数量相当的投票权。当其成员国行使投票权时,组织不具有投票权;反之,当作为组织行使投票权时,成员国不具有投票权。

第二十一条　跨界污染

1. 当产生于其中一个缔约方的污染有可能妨害其他一个或多个缔约方利益时,由任一缔约方要求,相关缔约方进行磋商,以达成合作同意书。

2. 经任一相关缔约方要求,委员会将会对问题进行研究,并且以达成一个最为妥善的结果为目的提供建议。

3. 第 2 款中提及的同意书应当定义其适用范围,要达成的质量目标及其所需方法,包括采用合适的标准与搜集科学性及技术性信息的方法。

4. 签署该同意书的缔约方应当通过委员会,通知其他缔约方其意图及为其所做的努力。

第二十二条　向委员会汇报

缔约方需要定期向委员会就以下方面作出汇报:

(1)为推行公约及其决定书与推荐书所采取的法律、调控及其他措施,特别是有关防止及惩罚违反这些规定行为的措施;

(2)本条第 1 款内容提及的措施的有效性;

(3)在实行本条第 1 款内容时所遇到的问题。

第二十三条　合规性

委员会应当:

（1）根据第二十二条中的阶段性报告和其他缔约方提交的报告，评估它们遵守公约以及根据公约通过的决定和建议的情况；

2. 决定并号召采取措施以促进对公约及其相关决定的完全遵守，推动建议的实行，包括采取措施协助缔约方履行其义务。

第二十四条　区域化

考虑到公约覆盖范围内不同地区及亚地区生态及经济条件的不同，所有委员会通过的决定及建议应当适用于所有或者某一特定区域的海域，并且为可能在不同时间实行做准备。

第二十五条　签署

公约将于巴黎自 1992 年 9 月 22 日至 1993 年 7 月 30 日对以下对象开放签署：

（1）奥斯陆公约及巴黎公约缔约方；

（2）其他任何沿海国家；

（3）任何位于外流河上游的国家；

（4）区域经济一体化组织中至少有一个成员国适用以上第 1～3 款。

第二十六条　接受、批准或核准

可对公约进行接受、批准或核准。进行接受、批准或核准的文书由法兰西共和国政府保管。

第二十七条　加入

1. 自 1993 年 7 月 30 日，公约对第二十五条中提及的国家级区域经济一体化组织开放加入。

2. 不在公约第二十五条之列的所有国家或区域经济组织，缔约方应当全票通过对其开放加入。在此情况下，海域范围的限定应当经缔约方全票通过后由委员会修正。修正案应在经缔约方全票通过且在保管者发出的最后一个通知后第 30 天起生效。

3. 新加入方必须遵守公约的全部规定，包括在加入之日所通过的附件及附录，除非该次加入表明了对除附件 1、附件 2、附件 3、附件 4 之外的一个或多个附件的不接受。

第二十八条　保留

对本公约不得做任何保留。

第二十九条　生效

1. 公约应在所有奥斯陆公约及巴黎公约缔约方交存接受、批准或核准该修正的文书之日后第 30 天起生效。

2. 对任何不在此条约第 1 款之列的国家或区域经济一体化组织,公约可根据此条约第 1 款规定,在该国家或组织交存接受、批准或核准该修正的文书之日后第 30 天起对其生效,两者相较,较晚之日为生效日。

第三十条　退约

1. 自本公约对一缔约方生效之日起两年后,该缔约方可随时向保管者发出书面通知退出本公约。

2. 尽管有可能除公约附件 1 ~ 4 之外的附件中有所规定,任何缔约方都可在该附件对该缔约方生效之日起两年后,随时向保管者发出书面通知退出该附件制约。

3. 任何本条第 1 款和第 2 款提及的退约都将在保管者收到退约文书之日的 1 年后生效。

第三十一条　替代奥斯陆公约和巴黎公约

1. 自生效之日起,此公约在缔约方之间替代奥斯陆公约和巴黎公约。

2. 尽管此条约第 1 款规定此公约将代替奥斯陆和巴黎公约,基于后者的决定、现行及后期通过的建议,在不改变其法律本质并且与本公约及其决定、建议相适应,或未被明确终止的情况下,仍然适用。

第三十二条　争端的解决

1. 任何缔约方之间就本公约的解释或适用发生争端,且有关的缔约方无法自行解决时,如通过委员会内部咨询及磋商,可以经其中任一缔约方提起程序,进行仲裁。

2. 除非争端各当事方另有协议,本条约第 1 款中涉及的仲裁程序应当遵循本条第 3 ~ 10 款的规定。

3.(1)根据本条第 1 款的规定,经由一缔约方向另一缔约方提起程序的情况下,应当成立仲裁庭。提起仲裁程序必须明确争议主题,尤其包括对条约的解释或适用有争议的内容。

（2）争端方应当指示委员会成立仲裁庭,并说明在其及其他争端方看来对其解释或者适用有争议的条约内容。委员会应当将此信息传达给所有缔约方。

4. 仲裁庭由3个成员组成:争端双方各指派1个仲裁员;两个据此指定的仲裁员根据共同协议选定第三个仲裁人作为仲裁庭庭长。仲裁庭庭长不得是争端一方的国民,不得在其中一方的领土上拥有惯常居住地,不得受雇于争端方的任何一方,也不得以任何其他身份处理此案。

5.（1）如果在第二个仲裁员选定后的两个月内,仲裁员未就指派仲裁庭庭长达成协议,则经争端一方指示,国际法庭主席将上述指派延长两个月。

（2）如果争端一方自接受通知之日两个月内并未指派仲裁员,另一方可以通知国际法庭主席应在接下来两个月内负责指派仲裁庭庭长。一旦指定,仲裁庭庭长应当要求未指派仲裁员的缔约方在两个月内选定仲裁员。这一阶段过后,他将会通知国际法庭主席应在接下来两个月内作出这一任命。

6.（1）仲裁庭应当根据国际法律,尤其是公约相关规定执行职务。

（2）任何依据此条约成立的仲裁庭应当拟定议事法则。

（3）关于仲裁庭是否有司法权的争议,应当依据仲裁庭的决议决定。

7.（1）仲裁庭关于程序及事实的决定,应当采取其成员多数投票表决的方式。

（2）仲裁庭应当采取一切相应措施来进行事实认定。经任一方要求,它可以建议进行保护的必要临时措施。

（3）如果有两个或两个以上据此条约成立的仲裁庭处理相同或相似主题的争端,他们应互相通知确立事实的程序并且尽可能将其考虑在内。

（4）争端方应当提供一切必要的便利、文件和情报,保证程序的有效实行。

（5）争端一方缺席或不对案件进行辩护,应不妨碍程序的进行。

8. 除非仲裁庭因案情特殊而另有决定,其开支(包括仲裁员的报酬)应由争端各方平均分担。仲裁庭应对所有开支进行记录,并向争端各方提供决算表。

9. 任何在争端主题中具有法律性质的利益、可能受到案件裁决影响的缔约方,均可在仲裁庭同意的情况下介入诉讼。

10.（1）仲裁庭的裁决必须附有原因的说明,并且是终局裁决,对争端各方均具有拘束力。

（2）当事方之间有关裁决解释或执行的任何纠纷,可由任何一方提交给作出裁决的仲裁庭。若已无法再用该仲裁庭,亦可将纠纷提交给另外一个专为处理该纠纷的并以上一个仲裁庭相同方式而组成的仲裁庭。

第三十三条　保管者职责

保管者应当通知公约各缔约方及签署国:

（1）据第二十六条、第二十七条及第三十条规定,批准、接受、核准、加入的文书,不接受声明或者退约通知的保管。

（2）据第二十九条规定的公约生效日期。

（3）据第十五条、第十六条、第十七条、第十八条、第十九条,收到通知的证明,批准、接受、核准文书的存放,正式加入及公约修正的生效,以及附录或附件的修正的通过。

第三十四条　原文

公约的法语及英语原文同样真实可信,由法兰西共和国政府保管,并将经验证的副本发给公约全体缔约方及签署国,并且据联合国宪章第一百零二条规定,存放一份经验证的副本在联合国秘书长处以进行注册及公开。

鉴此,各签字人经政府正式授权,在本公约签字。

完成于 1992 年 9 月 22 日,巴黎。

附件 1

关于陆源污染的防治

第一条

l. 据此附件通过的项目及程序,缔约方应当独立或联合使用:

（1）最佳可行技术;

（2）针对点源及扩散污染源的最佳环保实践,包括清洁技术。

2. 确定优先事项,评估计划和措施的性质、范围以及时间尺度时,各缔约方应使用附件 2 规定的标准。

3. 缔约方应当采取预防措施,使由意外带来的污染风险降到最小。

4. 当项目及措施涉及处理放射性物质（包括其废弃物）时,缔约方应当考虑以下内容：

（1）推荐其他合适的国际组织机构；

（2）这些国际组织机构推荐的管理措施。

第二条

1. 对排放到海域、水中及空气中并可能会影响海域的点源排放，必须严格按照缔约方主管部门的授权及规定，尤其应当执行对缔约方有约束力的委员会作出的相关决定。

2. 缔约方应当准备由主管部门进行定期管理及检测的系统，以评估针对水或空气排放的授权及管理的合规性。

第三条

以此附件为基准，在委员会的职责范围内起草以下文件：

（1）关于减少并逐渐淘汰有毒、顽固并依赖于陆地污染源生物累积性物质的计划；

（2）为减少来自城市、市政、工业、农业及其他来源营养物输入的项目及措施。

附件2

关于防止并消除由倾倒或焚烧废弃物产生的污染

第一条

此附件不适用于任何将以下物质故意排放到海域的行为：

（1）近海设施产生的废弃物或其他物质；

（2）近海设施及近海海底管道。

第二条

禁止海上焚烧。

第三条

1. 禁止倾倒一切废弃物和其他物质，但本条第2款和第3款所列物质除外。

2. 本条第1款所指的列表如下：

（1）疏浚物；

（2）有自然来源的惰性材料,即未经化学处理的固体地质材料,其化学成分不会释放到海洋环境中；

（3）阴沟污泥, 1998 年 12 月 31 日前适用；

（4）工业性鱼类加工作业产生的鱼类废弃物；

（5）船舶或航空器, 2004 年 12 月 31 日前适用。

3.（1）禁止倾倒低—中放射性物质,包括低—中放射性废弃物。

（2）本款第（1）项有如下例外:本公约自 1993 年 1 月 1 日起 15 年后到期。缔约国,即英国和法国如欲在本条约到期时或到期后保留反对第（1）项的权利,应于 1997 年向部长级委员会会议报告探索其他路基方案可行性的步骤。

（3）如果本公约 15 年有效期结束前或结束时,委员会经投票一致决定放弃本款第（3）项所准许的例外,则委员会必须按本公约第十三条规定,将禁止倾倒低 - 中放射性物质的时间在 2008 年 1 月 1 日基础再延长 10 年,之后应召开新一届部长级委员会会议。本条款第（2）项中提及的缔约国如仍欲保留本条第（2）项中提及的权利,应向 1999 年以后每两年举行一次的部长级委员会会议报告探索其他路基方案可行性的进展和科学研究的成果,包括表明可能的倾倒行为不会危害人体健康、损害生物资源和海洋生态环境、破坏舒适环境或妨碍海洋的其他正当用途。

第四条

1. 缔约国应保证:

（1）未经主管部门审查批准,不得倾倒本附件第三条第 2 款所列废弃物和其他物质；

（2）上述审查批准应符合委员会按本附件第六条规定制定的相关标准、纲领和程序；

（3）为避免同一倾倒行为由一个以上缔约国审查批准,主管部门审查批准前应酌情磋商。

2. 本条第 1 款提到的审查批准不应允许船舶或航空器倾倒可能危害人体健康、损害生物资源和海洋生态环境、破坏舒适环境或妨碍海洋的其他正当用途的物质。

3. 各缔约国应记录并向委员会报告其按照本条第 1 款规定倾倒的废弃

物和其他物质的性质和数量,以及倾倒的时间、地点和方式。

第五条

未经相关缔约国主管部门审查批准,不得向海域投放物质,使之与该海域初始设计或建设目的不符。上述审查批准应符合委员会按本附件第六条规定制定的相关标准、纲领和程序。对于本附件禁止的废弃物或其他物质,不得使用本规定允许倾倒。

第六条

为本附件的目的,委员会尤其有责任起草并采纳相关标准、纲领和程序以避免和消除污染。相关标准、纲领和程序应涉及第三条第 2 款所列的废弃物和其他物质的倾倒,也应涉及本附件第五条提到的物质的投放。

第七条

如由恶劣天气或其他因素引起的不可抗力威胁人的生命或船舶或航空器的安全,则本附件的规定不适用。这种情况下的倾倒应尽量减少其可能对人或海洋生物造成的伤害,并应立即向委员会报告。报告内容包括详细的倾倒情况以及所倾倒的废弃物或其他物质的性质和数量。

第八条

缔约国应独立或在相关国际组织内部采取恰当措施,避免并消除海域中由于事故遭弃置的船舶或航空器所造成的污染。如果相关国际组织无相关指导,则缔约国独立采取的措施应以委员会所采纳的纲领为基础。

第九条

在紧急情况下,如果某一缔约国认为在陆地上处理本附件中禁止倾倒的废弃物或其他物质会造成无法接受的危险和损害,则应立即与其他缔约国磋商,以期找到这种情况下贮存、销毁或处理这些废弃物或其他物质的最佳方式。该缔约国应向委员会报告磋商后采纳的方案。各缔约国应承诺在这种情况下互相帮助。

第十条

1. 各缔约国应保证下列事项符合本附件规定:

(1) 在其领土内登记的船舶或航空器;

(2) 在其领土内装载将予以海上倾倒或焚烧的废弃物或其他物质的船舶

或航空器；

（3）被认为将在其内水、领海或在其领海之外或与其领海相邻海域参与倾倒或焚烧的船舶或航空器。在其领海之外或与其领海相邻海域应由沿海国按国际法规定进行管辖。

2. 各缔约国应指导海上巡视船舶或航空器或其他恰当服务，使之向其主管部门报告海域内一切涉及被疑为违反本附件规定的倾倒的事故和情况，包括已发生和将发生的倾倒。

3. 本附件不应限制主权豁免。部分船舶依据国际法规定享有主权豁免。

附件3

防止并消除源自近海的污染

本附件不适用于一切故意在海域内处置下列物质的行为：

（1）船舶或航空器上的废弃物或其他物质；

（2）船舶或航空器。

第二条

1. 为本附件的目的制订计划并采取措施时，各缔约国应独立或集体要求使用：

（1）最佳可行技术；

（2）最佳环境实践，包括在恰当时使用清洁技术。

2. 确定优先事项，评估计划和措施的性质、范围以及时间尺度时，各缔约国应使用附录2中提供的标准。

第三条

1. 禁止一切从近海设施上倾倒废弃物或其他物质的行为。

2. 源自近海的排放与本条第1款中的禁止无关。

第四条

1. 使用和排放源自近海的物质时，如有可能抵达并影响海域，应由缔约国主管部门审查批准。审查批准过程中，尤其应当实施本公约采纳的相关适用决定、建议和其他一切协定。

2. 缔约国主管部门应建立监督机制,以评估与本附件第四条第 1 款中提出的审查批准的一致性。

第五条

1. 未经相关缔约国主管部门的许可,禁止倾倒已废弃的近海设施或近海管道,禁止将已废弃的近海设施或近海管道部分或全部遗留于海域中。各缔约国应保证其主管部门许可上述行为时,实施本公约采纳的相关适用决定、建议和其他一切协定。

2. 如已废弃的近海管道中含有的物质可能危害人体健康、损害生物资源和海洋生态环境、破坏舒适环境或妨碍海洋的其他正当用途,则不得获得上述许可。

3. 1998 年 1 月 1 日以后,如任一缔约国欲决定许可倾倒海域中已废弃的近海设施或近海管道的行为,则应以委员会为媒介,将许可倾倒的原因告知其他缔约国,使磋商成为可能。

4. 各缔约国应记录并向委员会报告其按照本条规定所倾倒的已废弃的近海设施或近海管道及其所遗留的近海管道,以及倾倒的时间、地点和方式。

第六条

如由恶劣天气或其他因素引起不可抗力威胁人的生命或近海设施的安全,则本附件第三条和第五条的规定不适用。这种情况下的倾倒应尽量减少其可能对人或海洋生物造成的伤害,并应立即向委员会报告,包括详细的倾倒情况以及所倾倒的废弃物或其他物质的性质和数量。

第七条

各缔约国应独立或在相关国际组织内部采取恰当措施,避免并消除海域中由于事故而遭弃置的近海设施所造成的污染。如果相关国际组织无相关指导,则缔约国独立采取的措施应以委员会所采纳的纲领为基础。

第八条

未经相关缔约国主管部门审查批准,不得向海域投放已废弃的近海设施或近海管道,使之与该海域初始设计或建设目的不符。上述审查批准应符合委员会按本附件第十条第 2 款规定制定的相关标准、纲领和程序。对于本附件禁止的已废弃的近海设施或近海管道,不得使用本规定允许倾倒。

第九条

1. 各缔约国应指导海上巡视船舶、航空器或向巡视船舶、航空器提供其他恰当服务,使之向其主管部门报告海域内一切被疑为违反本附件规定的事故和情况,包括已发生和将发生的。任一缔约国主管部门收到上述报告后,若认为其恰当,应告知其他相关缔约国。

2. 本附件不应限制主权豁免。部分船舶依据国际法规定享有主权豁免。

第十条

为本附件的目的,委员会尤其有责任:

(1)收集近海活动中使用的物质的信息,并在这些信息的基础上,同意为实现本附件第4条第1款的目的列出清单;

(2)列出持久性、生物累积性有毒污染物,并起草计划减少和消除这些物质在近海的使用和排放;

(3)起草相关标准、纲领和程序以避免由倾倒已废弃的近海设施或近海管道和在海域中遗留近海管道造成的海域污染;

(4)起草相关标准、纲领和程序以避免和消除污染,相关标准、纲领和程序涉及本附件第八条提到的已废弃的近海设施或近海管道的投放。

附件4

评估海洋环境质量

第一条

1. 为本附件的目的,"监测"是指反复测量:

(1)海洋环境质量及其中各部分质量,即水、沉淀物和动植物质量;

(2)可能影响海洋环境质量的活动以及自然和人为的投入;

(3)上述活动和投入带来的影响。

2. 实施监测是为了保证与本公约保持一致,以发现模式和趋势,或是为了研究目的。

第二条

为本附件的目的,各缔约国应:

(1)合作实施检测项目,并向委员会提交结果数据;

（2）符合质量保证要求，参与相互校准；

（3）独立或尽量共同使用并开发其他切实有效的科学的评估工具，如模型、遥感和渐进式风险评估；

（4）独立或尽量开展必要研究以评估海洋环境质量，增加有关海洋环境的知识和对海洋环境的科学认识，尤其是投入、浓度和影响之间的关系；

（5）考虑到在其他地方取得的、对上述评估目的有用的科学进步——这种进步的取得得益于单个研究者或研究机构的倡议、国内或国际研究项目或得益于欧洲经济共同体或其他地区经济一体化组织的赞助。

第三条

为本附件的目的，委员会尤其有责任：

（1）界定并实施与监测和评估有关的合作项目，起草能够指导参与者开展监测项目的工作守则，批准参与者提出并阐释监测结果；

（2）开展评估，并考虑到相关监测和研究的结果和有关投入海域的物质和能源的数据（数据的取得得益于本公约其他附件和其他相关信息）；

（3）适当地寻求相关地区组织、国际组织和机构的建议和服务，以吸收最新的科研成果；

（4）与相关地区组织和国际组织合作开展质量状况评估。

附录 1

本公约第二条第 3 款中涉及的
技术和实践的定义标准

最佳可行技术

1. 如可行，实践最佳可行技术应强调使用无废技术。

2. "最佳可行技术"是指操作过程、设施和方法的最新发展阶段，这些操作过程、设施和方法表明限制排放和废弃物的具体措施是否符合实际。为确定操作过程、设施和方法是否构成一般意义上或单个案例中的最佳可行技术，尤应考虑：

（1）近期已成功试验的类似操作过程、设施和方法；

（2）科学知识和认识中的技术进步和改变；

（3）技术的经济可行性；

（4）在新建和现有的工厂中安装相关设施的时限；

（5）涉及的排放的性质和规模。

3. 因此，由于技术进步、经济社会因素以及科学知识和认识中的改变，某一特定过程的最佳可行技术会随时间改变。

4. 如果采用最佳可行技术减少排放产生的结果不符合环境标准，则必须采取额外措施。

5. "技术"包括使用的技术和设计、建设、维护、操作和拆除相关设施的方式。

最佳环境实践

6. "最佳环境实践"是指组合使用最恰当的环境控制措施和政策。选择单个案例的最佳环境实践时，应至少考虑以下分级措施：

（1）向公众和使用者提供信息和教育，内容涉及特定活动的选择以及选择、使用和最终处理某些产品带来的环境影响；

（2）工作守则；

（3）强制使用可告知使用者相关产品环境危害、使用方法和最终处理方法的标签；

（4）节约资源，包括能源；

（5）为公众提供收集和处理系统；

（6）避免使用有害物质或产品，避免产生有害废物；

（7）回收、回复和再次使用；

（8）将经济手段应用于活动、产品和各类产品；

（9）建立许可证制度，包括一系列限制和禁止措施。

7. 为决定整体上或单个案例中构成最佳环境实践的措施，尤应考虑：

（1）产品的环境危害以及生产、使用和最终处理该产品的过程中产生的环境危害；

（2）用污染较小的活动或物质代替现有做法；

（3）使用规模；

（4）替代物质或活动潜在的环境收益或危害；

（5）科学知识和认识的进步和变化；

（6）实施的时间限制；

（7）社会和经济影响；

8. 因此，由于技术进步、经济社会因素以及科学知识和认识中的改变，某一特定资源的最佳环境实践会随时间改变。

9. 如果采用最佳环境实践减少投入产生的结果不符合环境标准，则必须采取额外措施并重新定义最佳环境实践。

附录 2

附件 1 第一条第 2 款和附件 3 第二条
第 2 款中提到的标准

1. 确定优先事项、评估项目和措施的性质范围和时间规模时，各缔约国应使用以下标准：

（1）持续性；

（2）毒性或其他有害性质；

（3）生物累积的趋势；

（4）放射性；

（5）已观察到或预测（尚未得出观测结果）到的聚集和未观察到的聚集的比例；

（6）人为造成的富营养化风险；

（7）跨境影响；

（8）不良的变化为海洋生态环境带来的风险以及影响的不可逆性和双重性；

（9）干涉海产食物的收获和其他正当海洋用途；

（10）对人类所消耗的海洋产品的味道和气味的影响或者对海洋环境中的水的气味、颜色、透明度及其他特征的影响；

（11）分配模式，即涉及的数量、使用模式和到达海洋环境的责任；

（12）未实现的环境质量目标。

2. 对于某一特定物质或一类物质，以上标准的重要性可以有所不同。

3. 以上标准表明应从属于项目和措施的物质包括：

（1）重金属及其化合物；

（2）有机卤素化合物以及可能在海洋环境中形成有机卤素化合物的物质；

（3）含磷和含硅的有机化合物；

（4）生物杀灭剂，如除害剂、杀真菌剂、除草剂、杀虫剂和除黏菌剂，以及为保存木制品、木材、木浆、纤维素、纸张、皮革和纺织品而使用的化学物质；

（5）石油和石油烃类；

（6）含磷和含氮的化合物；

（7）放射性物质，包括放射性废物；

（8）漂浮、悬浮或下沉的持久性合成材料。

关于经协商确定扩大在北海的
管辖权的声明

（1992 年 9 月 22 日）

各位部长，经各方在北海合作框架内于 1992 年 9 月 22 日在巴黎举行的会谈；回顾第三届保护北海国际大会部长级声明"共同行动"第三十六条——北海国家将协商行动，旨在依据国际法扩大沿海国管辖权，包括在未建立专属经济区的北海地区建立专属经济区的可能性；注意到工作组的报告，得出如下结论：

A. 关于管辖权的行使

1. 各方同意在国际法规定允许范围内最大限度地扩大沿海国管辖权，以避免、减少和控制海洋环境污染。

2. 各方同意，就这个意义而言，在北海设立专属经济区将更好、更有效地执行国际环境法。这些专属经济区将使沿海国可以出台相关法律法规，使普遍接受的关于防止、减少和控制船舶污染的国际规则和标准得以生效，也将使沿海国采取其他行使管辖权的措施。

3. 各方开始启动程序，或在北海尚无专属经济区的海域设立专属经济区，旨在保护和养护海洋环境；或为此目的而扩大沿海国的管辖权，管辖权的扩大应符合国际法并且不超过 1982 年《联合国海洋法公约》所规定的范围。

4. 各方开始在国内实施相关法律，使用得到广泛接受的、对于保护和保存北海海洋环境尤为重要的国际规则和标准，包括 1982 年《联合国海洋法公约》相关规定,尤其是允许对疑似违反修正后的《国际防止船舶污染公约》(《73/78 防污公约》)的船舶采取行动的规定。

5. 各方同意开展进一步磋商,协调和执行依据上述第三条所拟议的法律制度、协调的实施政策。

6. 各方同意向将于 1995 年在哥本哈根举行的第四届保护北海国际大会报告实施过程。特别工作组应尽快发起磋商。

本条款中的"增加管辖权"具有双重含义:既指地理上的管辖范围的扩大,最大可延伸 200 海里;也指法律允许范围的扩大,例如增加执行的可能性。

B. 关于行使管辖权的协商

各方将继续:

1. 采取恰当行动,进一步加强空中监视以收集海洋污染的证据。

2. 进一步增加有关海洋环境的科学知识和对海洋环境的科学认识,避免出台新的限制规定,阻碍专属经济区内其他北海国家的科学研究和监测活动。

3. 讨论如何进一步制止违反《73/78 防污公约》的行为。

南部蓝鳍金枪鱼养护公约

（1993 年 5 月 10 日）

本公约各缔约国由于以下内容,通过本协议:

考虑到各方与南部蓝鳍金枪鱼有关的共同利益;

回顾澳大利亚、日本和新西兰已采取一定措施养护并管理南部蓝鳍金枪鱼;

重视各缔约国依据国际法相关原则所享受的权利和应尽的义务;

注意到 1982 年通过的《联合国海洋法公约》;

注意到各国已建立专属经济区和捕鱼区,并在专属经济区和捕鱼区内依据国际法,以探索、开发、养护和管理生物资源为目的行使主权权利和管辖权;

意识到南部蓝鳍金枪鱼是高度洄游鱼种,洄游时会穿过上述专属经济区和捕鱼区;

注意到南部蓝鳍金枪鱼洄游时所穿过的专属经济区和捕鱼区所属沿海国在其专属经济区和捕鱼区内以探索、开发、养护和管理包括南部蓝鳍金枪鱼在内的生物资源为目的行使主权权利和管辖权;

承认养护并管理南部蓝鳍金枪鱼的科学研究的重要性,以及收集有关南部蓝鳍金枪鱼和其他生态上的相关物种的科学信息的重要性;

意识到各方合作养护并以最佳方式利用南部蓝鳍金枪鱼至关重要。

第一条

本公约适用于南部蓝鳍金枪鱼。

第二条

为本公约的目的:

（1）"生态上的相关物种"是指与南部蓝鳍金枪鱼有关的海洋生物,但不只限于南部蓝鳍金枪鱼的捕食者和猎物。

（2）"捕鱼"是指:

（a）捕捞或收获鱼类,或以捕捞或收获鱼类为结果的其他活动;

（b）海洋中任何为准备或者直接支持上述(a)目中的活动而进行的操作。

第三条

本公约的目标是通过恰当管理,养护并以最佳方式利用南部蓝鳍金枪鱼。

第四条

考虑到各缔约国在条约和其他签署的国际协定中的权利和义务以及海洋法,本公约中的条款以及依据本公约采取的行动不得对任一缔约国的立场和看法持有偏见。

第五条

1. 各缔约国应采取必要行动保证本公约的执行,并保证符合第八条第7款中的措施。

2. 各缔约国应迅速向养护南部蓝鳍金枪鱼委员会提供与养护南部蓝鳍金枪鱼有关的科学信息、捕鱼方法和统计数据,并酌情提供与养护生态上的相关物种有关的科学信息、捕鱼方法和统计数据。

3. 各缔约国应在恰当时候合作收集并直接交换与研究南部蓝鳍金枪鱼和生态上的相关物种有关的渔业数据、生物标本和其他科学信息。

4. 各缔约国应就任何非本公约缔约国或实体的国民、居民和船舶针对南部蓝鳍金枪鱼的捕鱼活动合作交换信息。

第六条

1. 各缔约国建立并同意保留养护南部蓝鳍金枪鱼委员会(以下称为"委员会")。

2. 各缔约国应向委员会派出不超过3名代表,可由专家和顾问陪同。

3. 委员会应在每年8月1日或其他委员会所确定的时间举行年会。

4. 每届年会上,委员会应从代表中选举主席和副主席。主席和副主席应来自不同缔约国,任职直到下届年会选出继任者。代表在任主席期间不得投票。

5. 委员会应在某一缔约国要求并得到至少其他两个缔约国支持的情况下召开特别会议。

6. 特别会议可能考虑与本公约有关的任何问题。

7. 三分之二缔约国为委员会法定人数。

8. 委员会程序规则和其他履行职能所必需的内部行政规定应在委员会第一次会议上确定;如有需要,可由委员会修改。

9. 委员会应具有法律人格,并在同其他国际组织的关系中和缔约国领土中享有履行职能和达到目的所必需的法定资格。委员会及其官员在某一缔约国领土内享有的豁免和特权应由委员会同该缔约国签署的协定确定。

10. 根据第十条第 3 款设立秘书处后,委员会应随之决定总部的位置。

11. 委员会的官方语言应为日语和英语。提交给委员会的提案和数据应当用日语或者英语书写。

第七条

各方在委员会都有一次投票权。出席委员会会议的全体投票人一致同意的情况下决策方可通过。

第八条

1. 委员会应收集以下信息:

(1) 关于蓝鳍金枪鱼及其生态上的相关物种的科技信息、统计数据和其他有关信息;

(2) 与南方蓝鳍金枪鱼渔业相关的法律、法规和行政措施;

(3) 任何其他有关于南方蓝鳍金枪鱼的信息。

2. 委员会应考虑以下问题:

(1) 对本公约的解读或执行,以及根据本公约所采取的措施;

(2) 为保护、管理和最大化利用南方蓝鳍金枪鱼而采取的监管措施;

(3) 按照第九条规定应当由科学委员会报告的事物;

(4) 按照第九条规定应当委托给科学委员会的事物;

(5) 按照第十条规定应当委托给秘书处的事物;

(6) 需要执行本公约的条款的其他活动。

3. 为了保护、管理和最大化利用南方蓝鳍金枪鱼:

（1）委员会应当确定最大渔获量和各方分配量,除非委员会基于科学委员会根据第九条第 2 款的相关规定提出的报告和建议,决定采取其他适用措施;

（2）如有必要,委员会可以决定采取其他额外措施。

4. 在根据上述第 3 款确定各方分配量时,委员会应当考虑

（1）相关科学依据;

（2）南方蓝鳍金枪鱼渔业有序和可持续发展的需求;

（3）在其专属经济区或其渔区有南方蓝鳍金枪鱼游经的各方的利益;

（4）使用渔船捕捞南方蓝鳍金枪鱼的相关方的利益,包括曾经从事南方蓝鳍金枪鱼捕捞的相关方和南方蓝鳍金枪鱼捕鱼业正在发展的相关方;

（5）各方对南方蓝鳍金枪鱼的保护、繁殖和科研所作的贡献;

（6）委员会酌情考虑的其他因素。

5. 为促进本公约目标的实现,委员会可以给各方提出建议。

6. 在确定上述第 3 款提到的措施和上文第 5 款提到的建议时,委员会必须充分考虑科学委员会根据第九条第 2 款的相关规定给出的报告和建议。

7. 根据上述第 3 款采取的措施对各相关方均有约束力。

8. 委员会必须立即将委员会确定的措施和建议告知所有相关方。

9. 委员会必须尽早并依据国际法律条令规定,建立系统来监控所有关于南方蓝鳍金枪鱼的捕捞活动,以增加保护管理南方蓝鳍金枪鱼的必要科学知识,并使得本公约的执行及根据本公约采取的措施得以有效开展。

10. 当委员会认为有必要设立分支机构来执行任务和功能时,委员会可以设立分支机构。

第九条

1. 各方特此建立科学委员会作为委员会的咨询机构。

2. 科学委员会应当:

（1）评估和分析南方蓝鳍金枪鱼的现状和数量发展趋势;

（2）协助调查和研究南方蓝鳍金枪鱼;

（3）向委员会报告关于南方蓝鳍金枪鱼,以及必要时也包括其生态上的相关物种的数量现状的发现或研究结论,包括共识、多数意见和少数意见;

（4）就保护、管理和最大限度开发利用南方蓝鳍金枪鱼方面向委员会提出合理且意见一致的建议;

（5）考虑委员会提出的相关问题。

3. 科学委员会的会议应该在委员会年会之前举行。在某一方提出举办要求之时，如果有至少另外两方提出相同要求，便可在任何时间举办科学委员会特别会议。

4. 科学委员会应该在必要时采用和修正议事规则。议事规则和相关的所有修正案必须经过委员会的审批同意。

5.（1）各方均为科学委员会的成员，应当指定一位有相关科学知识的代表加入科学委员会，该代表允许有多个候补、专家和顾问作为陪同。

（2）科学委员会应选出主席和副主席各一位。主席和副主席必须来自不同相关方。

第十条

1. 委员会必须成立秘书处，成立条件是秘书处包含一个由委员会任命的常务秘书和其他合适的成员，成员人选可以由委员会决定。成员必须由常务秘书任命。

2. 在秘书处成立之前，委员会主席应提名其所属政府的一名官员作为委员会秘书，任期一年，以履行下方第 3 款所列出的秘书处职责。在每次委员会的年会上，主席应将秘书的姓名和职务告知各方。

3. 秘书处的职责应由委员会规定，并且应包括以下内容：

（1）接收并传达委员会的官方公文；

（2）促进实现本公约目标的必需数据的收集；

（3）准备呈递给委员会及科学委员会的行政报告及其他报告。

第十一条

1. 委员会应该确定年度预算。

2. 各方上缴的年度预算应基于以下内容进行计算：

（1）30% 的预算应平均分配给各方；

（2）70% 的预算应根据各方实际捕捞的南方蓝鳍金枪鱼数量，按比例向各相关方收取。

3. 尽管第七条有相关规定，但是如果有任何相关方连续两年没有支付其预算，那么在其完成缴费义务之前，该相关方将不再享有参与委员会决策的权利，除非委员会另有决定。

4. 委员会必须确定财务制度,如果情况所需还必须修订该制度,以方便委员会执行该制度并履行职能。

5. 各方应自行承担因参加委员会和科学委员会会议所产生的费用。

第十二条

委员会应与其他有相关目标的政府间组织合作,以获取最可靠的有用信息,包括科学资讯,从而促进本公约目标的实现,同时也尽量避免重复他们的工作。为实现这一目标,委员会可以与这些政府间组织共同作出规划。

第十三条

为促进本公约目标的实现,各方应加强合作,促使委员会需要的国家加入公约。

第十四条

1. 如果对于任一非本合约成员的国家或实体,其国民、居民或渔船捕捞南方蓝鳍金枪鱼,以及如果对于任一沿海国家,其专属经济区或渔区有南方蓝鳍金枪鱼游经,则委员会可以邀请其派出观察者参加委员会及科学委员会的会议。

2. 委员会可以邀请政府间组织派出观察者参加委员会的会议,或者在某一方提出要求的情况下,对于在南方蓝鳍金枪鱼方面有特殊权限的非政府组织,委员会也可以邀请其派出观察者参加委员会的会议。

第十五条

1. 如果任一非本合约成员的国家或实体的国民、居民或渔船的捕鱼活动影响本公约目标的实现,各方同意引起该国家或实体对这些捕鱼活动的关注。

2. 各方应呼吁其国民不要参与非合约成员的国家或实体的南方蓝鳍金枪鱼渔业,这种参与将贻误本公约目标的实现。

3. 各方应采取适当措施以避免根据各方法律法规登记的渔船转移登记,从而逃避遵守本公约的条款或根据本公约所采取的措施。

4. 如果任一非本合约成员的国家或实体的国民、居民或渔船捕捞南方蓝鳍金枪鱼的活动贻误本公约目标的实现,各方应在遵守国际法律及各国的本国法律的情况下合作采取行动,阻止这些捕鱼行为。

第十六条

1. 如果两方或多方对于本公约的解读和执行产生争议,那么这两方或多方应彼此磋商并自行选择协商、调查、调解、调停、仲裁、司法解决或其他和平方式解决争议。

2. 任何不能解决的争议,在争议相关方一致同意的情况下,应当寻求国际法庭帮助或交付仲裁;但是即使在选择寻求国际法庭帮助还是交付仲裁时,争议相关方不能达成一致意见,也绝不能免除争议相关方通过上述第 1 款中提到的各种和平途径继续寻求解决争议的责任。

3. 在争议相关方将争议交付仲裁的情况下,仲裁庭必须依照本公约附录的规定来组建仲裁员。该附录是本公约不可缺少的组成部分。

第十七条

1. 本公约向澳大利亚、日本和新西兰开放供签署。

2. 本公约须经以上三国根据各自国内法律程序进行审批、接受和同意,本公约自三国审批、接受和同意的第三份文书规定的定金存入之日生效。

第十八条

在本公约生效之后,有渔船参与捕捞南方蓝鳍金枪鱼的其他国家,或者其专属经济区或渔区有南方蓝鳍金枪鱼游经的沿海国家,可以加入本公约。对于这些国家,本公约自该国的加入书规定的定金存入之日生效。

第十九条

有关本公约任何条款的解释不得作出保留。

第二十条

自任何一方将其退出公约意向正式告知保存方之日起,12 个月后该方可以退出公约。

第二十一条

1. 任何一方可以随时提议修改本公约。

2. 如果有三分之一的成员要求举行会议讨论提议的修正案,那么保存方必须按照要求举行会议。

3. 在保存方收到各方关于某一修改案的审批、接受和同意的文书之后,该修改案正式生效。

第二十二条

1. 本公约的初稿应当由澳大利亚政府保存,澳大利亚即为保存方。保存方应当发送公约副本给所有其他的签署方和加入国。

2. 根据联合国公约的第一百零二条,本公约应当由保存方注册。

下列签署人经正式授权,已在本议定书上签字,特此证明。

1993 年 5 月 10 日于堪培拉完稿,原稿仅此一份,用英语和日语写成,两种语言的文件具有同样效力。

关于仲裁庭的附录

1. 第十六条第 3 款所提及的仲裁庭应由 3 位仲裁员组成,应依照如下内容任命:

(1) 起诉一方应将一位仲裁员的名字通知另一方,相应地,另一方也应在接到通知后的 40 天内将第二位仲裁员的姓名通知起诉方。第二位仲裁员任命后的 60 天内,诉讼双方应任命第三位仲裁员,该仲裁员不能是诉讼双方的国民,也不能和前两位仲裁员国籍相同。应由第三位仲裁员主管仲裁庭。

(2) 如果第二位仲裁员不能在规定时间内任命,或者如果在任命第三位仲裁员的时候诉讼双方不能达成一致意见,那么在任一诉讼相关方的要求之下,可以由常设仲裁法院的秘书长指定第三位仲裁员,该仲裁员应从有国际地位的人选中挑选,并且非本公约成员国国民。

2. 仲裁庭应决定在何处设立其总部,并自行决定其议事规则。

3. 仲裁庭的裁定书应根据其成员的大多数意见来决定,成员在投票时不可以弃权。

4. 在仲裁庭一致同意的情况下,不是争议方的任意一方成员可以介入诉讼。

5. 仲裁庭的裁定书应是最终决定,对各争议方及介入诉讼的成员均有法律效力,并应当立即遵循,不得延误。应任一争议方或介入诉讼成员的要求,仲裁庭应对裁定书进行解释。

6. 除非仲裁庭根据案件的特殊性另作决定,仲裁产生的费用,包括付给仲裁庭成员的酬劳,应由争议相关方平摊。

关于地方政府实施联合国环境与发展大会
《21世纪议程》海洋相关章节的里斯本宣言

地方政府代表出席了由咨询委员会举办的海洋保护大会和由里斯本市政厅举办的有关"地方政府实施《21世纪议程》海洋相关章节"的会议,会议于1993年5月3日至5日在里斯本举行。

本次大会由于以下内容,同意了本部分所述结论和建议:

注意到《里约环境与发展宣言》设定的目标已经在1992年6月14日举行的联合国环境发展大会上通过;

了解到80%的海洋污染来自陆地,包括大气污染;

认识到70%的地球表面被海洋覆盖;

注意到世界上大部分人口分布在沿海地区和河岸,但许多进入海洋的污染物产生于城市、农业、工业和商业活动;

进一步认识到,尽管控制各个污染源非常重要,但仍有必要在沿海区域管理的基础上,建立一个更为综合统一的方法来控制海洋污染;

深信地方政府在这一战略的发展和实施起到关键作用,因为许多陆地来源的海洋污染的控制在其管辖范围内和能力所及范围之内;

当前海洋环境状态的总结已经通过报告提交给大会,这份报告体现了沿海地区经济的重要性,意识到沿海地区支持现在和未来发展需求的持续能力取决于对海洋生态系统维护,其中许多海洋生态系统正遭受着不可接受且逐渐增加的威胁;

意识到许多地区发展所依赖的海洋资源可能已经遭受不可逆转的损害或者正在遭受这种损害,并意识到如果按照目前的趋势发展下去并且不改变破坏环境的行为,那么想进一步发展的希望十分渺茫;

认识到许多陆地来源污染损害产生的原因,这些原因包括沿海整体发展,工业操作增加,城市生活方式的普遍,农业活动,贸易和商业,包括航运、港口运营和旅游业;

认识到这些活动对人类的生活至关重要,因此无法避免。据估计,这些活动的强度将继续增加,因为它们已经在很多地方造成严重损害,所以在必要时,将采用技术手段进行修改和控制这些活动,使其发展建立在可持续基础之上;

了解到发展中国家在实现这一目标时所面临的问题,并认识到应该为这些国家提供特别的援助和支持;

考虑《库里蒂巴可持续发展承诺》,该文件于 1992 年 1 月 15 日在里约热内卢由地方政府机关的代表签署通过;

欢迎政府和国际组织提供的技术援助和合作;

感谢所有非政府组织,尤其是国家和国际地方政府协会在实施《21世纪议程》的第 17 章及相关章节时发挥的作用;

注意到咨询委员会的专家团队在多学科研究基础上提出的海洋保护的结论;

意识到需要关注辅助性原则,要求国家或地方应采取相应层面的最佳做法。

总 体 建 议

采取科学、技术和行政措施的承诺

地方政府应当:

1. 设法执行沿海区域综合管理程序和安排,在必要时敦促中央政府为任务的执行提供便利条件。

2. 努力培养对相关问题的理解能力,必要时寻求国际帮助,以达到保护沿海地带和近岸水域的特别目标,从而获得可持续发展。

3. 恰当地采取可行办法以达成上述目标,如:

(1)了解损害的起因及生态系统和沿海区域的长久性损害情况,关注环境修复损害的能力;

(2)针对生态系统和环境保护,建立并执行能够限制损害和减少污染的行动计划。

4. 尽快编纂关于所有工业排放废气、废水及其他废物废料的目录,描述其相关物理化学性质,并测量其含量,以便于评估其潜在影响,找到对应的限制损害和减少污染的技术,估算应执行的范围,确定恰当的优先顺序,注意参考最佳国际通行做法并在恰当之时寻求建议。

5. 针对城市生活,如污水及生活垃圾所造成的环境损害,应准备相关目录并将环境损害量化;恰当引入强度分级的污水治理程序,可随着时间推移做出适当修改;同样,应了解生活垃圾的成分并将其量化;设计并引入安全处置、回收或销毁生活垃圾的程序,将这些程序于污水污泥处置程序完全整合,并注意参考最佳国际通行做法,在必要之时结合当地情况进行调整。

6. 找到生态多样性程度高、产量丰富的海洋生态系统及其他关键的栖息地区,通过多种办法限制其利用。例如:在必要时可以设定保护区、特殊地区或特别敏感地区,作为珊瑚礁、河口湾、温带和热带湿地(包括红树林)、海草床及其他水产资源繁殖区域。

7. 评估农业活动对沿海生态系统产生的影响,特别是集约型农业活动,并采取适当措施使得其他因素产生的影响降到最小,包括动物废物产品、化肥和杀虫剂,注意参考最佳国际通行做法。

8. 尽最大努力保证包括岸上操作和水中操作在内的港口和航运操作依照最佳国际通行做法进行,并坚持遵守航海制度和程序及货物和燃料处理办法的最高标准。

9. 评估并量化旅游业的影响,一方面需要结合城市生活问题分析,另一方面需要考虑具体的旅游活动产生的影响。在这两种情况下针对需求的季节性变化作出适当规定。

10. 在评估潜在的环境和生态影响时,注意考虑合适的水质标准、可行的污水监控方法、周围环境及在一段时间内发生的任何变化;在使用水质作为指示信号时,可参考国际认可的水质标准和污水监控方法,建立当地标准,并在可能的条件下考虑国际建议,以确保所建立的标准成本低廉且卓有成效。

11. 在建立所有限制损害和减少污染的行动计划时,确保从整体上考虑所有可能产生的影响,包括对小型手工渔业和原住民的影响,适当关注意外输入并采取综合解决办法来保证在某一方面的控制不会给另一方面带来负面影响。

12. 注意做好后勤服务以及避免意外,这能提供一种快捷且价格相对低廉的限制损害方式,并可以避免运用相对复杂的技术来对操作性排放进行额外控制。

13. 鉴于现实需要,对于为从整体上改善生态系统和环境情况而实施的措施,应保证其价格低廉、先进可靠且富有成效,以确保保护方式不会遭受质疑,其重要性不会被低估,被认为是无意义的开销且毫无成果。

采取法律措施并保证足够的资金支持的承诺

地方政府应当:

1. 从地方社区的利益考虑,努力确保国家政府签署、批准、统一或者遵循所有保护海洋环境相关的国际性条约或区域条约,特别地应包括区域海洋公约、联合国环境规划署议定书及国际海事组织的公约、议定书和管理规定。

2. 努力确保国家政府授予地方政府适当的立法权并给予必要的财政资源,在地方层面采取适当措施,以防止陆地来源的污染进入海洋环境,充分理解联合国环境发展大会的《21世纪议程》的第 28 章,以及第 17 章的相关部分。

3. 确保在地方政府层面能够通过必要的法律法规,以控制、防止、减少或消灭所有破坏海洋环境尤其是沿海水域的海洋污染物来源。

4. 出于以上目的,必要时可采取任何其他措施,包括行政措施。

5. 在根据上述第 3 条和第 4 条建议制定章程和措施时,应当充分利用授予地方政府的所有权力,特别要规定:

(1) 参考联合国关于这方面的方案的指导方针,承担环境影响评估,针对对象为所有对环境造成负面影响的项目、发展、废水和废气;

(2) 对于可能对海洋环境造成负面影响的家庭、工业和其他项目,包括旅游业发展,应通过许可或授权系统来控制其计划和发展;

(3) 通过许可或授权系统,规范并控制有可能对海洋环境造成负面影响的陆地来源废气和废水排放,禁止列入黑名单的物质通过废气或废水排放;

(4) 同样,规范并控制所有注入海中的陆地来源污染;

(5) 在上述第 3~4 款规定的情况下,应特别注意规范污水排放或处理污水排放或污水废物;

（6）在执行上述第 1～4 款中规定的规章制度时,应进行适当训练和教育,记住提高公众意识的必要性,让群众了解有关地方社区幸福和健康的措施的好处和价值;

（7）就所有可能对海洋环境造成负面影响的主要发展项目进行公众意见征询;

（8）在现存法律的框架之下,保证所有违反规章制度的行为都得到适当处罚,并且罚款金额要既能达到处罚目的,又能遏制这种行为再次发生。如果法律文本和法律程序有可以改进提高之处,应鼓励修订法律文本,加强法律程序的执行;

（9）在连续的基础上,引入灵活的措施处罚审查程序,以保证其充分考虑科技的发展、货币价值的变化及其他一些相应的变化,同时鼓励中央政府充分考虑这些因素,并为其制定相应条款;

（10）在连续的基础上,有效实施监控和检查措施,审查计划要求的运行情况、废气排放和废水排放及倾倒的控制情况,还要注意检查水质的标准;

（11）考虑非政府组织在加强执法上发挥的作用,尽量保证他们能适当地参与立法和执法程序的相关阶段。

6. 在进一步建立措施以预防、控制和消除陆地来源的海洋污染时,必须考虑这样的可能性:

（1）建立产权(如在某些环境敏感的沿海地区),目的是防止某些活动和发展对毗邻的海域或海洋生物资源造成负面影响,从而确保保护这些生物及其栖息地免遭海洋污染和其他干扰;

（2）鼓励公益诉讼的条款,包括允许当地政府研究所代表公众对那些违反海洋污染控制的人或组织提起诉讼,包括要求赔偿环境破坏带来的经济损失,也允许非政府环境组织提出公益诉讼;

（3）强烈要求建立法律建议和法律援助用于海洋污染损害的受害者;

（4）推行"经济"激励政策,对遵守地方当局章程的行为给予鼓励,如奖励所谓的"免税期",发放奖品;对将废气、废水排放到和注入海洋环境中的行为收费或征收地方税。

7. 注意需要保持决策的高透明度,牢记增强公众意识和提高公众参与决策过程的重要性。这些举措可以提高该过程的质量,并确保公众接受、合作、自愿遵守和执行任何由此产生的规章制度,从而减小后者的经济成本和提高效率。

8. 考虑建立一个适当的规划和协调机制,对沿海和海洋及其资源领域的可持续发展进行综合管理,特别是能适当地为学术和私营部门、非政府组织、当地社区、资源用户组和原住民提供咨询。

9. 通过技术转让和能力建设、调用当地资源、从国家预算中拨款,以及在适当情况下,为具体项目寻求国际援助,以努力确保提供足够的金融资金以支持沿海地区的环境保护和管理。

10. 考虑采用规章制度并借助其他金融监管手段,为水资源使用、固体废物管理、海滩使用、旅游景点和自然环境设施征收地方税,以成立环保专项资金。

11. 引进经济激励措施,鼓励应用低耗节能、绿色无污染的技术。

12. 在国家立法的基础上,通过有关财政法规,以引进地税收入用于建设及其他开发工作。

13. 对违反当地环保法规的行为,实施制裁和罚款,并基于污染者付费原则,要求其支付损害海洋环境的赔偿费,包括清理成本。

14. 确保环境保护和管理的技术转让通过国家主管部门执行,在必要时需要通过国际组织执行。

15. 努力确保提供足够的金融资金和特殊拨款,用于能力建设、人员的教育和培训及其他支持活动。

合作和帮助的承诺

在欢迎国际地方政府联盟欧洲分部(即欧洲城市和地区委员会)和姊妹市团体联盟的合作的大背景下,地方政府应该:

1. 在地方内部层面进行合作并互相给予帮助,并考虑以下途径:

(1)传播基于案例研究的最佳环境保护方法的信息;

(2)开发并维护沿海城市的关系,促进沿海城市间就相关问题、策略和解决方案进行信息交流和经验交流;

(3)基于电子邮件传输,在地方环境倡议通信网络的线上建立系统全面的信息体系。该体系目前正在波罗的海地区通过国际地方环境倡议理事会进行测试,可用于传播沿海新闻;呼吁援助;交流良好的环保实践的例子;提供事件簿；获取资金来源、可用技术、问题领域的会议安排等信息，并考虑通过计算机和电视召开这样的会议的可能性；

（4）通过借调具有相关资质的市政专家，为官员之间的沟通提供便利，以增加他们的经验交流，并获得更多援助；

（5）考虑邀请其他市的市政当局官员参加培训的可能性，安排联合课程；向地方政府协会及全球、地区、国家等各级别的研究所寻求援助，尤其是必须考虑到在这个过程中也需要为沿海和海洋综合管理和可持续发展提供训练，训练对象为科学家、技术人员、社区经理、顾问、地方领导人、原住民、渔民、妇女和青年等；

（6）在教育课程和提高公众意识的活动中，鼓励公司的管理和发展，以及对环境保护和地方规划问题的关注，注意考虑传统生态知识和社会文化价值观。

2. 充分利用金融、行政和其他国际和地区机构提供支持的机会：

（1）对于上述活动，在适当的情况下进行；

（2）在环境监测方面，编制目录并收集记录任何必要的科学研究和环境影响评价；

（3）开展废物、废水和污泥处理厂，污水系统的建设，减少或控制工业厂房和其他来源的大气污染，防止海岸侵蚀和抵御旅游业的不利环境影响等项目。

3. 为了地方内部以及地方与政府间组织合作，应最大限度地利用当地政府协会并与其合作，尤其要与国际地方政府联盟、国际地方环境倡议理事会以及该组织在不同的国家设立的各国分部合作。

4. 按照要求，可以通过海洋保护咨询委员会及其地区项目，参考可用的建议并接受帮助，按照本宣言中给出的地方层面的建议执行。

5. 在发展中国家、东欧和中欧国家，敦促国际和地区层面的有关政府和机构推动其资金和技术的转让，确保他们有足够的资金和技术，具备一定能力来研究、监控、监管和实施必要的措施，以预防和控制陆地来源的海洋污染，同时推广为此所需的培训。

《小岛屿国家的里斯本宣言》附录

上述声明特别针对小岛屿,正如《21世纪议程》的海洋相关章节中对小岛屿的可持续发展划分了单独的项目区域一样。本章呼吁召开全球小岛屿发展中国家可持续发展大会,该会议计划于1994年4月在巴巴多斯举行,是执行本宣言的第一步。在许多群岛、小岛屿国家以及许多大陆国家的岛屿领土,单个岛屿或部分岛屿由地方政府负责。从地理位置上说,因为它们与大陆隔离以及距离中央政府较远,地方当局在岛屿的开发和环境管理上所扮演的角色和承担的职责大大增加。岛上居民参与岛屿治理的最直接的途径通常是通过当地政府。因此,小岛上的地方政府应该积极参与全球小岛屿发展中国家可持续发展大会,并积极协助筹备,因为它们需要直接参与决策的执行。

Law of the Sea: Current Developments in State Practice No. IV

© (1995) United Nations for the English edition

© 2016 United Nations for the Simplified Chinese edition

All rights reserved worldwide

世界海洋法译丛·海上边界国家实践发展现状Ⅳ

© (1995) 联合国英文版

© 2016 联合国简体中文版

拥有全球范围著作版权

山东省版权局著作权合同登记号:图字 15-2018-71

图书在版编目(CIP)数据

海上边界国家实践发展现状. Ⅳ/张海文,张桂红,赵旖旎主编;宁佳译. ——青岛:
青岛出版社,2018.9
(世界海洋法译丛)
ISBN 978-7-5552-7011-9

Ⅰ. ①海…　Ⅱ. ①张…　②张…　③赵…　④宁…　Ⅲ. ①海洋法
-案例-汇编-中国　Ⅳ. ①D993.5

中国版本图书馆 CIP 数据核字(2018)第 110185 号

书　　　名	世界海洋法译丛·海上边界国家实践发展现状Ⅳ
主　　　编	张海文　张桂红　赵旖旎
出 版 人	孟鸣飞
出版发行	青岛出版社(青岛市海尔路 182 号,266061)
本社网址	http://www.qdpub.com
责任编辑	张文健
封面设计	张　晓
照　　　排	青岛新华出版照排有限公司
印　　　刷	青岛国彩印刷有限公司
出版日期	2018 年 9 月第 1 版　2018 年 9 月第 1 次印刷
开　　　本	16 开(710mm×1000mm)
印　　　张	20.25
字　　　数	300 千
书　　　号	ISBN 978-7-5552-7011-9
定　　　价	180.00 元

编校印装质量、盗版监督服务电话　4006532017　0532-68068638